Herdeiros
de nós mesmos

Herdeiros
de nós mesmos

Psicografia de
Maurício de Castro

Pelo espírito
Hermes

LÚMEN
EDITORIAL

Herdeiros de nós mesmos
pelo espírito *Hermes*
psicografia de *Maurício de Castro*

1ª edição – abril de 2011
Direção editorial: *Celso Maiellari*
Assistente editorial: *Fernanda Rizzo Sanchez*
Revisão: *Maria Aiko Nishijima*
Diagramação: *Francisco Martins/Casa de Ideias*
Projeto e arte da capa: *Casa de Ideias*
Impressão e acabamento: *Cromosete Gráfica*

Dados Internacionais de Catalogação na Publicação (CIP)
(Câmara Brasileira do Livro, SP, Brasil)

Hermes (Espírito).
Herdeiros de nós mesmos / pelo Espírito Hermes ; psicografia de Maurício de Castro. -- São Paulo : Lúmen, 2011.

ISBN 978-85-7813-041-1

1. Espiritismo 2. Psicografia 3. Romance espírita
I. Castro, Maurício de. II. Título.

11-00894 CDD-133.9

Índices para catálogo sistemático:
1. Romance espírita psicografado : Espiritismo 133.9

LÚMEN
EDITORIAL

Rua Javari, 668
São Paulo – SP
CEP 03112-100
Tel./Fax (0xx11) 3207-1353

visite nosso site: www.lumeneditorial.com.br
fale com a Lúmen: atendimento@lumeneditorial.com.br
departamento de vendas: comercial@lumeneditorial.com.br
contato editorial: editorial@lumeneditorial.com.br
siga-nos no twitter: @lumeneditorial

2011

Sumário

Prólogo

Era meia-noite quando os fogos anunciaram a chegada de mais um ano. As pessoas comemoravam e nutriam a esperança de um novo ano com muita paz, prosperidade e saúde.

Um tanto distante do bulício da cidade, numa majestosa fazenda, uma jovem senhora vestida de preto, cabelo penteado com um coque, terço nas mãos, observava, por uma das janelas da soberba construção, os fogos ao longe. Apesar de admirar a beleza do espetáculo, seu rosto, vez por outra, girava e vislumbrava um senhor bastante idoso deitado em alvo leito, respirando com dificuldade. De repente, deteve-se melhor na sua respiração cada vez mais fraca e pensou:

"Com certeza morrerá este ano. Este miserável precisa morrer para o meu bem e de meus filhos. Louvado seja Deus!"

A esse pensamento, sombras sinistras se colaram a ela, que, sem perceber, aumentava o desejo de ver aquele homem morto, distante de tudo aquilo.

Alguns minutos após a queima dos fogos, ela continuou na janela, sentindo o frescor da brisa. Havia chovido durante toda a tarde, e seus filhos estavam preocupados com a festa de *réveillon*, pois não queriam perder a oportunidade de sair e se divertir, coisa que naquela fazenda pouco se fazia.

Perdida em pensamentos, Matilde foi surpreendida por duas grossas mãos passando por sua cintura. Sentiu uma respiração quente, forte, e reagiu temerosa:

– Aurélio? O que quer aqui? Deseja que o traste do Mariano acorde?

O homem, com aspecto viril e jovial, impecavelmente vestido à moda dos antigos mordomos ingleses, olhou-a abrindo um sorriso malicioso.

– Com essa fraqueza em que seu cunhado se encontra, só se acordar para a morte. Por que não abreviamos logo este momento? Você pode...

Matilde ruborizou-se. Na verdade, desejava mesmo que Mariano morresse, mas não tinha coragem suficiente para desligar os aparelhos e acabar com seu suplício. Revidou:

– Não posso fazer isso. A vida e a morte estão nas mãos de Deus. Ele é quem decide a hora.

– Não se faça de santa na minha frente. Mesmo com esse terço na mão e esses eternos trajes de viúva, você não me engana. Esqueceu que somos amantes desde que seu marido faleceu?

Ela sentiu o coração disparar.

– Vamos sair daqui, é melhor termos essa conversa lá fora.

Saíram por um longo corredor que dava em belíssima sala adornada com móveis do início do século passado, lustres, bibelôs e espelhos emoldurados em ouro. Tudo naquela casa denotava riqueza extrema e bom gosto.

Matilde olhou para Aurélio e pediu:

– Não quero mais intimidades comigo no quarto de Mariano. Ele está doente, mas é esperto. Ouve muito bem. Se descobrir que temos um relacionamento vai contar aos meus filhos e eu perderei o respeito deles.

Aurélio fez ar de mofa.

– Quero ver quando terá coragem para assumir nosso relacionamento. Em breve o senhor Mariano baterá as botas, você e seus filhos herdarão tudo. O Cássio vai querer cair fora daqui, e Ana, do jeito que é boboca e aceita tudo o que você diz, não vai se opor à nossa união.

– Não quero pensar nisso, agora. Cada coisa em seu momento. Por enquanto, você é o mordomo e eu a patroa. Agora, vamos nos recolher. Daqui a pouco, meus filhos estarão chegando das festas e não quero que nos surpreendam conversando.

– Tem certeza de que não quer passar algumas horas da noite de *réveillon* comigo? – disse isso beijando-a com ardor.

Seduzida, Matilde esqueceu-se de tudo e foi para o quarto de Aurélio.

***

A festa da virada de ano era tradição na pequena Boa Esperança. A cidade vivia da renda produzida pela grande Usina Caldeiras, produtora de açúcar para exportação, que pertencia ao senhor Mariano Caldeiras e se localizava na imensa fazenda dele.

Desde a sua doença, seu sobrinho Cássio, filho de seu irmão Guilherme e de Matilde, jovem formado em Administração de Empresas, era quem comandava tudo com mãos de ferro. Cássio era um homem bonito, tinha 29 anos, era alto, moreno-claro, cabelos lisos, sorriso jovial e maroto, que a todos encantava. Formou-se na Universidade de Cuiabá. Foi com entusiasmo que recebeu o convite do tio para trabalhar na empresa. No entanto, Matilde tentava incutir em sua mente que ele era apenas um empregado como qualquer outro, que seu tio lhe pagava mal e o humilhava diante de todos. Nessas horas, Cássio sentia-se um pouco revoltado, mas não deixava o veneno da mãe dominá-lo e logo recuperava o ânimo. Compreendia que o tio, que às vezes agia com dureza, apreciava a disciplina, o trabalho correto, esperando que as pessoas se entregassem de corpo e alma ao que faziam.

A banda local tocava um animado samba e Cássio, unido a dois amigos, dançava a valer. Nem se lembrava da irmã, que àquela altura devia estar rezando na igreja. Enquanto ele gostava de curtir a vida, namorar, festejar, Ana era fechada, tímida e vivia agarrada à barra da saia da mãe. Desenvolvera uma religiosidade fanática, rezava sem parar e havia desistido dos estudos. Nem pensava em namorar... Cássio achava uma pena, pois a irmã era bonita, tinha um olhar expressivo e sorriso simpático quando queria agradar a alguém. Contudo, por mais que ele conversasse com ela a respeito do seu comportamento, Ana não cedia.

Quando a música parou, Cássio olhou para Rodrigo e disse:

– Estou ensopado de tanto dançar e com sede. Vamos para o bar tomar água? Já extrapolei na bebida por hoje, não quero chegar em casa bêbado.

– Há uma moça em uma barraca aqui perto que vende água de garrafinha. O bar, a esta hora, está apinhado e, se você entrar lá, vai sair bêbado. Não estou a fim de levar ninguém para casa.

– Vamos até a moça da barraquinha.

Os dois saíram da pista de dança improvisada e caminharam em direção a uma jovem de rara beleza, que se vestia com simplicidade. Trazia um laço de fita no cabelo, tinha os olhos vibrantes de alegria e um sorriso bonito para cada freguês que comprava algo em sua barraca.

Cássio aproximou-se e, sem observar o rosto da moça, pediu uma água com gás.

– Aqui está, moço. Um feliz ano-novo!

Cássio levantou o rosto e seus olhos se encontraram. Naquele momento, parecia que um véu havia sido arrancado de seus olhos. Quem era aquela beldade que ele nunca vira?

Notando a surpresa no rosto do rapaz, a moça insistiu:

– Vamos, segure sua água.

– Muito obrigado – disse embaraçado. – Como você se chama?

– Sara, muito prazer.

Ela deu a mão para cumprimentá-lo e ele pôde sentir a maciez de sua pele e a leveza do seu toque. Ficou encantado.

– Chamo-me Cássio. Cássio Caldeiras. Você já deve ter ouvido falar de mim.

Ela deu de ombros.

– Nunca ouvi. Sei da família Caldeiras, que é muito rica e vive numa fazenda. Você faz parte dessa família?

– Sim. Sou sobrinho do senhor Mariano, tomo conta da usina porque ele está doente.

– Sinto muito pelo seu tio e estimo melhoras. Agora, com licença, preciso atender esta garotinha aqui.

Cássio pagou a água e saiu. Estava fascinado com a beleza daquela moça. Como nunca a havia encontrado? Rodrigo fez uma piada:

– Apaixonado pela barraqueira? Pois ela nem lhe deu atenção. Hoje você está azarado.

– Cale-se, Rodrigo. Não sou de apaixonar-me assim tão facilmente, mas convenhamos que uma beleza dessas não passa despercebida. Fiquei tonto.

– Eu já me acostumei com ela.

– Você a conhece? – perguntou interessado.

– Sim. Sara é uma moça sofrida, que tem a mãe doente. Moram na periferia, em uma casa paupérrima. Vivem da aposentadoria da senhora Leonora e dos quitutes que Sara faz para conseguir um extra. É uma menina muito prendada. Faz bolos, pães, bolachas e várias outras iguarias que as pessoas encomendam. Assim, consegue dinheiro para os medicamentos da mãe, que sofre de doença incurável.

– Como sabe de tudo isso?

Rodrigo gracejou:

– Não sou como você que vive enfurnado naquela fazenda e só vem aqui nas festas. Moro na cidade, esqueceu? E Sara é muito conhecida aqui.

De repente, foram abordados por Ana, que inquiriu:

– Bebeu muito, Cássio?

– Não, maninha. Não se preocupe, voltaremos em segurança para casa.

– Assim espero. Em vez de participar das festas da igreja, você prefere essa vida mundana. Ainda vai se arrepender.

Cássio riu.

– Ana, Ana. Você ainda vai me matar de rir. Eu, em festas de igreja! Nem em Deus acredito! Religião é para as mulheres, padres e donzelas.

Rodrigo também sorriu.

– Concordo com você.

Ana, com as faces ruborizadas, pegou o irmão pela camisa e o puxou em direção ao carro.

– Já passam das duas da manhã. Não quero mais ficar!

– Mas a festa mal começou...

– Eu quero ir embora. Você me trouxe com a condição de levar-me a hora que eu quisesse. Mamãe, como sempre, estará acordada esperando nossa chegada e ainda quero dar-lhe um abraço de ano-novo.

Cássio disse com raiva:

– Você é desmancha-prazer, mesmo. Maldita hora em que insisti para que você saísse um pouco para se divertir. Vamos embora.

Rodrigo não acreditou no que estava vendo!

– Você vai se deixar dominar pela sua irmã?

– Eu prefiro não arrumar briga em casa. Depois, já me diverti o mais que pude: dancei, flertei, bebi. Por hoje, chega.

Rodrigo, malicioso, disse:

– Mas não namorou ninguém. Logo o Cássio Caldeiras, sair de uma festa sem conquistar a mulher mais bonita!

Ele lembrou-se de Sara. Era a mulher mais bonita que ele já vira.

– A mulher que eu quero está muito ocupada. Adeus!

Cássio entrou no carro, que, em poucos minutos, saiu da rua e ganhou a longa estrada que conduzia à fazenda Boa Esperança.

***

Como sempre fazia quando os filhos iam a alguma festa, Matilde os esperava acordada até a hora do regresso. O caminho entre a cidade e a fazenda era um tanto longo e sinuoso, o que lhe causava pavor; imaginava algum possível desastre durante o trajeto.

Naquela noite de virada de ano não foi diferente. Após sair sorrateira do quarto de Aurélio, deixando ordens expressas para que ele não aparecesse na sala, ela tirou os sapatos, soltou os cabelos, e ajeitou-se gostosamente numa grande poltrona de vime. Recomeçou a rezar o terço, mas logo um torpor a invadiu e, sem perceber, caiu em sono profundo.

Sonhou que estava em uma estrada deserta e lamacenta, caminhando sem saber para onde. Sentiu medo, mas avistou duas figuras humanas e gritou pedindo ajuda. Um dos homens olhou-a com desdém, sorriu e disse:

– É você mesma? Como veio parar aqui? Cadê os santos que não a protegeram deste lugar?

Matilde começou a ficar nervosa e rogou:

– Quero sair daqui e voltar para casa.

O outro espírito gargalhou, dizendo:

– É bom que volte, mesmo, pois é lá que deve ficar. Mas, aproveitando esse momento, vou avisá-la de que você vai perder tudo. – Ao perceber que ela o ouvia com atenção, ele continuou: – É isso mesmo, a herança tão esperada não vai para suas mãos. Ficará pobre a esmolar pelas ruas. Você e seus filhos.

Ela desesperou-se:

– Como pode ser? Eu sou a única herdeira. Tenho todos os direitos.

– Você não é a herdeira, mas poderá vir a ser, se quiser.

Ela, então, perguntou:

– O que devo fazer?

– Roubar. Tirar tudo dela, assim como ela fez com você tempos atrás. É justo que se vingue e tome o que é seu.

O rosto de Matilde se transfigurou em ódio. Seu espírito lembrou-se do passado e, irada, ela disse:

– É isso o que farei. Chegou a minha hora! Tenho todo o direito de ficar com o que é meu.

Os espíritos sorriam e de repente desapareceram. Matilde continuou sozinha e começou a perceber que afundava numa areia movediça. Desesperada, começou a gritar por socorro, mas ninguém vinha ao seu encontro. Então foi gritando mais alto e mais alto, até que acordou com as mãos de Cássio sacudindo-a.

– Mãe, acorde! Teve um pesadelo.

Ela deu-se conta de que estava na sala e não naquele local escuro e malcheiroso de minutos antes. Aos poucos, foi se acalmando. Olhou para os filhos e inquiriu:

– Isso são horas de chegar? Já estava aflita, com receio de que acontecesse uma desgraça por essa estrada a uma hora dessas. Ainda mais com Ana em sua companhia.

– Já lhe falei que a senhora precisa parar com essa mania de me esperar voltar de meus passeios. Onde já se viu? Tenho 29 anos, não sou mais um adolescente, sou um adulto e sei cuidar de mim.

– Mãe que é mãe não dorme enquanto o filho não chega em casa.

– Tudo bem. Agora, vamos nos recolher.

Ana olhou para o irmão, censurando-o:

– Não vai dar um abraço na mamãe pela passagem de ano?

– Já ia me esquecendo. Feliz ano-novo, mamãe.

Ambos se abraçaram e Ana fez o mesmo, dizendo:

– Rezei muito por todos da família, principalmente para que o tio Mariano melhore.

– Como você pôde fazer isso? Esse homem tem de morrer para podermos ter o que é nosso. Deus, que é justo, sabe que já está na hora. Por essa razão, o fez adoecer sem ter chance de se curar. Já esqueceu todas as humilhações que passamos nesta casa com esse traste?

Ana corou:

– Ainda assim, rezo para que ele melhore. Gosto do tio Mariano.

Cássio se mantinha calado, até que a mãe o interpelou:

– E você, também orou pela melhora dele?

– A senhora sabe que eu nunca faço nenhum tipo de oração. Não acredito nessas coisas, muito menos em Deus.

– Melhor assim. Agora, cada um para seu quarto, já está amanhecendo.

Ana estava indo em direção ao quarto, quando voltou e falou para a mãe:

– Padre Sílvio perguntou sobre a tia Marta. Disse que pode fazer o que a senhora pediu.

Matilde apertou o braço da filha com força:

Já lhe disse para não comentar sobre Marta com as pessoas. Você não tem jeito, mesmo. Alguém mais ouviu a conversa?

– Não, só eu estava na sacristia.

– Melhor assim, ninguém pode saber de nada. Agora vá dormir, depois eu me acerto com o padre.

As luzes da fazenda foram se apagando, ficando acesa apenas a fraca luz do abajur do quarto de Cássio.

Sozinho, no silêncio da madrugada, ele não conseguia dormir pensando em Sara.

"Será minha próxima aventura. Ela fingiu não perceber minha admiração, mas no fundo sei que percebeu e ficou encantada. Todas sempre se encantam comigo. Sempre foi assim e sempre será."

Pensando em fazer de Sara mais uma de sua coleção, ele adormeceu.

1

Os herdeiros

Assim que o dia amanheceu, Matilde correu ao quarto de Mariano na esperança de que a morte o tivesse levado. Ouviu barulho de pessoas conversando e resolveu espreitar pela porta entreaberta. Além de não ter morrido, Mariano estava mais ativo, corado, conversando com seus dois advogados. Por mais que se esforçasse, ela não conseguiu escutar o que eles diziam. Quando percebeu que estavam se despedindo, correu de volta à sala, sentando-se em sua costumeira poltrona de vime.

Quando os advogados iam se dirigindo para a porta de saída, ela os chamou:

– Doutor Percival! Doutor Alceu!

Os simpáticos senhores olharam para ela e, depois dos cumprimentos, um deles perguntou:

– O que deseja, senhora Matilde?

– Nada de importante. Apenas estranhei o fato de os senhores estarem aqui tão cedo e no primeiro dia do ano. Algum problema com Mariano?

Percival mediu-a de cima a baixo, olhou-a profundamente como a sondar seu íntimo e disse:

– Minha senhora, já não é novidade que nosso caro Mariano tem poucos dias de vida, e como era de se esperar estávamos tratando de assuntos relativos ao testamento.

Matilde assustou-se:

– Testamento? Mariano escreveu um testamento?

– Sim.

– Então... Então quer dizer que isso pode anular minha legitimidade como herdeira de seus bens?

– Não sei se sabe, mas você e seus filhos não tinham herança alguma. Antes de morrer, seu marido havia perdido tudo para o irmão, que ficou com toda a fortuna.

– Mas Mariano é sozinho no mundo. Cássio, Ana e eu somos seus legítimos herdeiros.

– Seriam se ele não houvesse deixado um testamento. Esse documento anula quaisquer direito de parentes sobre o que for herdado, a não ser que eles estejam incluídos.

Matilde sentia-se desfalecer.

– Suponho que eu e meus filhos estejamos nesse testamento como únicos donos de tudo. É isso?

Percival deu um sorriso cínico e respondeu:

– Isso a senhora só vai descobrir no dia em que Mariano nos deixar. Até lá, nada pode ser dito. Passe bem, senhora.

Os advogados saíram, e Matilde quedou-se na poltrona, pálida e tonta. Não poderia ter ocorrido algo pior. Mariano a odiava desde sempre. Certamente, nada iria para ela. Sua esperança era Cássio, pelo qual o velho era muito afeiçoado. O que havia sido escrito naquele documento? Ela precisava saber. Aproveitou que os filhos estavam dormindo e só iriam acordar mais tarde e procurou por Aurélio, encontrando-o na copa.

– Preciso falar com você.

– Não posso agora, vou levar o desjejum ao senhor Mariano.

– Obedeça-me. Venha comigo.

Aurélio seguiu-a até seu quarto e só então notou o quanto Matilde estava com os olhos inquietos e a respiração ofegante.

– Você sabia que o Mariano fez um testamento?

– Testamento? Não, não sei de nada – mentiu ele.

– Estou desesperada. Isso muda todos os meus planos. Os advogados, que saíram daqui agora há pouco, estavam tratando do testamento que ele escreveu.

– Tem certeza?

– Sim, o Percival me contou. E, pelo ar de cinismo com que me tratou, sei que meu nome não está incluído. Esse velho está aprontando alguma e você terá de descobrir tudo para mim. Em você ele confia. Tente saber tudo ainda hoje, aproveite que ele parece ter acordado com mais força.

– Tentarei fazer o possível, mas você sabe o quanto o senhor Mariano é introvertido, nem tudo ele me diz. Não sei se conseguirei.

Matilde estava desesperada.

– Você é minha única esperança. Tenho de saber o que está escrito ali para que eu possa tomar minhas providências.

Aurélio acercou-se dela e questionou:

– O que você poderá fazer contra dois advogados e um testamento já escrito?

– Eu sempre sei o que fazer. Mas não posso tomar uma atitude sem saber ao certo o que está acontecendo.

– Tentarei descobrir na hora do café. Agora, preciso me apressar. A copeira já deve estar estranhando o meu sumiço.

Os dois saíram do quarto e, enquanto Aurélio se dirigia aos aposentos de Mariano, Matilde voltou para sua poltrona e pôs-se a esperar. Não adiantaria tentar escutar atrás da porta, pois nunca conseguia ouvir os sons que vinham daquele recinto. Além de Mariano não poder falar alto, certamente também ela não ouviria a voz de Aurélio, pois para um segredo como aquele ele falaria muito baixo também.

Aurélio entrou no quarto com a bandeja ricamente farta para o desjejum. Mariano, deitado, olhos perdidos num ponto distante, ao vê-lo disse:

– Não quero comer nada. Preciso falar com você. – Vendo que Aurélio mantinha-se respeitosamente distante, ele aumentou o tom de voz: – Sente-se próximo a mim. Nesta casa, as paredes têm ouvidos. Sei que a serpente da minha cunhada tenta escutar tudo atrás das portas.

Aurélio sentou-se próximo a Mariano que, com voz rouca, iniciou:

– Sei que tem feito bem a parte que lhe cabe. Sou-lhe eternamente grato.

– Faria muito mais, senhor. Ela já sabe do testamento e está em desespero. Temo que faça alguma coisa contra o senhor.

– Não fará. Não terá mais tempo. Sinto que o resto de vida se esvai a cada dia pelos meus poros. O mal que ela me fez durante a vida já foi o suficiente para receber o que a aguarda.

Os olhos de Aurélio brilharam.

– Acho muito justo o que o senhor fez.

– Justíssimo, justíssimo. Eu não sabia o que hoje sei; se soubesse, tudo seria diferente. Por essa razão, peço-lhe, Aurélio, não deixe de cumprir o nosso trato. Você permanecerá aqui nesta fazenda e vai fazer tudo como combinado. Matilde é um demônio e como tal fará tudo para destruir aquela que passei a amar mais que a própria vida. Irei para o mundo dos mortos, mas prometo que de onde estiver virei lhe cobrar sua parte no trato.

Aurélio sentiu um leve arrepio. Não acreditava que os mortos pudessem voltar, mas aquelas palavras ditas com tanta força pelo velho Mariano fizeram-no com que tremesse por dentro.

– Não se preocupe, caro senhor. Farei tudo como me ordenou. Creio que já chegou o momento de iniciarmos, não?

– Sim. Aqui está o envelope. Entregue em mãos. Não sei se com essas dores sobreviverei até amanhã; portanto, vá hoje mesmo levá-lo ao destino.

– Sim senhor. Agora, coma pelo menos uma fatia de pão.

– Não desejo nada. Cerre as cortinas e me deixe em paz.

– O seu médico passará aqui às dez horas, como de costume.

– Aproveite enquanto o doutor Geraldo está aqui e saia sem que Matilde perceba. Ela não pode saber de nada até o momento certo.

Depois de algum tempo, Aurélio saiu do quarto e, antes de dirigir-se para a cozinha, foi interpelado por Matilde:

– E então? O que conseguiu descobrir?

– Nada. O velho se fechou em copas. Não aceitou nem comer. Você disse que ele acordou melhor. Qual nada! Creio que não passa de hoje.

Matilde o olhou com desespero:

– Se nem a você ele contou é porque é pior do que eu imaginava. É bem capaz que ele deixe tudo para uma instituição de caridade e eu fique à míngua. Mas posso comprar esses advogados, a fortuna é imensa. Quem não se corrompe por uma boa soma em dinheiro?

Aurélio fez um esgar de incredulidade.

– Não sei se o Percival e o Guilherme são assim fáceis de serem comprados. Parecem-me pessoas honestas.

– Deixe comigo.

De tão nervosa, Matilde nem questionou a demora de Aurélio no quarto com Mariano, o que o deixou aliviado.

Pouco tempo depois, Ana e Cássio desceram para o café. Matilde sentou-se à mesa com eles, demonstrando nervosismo. Ana percebeu e perguntou:

– O que tem, mamãe? Seu rosto está pálido, está inquieta.

– Preciso que vocês terminem logo esse café para que possamos conversar. Algo muito grave está acontecendo.

Cássio pousou a xícara no pires e inquiriu:

– O tio Mariano piorou?

– Antes fosse. Amanheceu melhor. Terminem com esse desjejum que estarei no escritório a esperá-los.

Matilde saiu, deixando Ana e Cássio com o semblante preocupado.

– Mamãe não anda nada bem. Tem se recusado a ir às missas, não tem saído deste lugar desde que o tio adoeceu. Deve ser falta de oração.

– Cale-se, Ana – disse Cássio irritado. – Você só pensa em igreja, missa, padre. Mamãe é preocupada com nosso futuro. Creio que algo sério está acontecendo para deixá-la nesse estado. Eu não acho que ela deva se preocupar, tio Mariano vai morrer e tudo será nosso. Ou será que existe algo que vai impedir isso?

– Não creio, somos os únicos herdeiros.

Cássio levantou-se da mesa, não conseguiu mais comer. Puxou Ana pelo braço e conduziu-a ao escritório. Lá chegando, Matilde os deixou a par de tudo o que soubera, finalizando:

– Não sei qual será o nosso destino. Eu sei que o tio de vocês quer nos ver à míngua. Mas haja o que houver não perderemos o que é nosso.

Cássio estava preocupado. Gostava do tio, preocupava-se com sua saúde, trabalhava com prazer na usina, mas era vaidoso. Acostumado ao luxo, vestia-se impecavelmente, frequentava a nata da sociedade mato-grossense, saía com belas mulheres em seu carro último modelo, e não conseguia ver-se sem tudo isso.

Sabia que o tio também tinha por ele desvelos de pai, mas também sabia do ódio que nutria por Matilde e de como haviam se digladiado desde que seu pai morrera. Achava mesmo que Mariano adoecera pelas constantes brigas que tinha com ela.

Levantou o rosto dizendo:

– Não vamos nos preocupar por enquanto. Creio que a senhora está fazendo tempestade em copo d'água. E depois, se tudo virar-se contra nós, saberemos dar um jeito.

– Não seja tão confiante, Cássio. O melhor que tem a fazer é falar com seu tio, agora. Ele gosta de você, o respeita, deixou todos os negócios em suas mãos. Você é o filho que ele não teve. Se você não for, farei uma loucura. Você sabe do que sou capaz.

– Calma, mamãe. Falarei com ele. Deixe pelo menos o doutor Geraldo chegar, examiná-lo e sair do quarto. Então, farei o que me pede.

Cássio saiu, deixando mãe e filha confabulando.

– Seu irmão tem muito sangue-frio. É porque sabe que vai ganhar algo nessa herança. Mas o quê? Um apartamentozinho em Cuiabá? Uma fazenda no Pantanal? Não, isso eu não aceito. Quero tudo o que pertence a Mariano e que é nosso por direito. É uma fortuna para cinco gerações. Eu mereço, nós merecemos depois de tantos anos de sofrimento.

– Mamãe, vamos ao oratório, precisamos pedir que tudo corra bem.

Matilde, guiada por Ana, deixou-se conduzir ao imenso e belo oratório barroco da fazenda, mas não prestava atenção a nenhuma oração que a filha fazia. Fingia acompanhar, mas seu pensamento estava na grande herança que infelizmente corria o risco de não ser sua.

***

Cássio deu duas batidas leves na porta do quarto e, mesmo sem ouvir a voz do tio permitindo sua entrada, ele entrou. Geraldo havia saído havia alguns minutos e comunicara que o estado de Mariano, apesar de terminal, mantinha-se estável. Recomendou mais cuidados e medicação na hora certa. Apesar de escuro, Cássio notou que Mariano remexia-se inquieto. Falou baixinho:

– Tio? Preciso falar com você.

Ao ouvir a voz do sobrinho querido, Mariano abriu os olhos e, com voz levemente fortificada, respondeu:

– Não se preocupe, ainda não morri. Abra as persianas.

Cássio obedeceu e sentou-se numa poltrona próximo à cama.

– O que deseja? Algum problema com nossos negócios?

– Não. E eu já lhe disse para não se preocupar com a usina e os outros imóveis. Quando assumi o comando, o fiz por amor a todo o nosso patrimônio e por amor ao senhor. Sua doença é séria e não comporta outras preocupações, mas, se lhe alegra saber, tudo está prosperando como sempre.

Mariano sentiu pena de Cássio. Apesar de tudo, era o único naquela fazenda em quem ele confiava. Na verdade, amava o sobrinho como a um filho. Sabia de sua ambição desmedida, da sua falta de respeito com as mulheres, mas também de sua honestidade. Se Matilde era uma mulher vulgar e interesseira, capaz de tudo para conseguir seus objetivos, Cássio era o oposto. Por essa razão, ele planejou tudo, pensando no melhor para o sobrinho. Sabia que não iria se arrepender. Notando que Cássio queria lhe falar com urgência perguntou:

– O que deseja me falar? Noto preocupação em seu rosto.

– É... é... – Cássio estava sem jeito, mas tinha de cumprir o que prometera a Matilde. – É sobre o testamento que o senhor escreveu. Sei que não gosta de minha mãe nem de minha irmã. Acompanhei desde pequeno o ódio que nasceu entre vocês e não quero julgar ninguém, mas não acho justo que elas fiquem sem nada. Meu pai era seu irmão. Tudo bem que ele perdeu tudo para o senhor, mas não me sentirei bem se herdar alguma coisa e mamãe e Ana não herdarem nada. Meu coração de filho e de irmão não ficaria feliz. Por essa razão, peço que me tire do testamento ou inclua minha mãe e Ana.

Mariano fez um silêncio e não respondeu. Na verdade, havia traçado o destino de Cássio no testamento, mas, naquele momento, não podia revelar nada.

– Vocês estão se precipitando, e sua mãe mais ainda. Quem disse que elas não vão herdar nada?

– Nós sabemos que seu ódio é maior que tudo. Desculpe, tio, mas não creio que perdoará minha mãe.

– Cássio, meu filho. Não demorarei a morrer. Sua mãe muito errou e, com seu pai, quase terminou com minha vida naquele episódio tão conhecido de todos desta casa. Não vou mentir que deixei algo para vocês, mas devo admitir que o amo e em nome desse amor decidi algo que vai mudar todo o rumo desta história. Tudo vai depender exclusivamente de você. Saiba que o que está escrito naquele testamento e tudo o que eu fiz e programei foi unicamente por amor a você. Talvez na hora você não entenda, nem eu mesmo entendi por que fiz, mas, agora, não posso mais mudar. Lembre-se de que a sua vida, a vida de sua mãe, da sua irmã, desta fazenda e tudo o que possuo, estará exclusivamente em suas mãos. Não sou Deus, mas escolhi o seu destino.

Cássio gelava à medida que ouvia. O tio dissera claramente que eles não iriam ficar com nada, mas ao mesmo tempo afirmava que a história iria mudar e tudo iria depender dele!

– Como assim? Como escolheu o meu destino? – perguntou nervoso.

Mariano começou a tossir e disse num fio de voz:

– Nada mais posso revelar. Aguarde o dia de minha morte e, após o meu sepultamento, saberá de tudo.

Vendo que Mariano não estava mais aguentando manter uma conversação, ele aproximou-se, beijou-o no rosto e saiu.

Na sala, tanto Matilde quanto Ana esperavam ansiosas.

– O que aconteceu lá dentro? Vamos, conte-nos tudo – Matilde insistia torcendo as mãos.

– A senhora tinha razão. Nós não vamos herdar nada.

Uma palidez mórbida tomou conta do rosto de Matilde.

– Eu sabia! Esse velho traste vai nos deixar na rua. Isso não é justo. Eu vou lá falar com ele, vou gritar toda a minha revolta, meu ódio e o fato de ter deixado que ele o criasse como filho. Eu dei você para ele e, agora, o que ele faz? Deixa-nos sem nada, na miséria.

– Calma, mãe. Não é só isso.

– E o que tem mais? O que pode ser pior do que isso?

– Ele disse que no testamento tem coisas que poderão mudar o nosso destino e que tudo está em minhas mãos.

– Como assim?

– Ele não explicou mais nada, apenas disse que fez tudo por amor a mim e que escolheu o meu destino. Não acredito que vamos precisar sair desta casa, pois no que depender de mim tudo farei para que não fiquemos sem abrigo.

Ana apertava com força o terço entre as mãos e dizia:

– Tudo para o Cássio, sempre o Cássio. E eu? Nunca fiz mal algum ao tio. Sempre fui cordata, rezei por ele, senti muito quando soube de sua doença. Eu não tenho culpa de ser filha de quem sou.

Matilde esbofeteou-a:

– Cale-se. Você não sabe o que diz. Não sabe o sacrifício que eu e seu pai fizemos entregando o Cássio para que Mariano praticamente o criasse, viajasse com ele pelo mundo. Nós quase não tivemos a presença do nosso filho ao nosso lado. Mesmo quando estava em casa, Cássio ficava grudado no verme do tio, na empresa, desde adolescente! Ninguém reconhece o que fiz pensando em nosso futuro?

Cássio indignou-se:

– A senhora fez isso apenas pensando em se dar bem, como sempre.

– Não fale assim comigo. Você sabe que eu fiz pensando em nosso bem e de nossa família, principalmente no seu e no de sua irmã. O pai de vocês era um bom homem, amei-o desde o princípio, mas era viciado no jogo. O que eu podia fazer? Ele foi jogando, jogando, até que perdeu toda a herança que o pai deixou para ele e o irmão. Mariano sempre pagava tudo, não queria perder o que havia herdado. Eu fiz tudo por amor.

Cássio amava a mãe, por essa razão voltou atrás:

– Desculpe pelo jeito que lhe falei. Nossos ânimos estão exaltados com tudo o que vem acontecendo. Acho que a senhora deveria também pedir perdão a Ana por tê-la esbofeteado. Ela não merece.

Matilde olhou para a filha e abraçou-a, pedindo perdão.

– Agora que já fiz minha parte, preciso sair um pouco, distrair minha mente. O clima desta fazenda está me sufocando.

– Vai ao córrego? É lá que costumo ir para melhorar minha cabeça e orar à virgem – era a voz de Ana interessada em acompanhar o irmão.

– Não vou ao córrego coisa alguma. Não gosto de contato com a natureza. Da natureza só quero o lucro que ela pode nos dar com a cana-de-açúcar. Vou para a cidade.

Dizendo isso, ele saiu como um furacão, deixando a mãe e a irmã se questionando sobre o que estava escrito no testamento.

2

A revelação

O luxuoso carro do velho Mariano vencia a distância entre a fazenda e a cidade com Aurélio ao volante. Por ordens do patrão, ele dispensara o motorista e seguia para um destino que iria modificar toda a trajetória daquela família. Aproveitara a chegada de Geraldo para sair sem ser percebido por Matilde.

Aurélio sempre fora fiel ao patrão. Por ordens dele, assim que Guilherme morreu, passou a assediar a recém-viúva, que, sem muita dificuldade, caiu em seus braços. Ele era um homem bonito, másculo, branco, alto, forte, corpo bem definido, jovem e de sorriso sedutor. Nascera ali mesmo na fazenda, era filho de usineiros. Seus pais partiram do Mato Grosso quando ele tinha 20 anos, deixando-o sob os cuidados de Mariano. O velho era muito amigo do casal e se afeiçoara a Aurélio desde que ele era criança. Notando sua dificuldade nos estudos e sem ter como empregá-lo na usina resolveu que ele trabalharia dentro de casa. Assim, tratou de ensiná-lo a lidar com os empregados e assumir pequenas tarefas. Logo Aurélio tornara-se o mordomo da fazenda Boa Esperança. Por sua lealdade e amizade ao patrão recém-viúvo todos passaram a respeitá-lo, inclusive Matilde. Fazia 15 anos que estava nessa função e esse tempo servira para adquirir considerável fortuna. Mariano, além de lhe pagar um bom salário, dava-lhe grandes agrados, que ele fora juntando pensando em um dia sair dali. Mas as coisas aconteceram de modo diferente e, em mais um pacto com o patrão, ele se obrigou a ficar na fazenda até que tudo terminasse.

Aurélio dirigia pensando em tudo isso quando, de repente, percebeu que já estava na cidade. Passou pelos bairros mais abastados e foi entrando por pequenas ruas sem calçamento até atingir um bairro paupérrimo. Olhou ao redor e viu crianças sujas, despidas, brincando no esgoto a céu aberto. Acolá animais soltos vagavam a esmo, completando o cenário de extrema pobreza, que contrastava com o da belíssima fazenda em que residia. Parou diante de uma casa, que, assim como as outras, tinha aspecto pobre e sujo. De repente, pensou:

"O senhor Mariano tem toda razão, tudo podia ser diferente. Mas será mesmo?"

Parou no pequeno portão de madeira e, certificando-se de que era ali mesmo, chamou:

– Senhora Leonora! Preciso falar-lhe!

Alguns instantes depois, a porta se abriu e surgiu a figura de uma linda moça. Ao vê-la, Aurélio pensou: "É ela, com certeza é ela".

– Gostaria de falar com a senhora Leonora.

– Desculpe, senhor, mas minha mãe atravessa uma doença difícil e está a descansar no momento. Pode me dizer do que se trata?

– Conheço a situação de sua mãe e não viria importuná-la se não fosse um caso de extrema urgência. Diga que é Aurélio e que é da parte do senhor Mariano Caldeiras.

A moça ficou em dúvida, sua mãe acabara de sair de uma crise forte de dor. Pensou alguns instantes e resolveu ceder.

– Entre, vou ver se ela está em condições de atendê-lo.

Ao entrar no ambiente simples e acolhedor, Aurélio não deixou de observar o contraste existente entre a rua e aquela casa. Tudo ali era limpo e arrumado. Praticamente não havia móveis, mas os que existiam estavam dispostos com apuro e bom gosto. Ainda assim era muita pobreza. Não entendia o porquê de Leonora e Mariano terem feito aquela opção e escondido aquele segredo por tanto tempo.

– Minha mãe vai recebê-lo. Venha.

O quarto de Leonora era pobre, mas muito claro e ventilado. Ao fitá-la, Aurélio percebeu como a doença e a velhice a haviam transformado. Não parecia aquela moça bonita e alegre que Mariano mostrava nas fotos secretamente escondidas no fundo falso do armário do quarto. Além do que, já a havia visitado antes na companhia do patrão, anos atrás, quando tudo fora descoberto e o sofrimento que a vida lhe impôs a transformaram em outra pessoa.

– Sente-se, Aurélio – disse Leonora com a voz fraca. – Sabia que você viria. Não imaginava quando, mas sabia. Sua visita me faz crer que meu Mariano, assim como eu, espera os dias para se libertar deste corpo que não mais nos serve. Não é verdade?

– Sim, dona Leonora. Assim como senhor Mariano prometeu da última vez que a viu, aqui estou porque chegou a hora da sua morte. Os médicos já o desenganaram e esses são seus dias finais. Chegou também a hora de a senhora fazer a parte que lhe cabe. Sei que será difícil, mas é necessário.

– Sei que é. O que mais importa é que já ensinei a minha filha o suficiente para que ela lide com tudo isso. Partirei em paz.

– Por mais que a tenha ensinado, creio que Sara não se sairá bem sem minha presença. Aquela fazenda é um covil de serpentes, e a serpente maior é a Matilde. Mas, assim como disse da última vez, estarei ao lado de sua filha até o fim.

Os olhos castanhos de Leonora encheram-se de lágrimas. Sabia que Aurélio tinha razão, mas sabia também que sua filha precisava vencer os desafios que a vida estava lhe impondo para aprender os valores eternos do espírito. Pouco antes de ficar doente, Leonora conhecera a doutrina espírita por meio de sua patroa, uma mulher generosa e inteligente, que, com prazer, havia lhe ensinado sobre o mundo espiritual e a causa dos sofrimentos que grassam sobre o planeta. Foi ela quem mais a ajudou no momento que descobrira seu grave problema de saúde. Em uma das conversas, Rosana disse-lhe:

– Os problemas de saúde vêm de atitudes negativas que estamos tendo para conosco. Nosso espírito nasceu para ser livre, realizar-se, ser feliz. Tudo o que fazemos contra essa programação acaba em dor e sofrimento.

– O que posso ter feito de errado para estar com um câncer? Sempre fui uma pessoa boa, honesta, cumpridora dos meus deveres de mãe. Acreditei estar quite com Deus.

– Você não fez o principal, não foi feliz. Deus nos deu a vida, um corpo saudável, esse planeta maravilhoso para habitarmos, mas temos de fazer a nossa parte. Aprendemos a receber e até a dar ao próximo, mas desaprendemos a ciência de ser feliz. A única retribuição que Deus deseja de nós é a nossa felicidade. Você fez tudo certo, mas vivia triste, lamentando-se pelo passado, porque não teve a chance de viver o seu amor. Esqueceu-se de que neste mundo ninguém é vítima, mas responsável pelo próprio destino. Acreditando que nasceu para ser infeliz, fechou-se em seu mundo, perdeu a chance de amar outra vez e ser amada, de reconstruir sua vida, e não há corpo que resista a um espírito frustrado e amargurado. É por essa razão, que há tantos doentes no mundo. Enquanto as pessoas não aprenderem a arte de ser feliz não serão saudáveis.

– Eu não tive nenhuma culpa pela minha infelicidade, foi o destino que quis assim.

– Não existe destino, senão aquele que nós próprios criamos. Vimos estudando isso há algum tempo desde que lhe emprestei os livros de Allan Kardec. Pensei que houvesse aprendido.

– É difícil compreender quando se está vivenciando a dor.

– Mas é justamente na hora da dor que devemos usar tudo o que aprendemos com a espiritualidade. Agora, que já criou a doença, aproveite a experiência para evoluir com ela, não se queixando hora alguma, suportando tudo com coragem e resignação. Depois, a vida continua. Uma doença grave, sem cura, representa também a preparação para a chegada no plano espiritual. Além disso, Deus nunca desampara nenhum de seus filhos. Aceite, agora, o que não pode mais mudar e encontrará a paz.

Foi assim que Leonora, amparada por sua amiga Rosana e pelos livros espíritas que lia, foi melhorando o emocional, preparando-se com coragem e força para a chegada à pátria maior. Sabendo que não ia viver por muito tempo, tratou de ensinar a doutrina consoladora para Sara, sua filha e razão de seu viver. Seu maior medo era partir e deixá-la sozinha, mas Mariano acabara descobrindo a verdade que ela tentara ocultar e prometeu que cuidaria da filha de ambos como deveria.

Saiu da corrente de pensamentos que a invadira quando percebeu Aurélio retirando do bolso do terno um papel.

– Não vim aqui apenas para lhe comunicar que Mariano está morrendo, mas para lhe trazer esta carta. Nela, ele explica tudo o que está guardado para sua filha, que não deverá saber de nada até a hora certa. Prepare-a no que for preciso, o resto virá ao seu tempo – fez uma pausa e perguntou com voz baixa: – A propósito, onde ela está? Suponho que não escutou o que conversamos.

– Pedi para que ela saísse assim que soube tratar-se de você. Sara é muito curiosa, certamente vai querer saber o que uma pessoa estranha veio conversar comigo. Não poderei ocultar-lhe a verdade. Não na situação em que me encontro.

– Mas a senhora não poderá dizer-lhe tudo. Sugiro que leia esta carta e depois a queime. Mariano a escreveu como uma despedida, pelo amor que sente por você e também para informá-la sobre o futuro de sua filha naquela fazenda. Não seria justo que a senhora morresse sem saber o que ele programou.

Com dificuldade, Leonora sentou-se no leito simples, pegou os óculos e começou a ler. Cada palavra que lia emocionava-a, mas, a partir de determinado ponto, ela começou a ficar pálida, seu rosto contraiu-se de dor e olhou para Aurélio vociferando:

– Ele não tem o direito de fazer isso com minha filha. Não tem!

– Senhora, tudo o que ele vai fazer é para o bem de Sara. Como um pai pode querer o mal para a filha?

– Eu sei que isso aqui vai fazê-la sofrer amargamente. Meu Deus, como evitar esse sofrimento?

Aurélio contemporizou:

– Está sendo dramática, senhora. No fim, tudo vai dar certo.

Leonora, sentindo a respiração ficar ofegante e o coração encher-se de ódio, bradou:

– Suma daqui, Aurélio! Desapareça! Sei que só meu corpo morrerá, meu espírito ficará vivo e se minha filha for infeliz virei lhe cobrar e a Mariano. Agora, retire-se desta casa.

– Como quiser, senhora!

Dizendo isso, Aurélio saiu. Sara, parada no portão de madeira, aguardava.

– E então? Já terminou?

– Sim, senhorita, tenha um bom dia.

Desde que aquele homem misterioso com carro último modelo chegara pedindo para falar com sua mãe, Sara se inquietara. O que alguém como ele iria querer com uma mulher simples e doente como sua mãe? Não demoraria para saber. Perguntaria a Leonora.

Entrando no quarto, surpreendeu a mãe num acesso de tosse muito forte. Assustou-se e fez como os médicos e enfermeiras haviam lhe ensinado sempre que sua mãe tivesse alguma crise. Com paciência, acalmou-a e quando tudo voltou ao normal indagou:

– Mãe, algo sério se passou aqui entre a senhora e aquele homem. Seu estado emocional e físico não nega. Quero saber tudo. Nunca existiram segredos entre nós duas.

– Sim, minha querida. Existiu e existem muitos segredos entre nós.

– Como assim, mamãe?

– Chegou a hora de lhe revelar. Apenas peço que perdoe esta mulher, que muito errou nesta vida, por atos e omissões, mas que fez tudo isso por amor a você.

– A senhora está me assustando. O que há em sua vida que eu não sei?

Leonora tentou ser forte, não havia mais como prosseguir sem dizer toda a verdade. Segurou as mãos de Sara com força, olhou-a profundamente e disse:

– Você já é adulta, e, embora inteligente, sempre acreditou na história de que seu pai foi um caixeiro-viajante, um amor rápido da juventude pelo qual me deixei levar sem pensar nas consequências. Mas isso não é verdade. Seu pai vive mais próximo do que você imagina, e não foi um amor passageiro, foi a única pessoa a quem realmente amei e amo até hoje.

Os olhos de Sara brilharam de emoção. Se aquilo fosse verdade, ela poderia reencontrar o pai, abraçá-lo, dizer o quanto sentira sua falta durante todos aqueles anos. Nem questionaria o porquê de ter sido abandonada por ele, apenas aproveitaria o momento para dizer que, em seu coração, sempre o amara, mesmo sem conhecê-lo.

Leonora, vendo o silêncio da filha, continuou:

– Há quase trinta anos eu, minha mãe, meu pai e dois irmãos chegamos a estas terras. Moça jovem e sonhadora, eu esbanjava beleza, chamando a atenção por onde passava. Viemos do norte buscando emprego na usina Caldeiras. Resolvemos nos instalar nas terras da fazenda e começamos a trabalhar no corte da cana. Mariano também era muito moço e, por um desses acasos do destino, acabamos por nos conhecer e nos apaixonar. Eu vivi grandes momentos de felicidade ao lado dele, embora soubéssemos que nosso amor era impossível. Ele era muito rico, herdeiro do senhor Osvaldo, que sonhava para o filho um casamento em que houvesse a união de fortunas. Foi com tristeza que um dia, ao nos encontrarmos, ele me disse:

"Leonora, minha vida vai mudar. Acabei de me formar e meu pai já arranjou um casamento para mim com a jovem Melânia, filha de outro usineiro amigo dele. Não tenho outra saída senão aceitar. Mas meu amor por você é muito grande, forte e verdadeiro. Podemos continuar com nosso romance mesmo depois de me consorciar. O que não posso é perdê-la."

– Eu sabia que aquele momento iria chegar. Minha mãe, mulher prática, acostumada à realidade da vida, era também minha confidente e sempre me prevenia para o fim de minha relação. No entanto, naquele momento meu coração bateu mais forte e, com medo de perdê-lo, desafiei-o:

"Não pensava que fosse tão fraco a ponto de obedecer a seu pai de maneira tão cega. Como pode se casar com uma mulher que não ama, apenas por dinheiro? Não é nem de longe o homem íntegro e honesto que imaginei."

– Ele, sentindo-se ofendido, tentou se desculpar:

"Meu pai é muito severo, perdemos nossa mãe muito cedo e foi ele quem praticamente nos educou, a mim e ao meu irmão. Pode pensar o que quiser de mim, mas não tenho coragem de lhe negar o que quer que seja. Espero que me compreenda e que possa dar continuidade ao nosso amor."

"Pois eu não quero mais nada de você. Um homem que não é capaz de me valorizar, aceitando-me como sou, enfrentando tudo para ficar ao meu lado, não merece o meu amor. Adeus, Mariano."

– Naquele momento, cega pela raiva, vi em Mariano uma pessoa interesseira, capaz de sacrificar a própria felicidade em nome de um patrimônio material. No entanto, por mais que tentasse não conseguia odiá-lo. Mas eu tinha amor-próprio e jamais me sujeitaria a ser a outra. Entrei em depressão, meus pais ficaram preocupados, mas nada puderam fazer. Eles haviam comprado essa casinha que vivemos com muita dificuldade e eu deixei de trabalhar no corte da cana, não queria nunca mais entrar nas terras daquela família. Poucos dias depois, descobri que estava grávida. Minha felicidade foi muito grande. Estava esperando um ser, fruto de um amor verdadeiro. Meus irmãos haviam se casado. Um deles retornara para o norte com a esposa. Meus pais, já cansados e velhos, ficaram muito felizes com a chegada de mais um neto. Minha mãe me aconselhava a procurar Mariano e o senhor Osvaldo; afinal, eu tinha direitos, a criança tinha o sangue deles. No entanto, deixei-me levar pelo orgulho e preferi me virar sozinha. Já que Mariano havia me abandonado, não teria o direito de saber que teria um filho. Depois, eu tinha muito medo, o senhor Osvaldo era temido na região, poderia tentar fazer mal a mim e à criança, na tentativa de preservar o casamento do filho.

"Fui à luta e comecei a fazer bolos, doces, salgados, que aprendi com minha mãe, e passei a vendê-los pela vizinhança. Foi assim que, aos poucos, fiz um enxoval simples e comprei as coisas necessárias para a chegada de um bebê. Você nasceu numa noite quente de verão. Era uma linda menina. Ninguém sabia quem era o seu pai. Mariano, assim que se casou, fez uma longa viagem de lua de mel. Perdemos todo o contato. Os Caldeiras pouco frequentavam a cidade, muito menos os bairros pobres; sendo assim, ninguém me viu grávida nem desconfiou de nada.

"O tempo foi passando e minha luta para sobreviver e dar-lhe uma vida digna foi árdua. Lavei roupa para fora, aprendi a costurar, a fazer novas receitas e, assim, fomos nos mantendo. Os anos se sucediam e fiquei sabendo que Melânia, a esposa de Mariano, por um estranho problema de infertilidade nunca pôde ter filhos. Foi com tristeza que soube de seu grave estado de saúde e de sua morte três anos atrás. Embora eu tivesse sofrido com o casamento, agora, sabia que Mariano deveria estar triste com a solidão e a perda. Na verdade, nem por um dia deixei de amá-lo.

"Poucos meses depois da morte da esposa, Mariano veio procurar-me. Contou como havia se arrependido de não ter enfrentado o pai para ficar comigo quando jovem. Por essa fraqueza, amargou um casamento sem amor, sem afeto e sem filhos. Melânia era uma mulher bondosa, gentil, carinhosa, mas ele não a amava. Procurou respeitá-la até o fim da vida. Nesse tempo transcorrido, o patrimônio dos Caldeiras havia se multiplicado e, agora, ele estava à frente dos negócios. Vendo-o ali, diante de mim, revelei tudo o que havia acontecido. Mariano ficou extremamente feliz ao saber que tinha uma filha. Ver suas fotos deixou-o emocionado e agradecido a Deus. Tentei aproximá-los, mas ele tinha um grande complexo de culpa, não sabia nem como olhar para você. Mais uma vez fugiu, porém me disse que tudo o que era dele um dia seria seu. Revelou sentir que sua morte estava próxima e que deveria ressarcir minha juventude e os anos que a filha viveu praticamente a esmolar.

"Tentei relutar, não queria mais nada que pertencesse àquela família, mas era você, era seu destino que estava em jogo.

Já me sentia velha, cansada, o corpo doente. O que seria de você o dia em que eu morresse? Mariano prometeu que nada iria lhe faltar e que era natural que a legítima herdeira de tudo fosse sua filha."

Sara ouvia a tudo, deixando grossas lágrimas caírem sobre seu rosto. Não conhecia nada de si mesma e de sua origem. Pensou em se revoltar, cobrar da mãe todos os anos de privações, sem a presença paterna. Mas, naquele momento, não tinha como exigir nada, apenas se render aos fatos.

Olhando para Leonora balbuciou:

– Então eu sou herdeira de toda a fortuna da família mais rica de Boa Esperança?

– Sim, minha filha. É uma fortuna incalculável e, por ela, muitos vão brigar e tentar destruí-la. Contudo, acredito que a fortuna, quando legítima, é abençoada por Deus. Se Ele a fez parar em suas mãos é porque você saberá fazer o melhor.

– Isso tudo ainda está muito confuso para mim. O senhor Mariano está morrendo, é o que dizem pela cidade. Logo estarei de posse de uma fortuna que não saberei gerir. Não! Não quero.

Leonora apertou com mais força as suas mãos e numa súplica pediu:

– Esse é o último pedido que lhe faço, filha. Aceite e tome tudo o que é daquela família. Um dia sua mãe foi abandonada por causa desse maldito dinheiro. Nada mais justo que, agora, você usufrua tudo o que é seu e tudo o que fez sua mãe sofrer.

– Não a entendo, minha mãe, a senhora ao mesmo tempo em que fala em Deus, age com se estivesse se vingando.

– Não sou perfeita, e ainda guardo mágoa. Acredito que toda herança é legítima, mas é também um momento que minha alma muito esperou para a desforra.

– Não sei se saberei agir. Há mais pessoas naquela casa que devem herdar também. Ainda ontem, durante a festa da virada de ano, conheci o sobrinho do senhor Mariano, um rapaz chamado Cássio. Ele é quem comanda tudo desde que o tio adoeceu. Não sei se esses parentes vão me aceitar.

Ao ouvir a filha citar o nome de Cássio, Leonora sobressaltou-se:

– Faça o possível para estar longe desse moço. Você passará a viver naquela fazenda, mas não permita que ele se aproxime de você. É outro pedido que lhe faço em meu leito de morte.

Mesmo sem entender, e ainda com a cabeça cheia de informações novas, Sara não pôde deixar de dizer à mãe que faria justamente o que ela lhe pedia.

Leonora continuou:

– Seu pai escreveu um testamento e ninguém daquela família, exceto o mordomo Aurélio, vai herdar nada. Dessa forma, tudo, exatamente tudo, vai para suas mãos.

Sara sentiu-se assustada.

Vendo que a mãe não conseguia mais falar devido ao extremo cansaço, procurou ajeitar os lençóis e o travesseiro para que ela descansasse. Leonora, vencida pelo cansaço, adormeceu profundamente.

Sara foi para a sala e sentou-se no pequeno sofá. De repente, pensou que não seria má ideia ficar rica e viver em outro ambiente. Ela era uma moça simples, vivia dos quitutes que preparava para vender na praça e pela vizinhança, mas, de vez em quando, cansava-se dessa vida. Poderia ser uma boa oportunidade. Além do que, havia Cássio. Ela fingira não se importar, mas no fundo estava com seus pensamentos voltados para o moço. Agora, sabia tratar-se de seu primo. Não seria um amor proibido? Tinha também o pai. Ela que viveu todos aqueles anos sonhando com um abraço paterno, não iria se privar do que tanto ansiou. Mesmo sem a mãe saber iria à fazenda abraçar aquele que lhe deu a vida, antes que ele partisse para o outro mundo.

Com esses pensamentos foi para a pequena cozinha onde iria preparar mais doces e salgados para vender na praça mais tarde.

O que Sara não sabia era que começaria para ela uma fase de grandes provações, um retorno de ações iniciadas em uma vida pregressa na Rússia dos czares e que voltaria agora, para a devida reparação e reajuste.

3

O encontro

Entardecia quando Matilde ouviu o barulho característico do velho carro de padre Sílvio. Assim que o viu entrar pela enorme porta de cedro foi pedir sua bênção. Após abençoá-la e fazer os cumprimentos de praxe, o sacerdote perguntou com humildade:

– Como vão as coisas, minha filha?

Matilde fez um ar de fingido sofrimento ao responder:

– Muito mal, não tarda para Mariano morrer, acho bom que o senhor durma por aqui, pois a qualquer momento precisaremos de sua presença para a extrema-unção.

– Muito triste ver um homem tão bom padecer dessa maneira – comentou o sacerdote finalizando: – São os mistérios da fé.

Um silêncio se fez. Matilde fingia enxugar uma lágrima no canto do olho. Depois, comentou:

– Certamente o senhor está aqui por causa de minha irmã Marta. Sei que resolveu fazer o que lhe pedi.

– Resolvi, mas sei que não é correto. A igreja já não mais se utiliza desses rituais antigos.

– Mas o exorcismo não é antigo, sei que ainda é usado nos mosteiros quando os monges são atacados pelo demônio.

Padre Sílvio não queria dar largas àquele assunto, por essa razão finalizou:

– A igreja tem outros métodos mais modernos para expulsar demônios, mas já que insiste no exorcismo, farei como lhe prometi. A propósito, como está Marta ultimamente?

– Está na fase em que o demônio faz com que ela fique quietinha, chorando em cima da cama. Não come direito, não quer tomar banho, não conversa. Creio não ser um bom momento para fazermos o ritual, é melhor na fase em que o demônio a deixa louca.

– Como achar melhor. Vim aqui hoje para saber de Mariano e também por outro motivo.

– Como quiser, padre.

– Uma moça da cidade foi à igreja hoje no início da tarde. Trata-se de uma jovem muito simples, humilde, possui uma barraca de quitutes na praça, onde tira algum trocado para ajudar a mãe doente. É dessas almas boas, quase inexistentes nos dias atuais. Como corre na cidade que o senhor Mariano está à beira da morte, ela consternou-se e disse-me que gostaria de lhe fazer uma visita. Como não tem transporte, pediu-me carona.

Matilde irritou-se:

– Desculpe, padre, mas isso é um disparate. Onde já se viu o senhor trazer uma barraqueira para visitar o Mariano? Não posso permitir. Mariano já está cansado, sofrendo dores atrozes, nem gosta que nós da família entremos no quarto, imagine uma "qualquer".

– Não a estou reconhecendo. Onde está sua piedade?

– Sei que posso ter exagerado, mas foi o próprio médico que proibiu visitas.

– Tenho certeza de que Sara não fará mal algum a Mariano. É uma moça doce, quer visitá-lo em agradecimento por tudo o que fez pela cidade. Se você não permitir que ela entre, eu mesmo vou ao quarto de Mariano e falo o que está acontecendo. Tenho certeza de que, após me ouvir, ele vai recebê-la com todo o carinho.

Matilde sentiu-se vencida. Por um lado não poderia contrariar o padre; por outro, não gostava de ver pobres-diabos entrando naquela que julgava ser sua casa. Por fim, disse:

– Que entre a barraqueira. Mas que seja breve.

Padre Sílvio foi até o carro e pediu que Sara descesse e entrasse com ele. Ela estava maravilhada com tudo o que via. Apesar de ser quase noite, não deixou de observar a imensidão das terras que circundavam a construção soberba e imponente da fazenda Boa Esperança, que dali a alguns dias seria sua. O padre havia lhe dito que até onde a visão alcançasse tudo pertencia aos Caldeiras.

De repente, ao cruzar a grande porta de entrada e ver todo o luxo da sala, ela sentiu que ali era o seu lugar, que nascera para ser rica e viver naquele conforto. Questionou-se rapidamente como havia conseguido viver até aquele dia sem todo aquele luxo, sendo servida e reverenciada por todos.

Era a memória inconsciente de Sara se manifestando, recordando os tempos de luxo quando vivera na Rússia imperial. Todavia, a nova educação e a vida na pobreza que ela tivera na presente encarnação moldaram a sua personalidade de tal forma que ela não era mais aquela mulher ambiciosa, cruel e insensível de outrora. Por mais que seu espírito ainda fosse sensível às riquezas materiais, jamais teria novamente os impulsos malévolos que tanto sofrimento espalhara décadas atrás.

O espírito, ao renascer na Terra, ganha um novo cérebro, que, como um filme virgem, vai gravar as novas experiências e assimilá-las de acordo com seu nível evolutivo. Na primeira infância, se receber uma educação voltada aos valores eternos do espírito, o ser reencarnado vai moldar-se aos poucos e, quando, aos catorze anos reassumir sua personalidade verdadeira, fruto de todas as suas vivências pretéritas, por mais que ainda tenha resquícios de maldade, vai estar mais amadurecido, questionando a validade do mal, tendo o poder de modificar seu destino, evoluir e encontrar a felicidade.

Mas, se esse espírito, ainda atrasado moralmente, receber uma educação que valorize mais o material do que o espiritual, que o induza a acreditar no mal, que o faça enveredar pelos caminhos dos preconceitos, vícios e ambições desmedidas, certamente, ao reassumir sua reencarnação na fase adolescente, perder-se-á no cipoal das ilusões enveredando pelo caminho do crime, da desonestidade, da licenciosidade, onde aumentará seus compromissos perante as leis cósmicas que regem a vida, recolhendo para si o sofrimento correcional e educador.

Por essa razão, conclui-se que o valor da educação é imenso, podendo fazer com que o espírito estacione ou dê um passo adiante rumo ao Criador. Não falamos aqui da educação acadêmica, que longe está de ensinar os valores eternos de Deus e ainda engatinha sobre a Terra. Falamos tão somente da educação moral, cósmica. Não aquela baseada na moral do mundo, em que o certo e o errado ditam as regras, mas da moral universal, da verdade absoluta contida em cada consciência.

Essa tarefa está destinada aos pais ou responsáveis por todos os que reencarnam. Triste dos genitores que conduzem mal seus filhos, pois, certamente, responderão à Lei Maior e terão de voltar para refazer o que ajudaram a estragar, com desafios e provas maiores que as anteriores.

Leonora havia criado Sara dentro de bons preceitos, estava quite com a lei. Por essa razão, naquele momento, por mais que quisesse ser rica e ter conforto, sua consciência também lhe dizia que tudo aquilo só valeria se fosse para seu progresso.

Matilde mediu Sara de cima a baixo e, com voz que o desprezo dominava, falou:

– Não precisava vir, não conhece ninguém nesta casa, não é bem-vinda. Espero que seja rápida.

– Não se preocupe, senhora, apenas lhe desejarei saúde e agradecerei pelo que tem feito ao nosso município.

– Assim espero. Siga-me.

Sara e padre Sílvio foram andando atrás de Matilde até que chegaram ao quarto de Mariano. O velho senhor abriu os olhos e, com dificuldade, reconheceu-os. Seu coração, mesmo fraco, acelerou-se ao perceber que sua filha estava ali. O que ela queria? Certamente já sabia a verdade e o viera acusar. Juntou toda a força que ainda lhe restava e pediu:

– Por favor, deixem-me a sós com a moça.

– Mas que disparate, Mariano! Não vê que essa mendiga pode abusar de sua saúde?

Mariano sentiu mais raiva ainda de Matilde. Naquele momento, teve certeza de que estava certo ao fazer o testamento. E, com a emoção à flor da pele, gritou:

– Deixe-me em paz! Saiam, você e o padre. Agora!

O tom de voz não deixou dúvidas de que Mariano não os queira ali. Do lado de fora, Matilde comentou:

– Esses velhos não têm vergonha! Basta verem uma moça novinha para desejarem intimidade. Que vergonhoso! Nem com o pé na cova eles se dão ao respeito.

– Cale-se, Matilde – bradou padre Sílvio. – Como sempre você não deixa de pecar, nem parece com Ana, que é exemplo de virtude. Seu comportamento me faz crer que não merece meu esforço em ajudar sua irmã Marta. Hoje você passou de todos os limites. O senhor Mariano deve ter ficado feliz em ver que uma jovem se interessou por sua saúde. Além do que, eu sei que ele não gosta de você por tudo o que aconteceu. Como queria que ele a deixasse permanecer no quarto?

Matilde ruborizou-se:

– Perdão, padre, sou uma pecadora. Não tolero pobres, nem fui com a cara dessa moça vulgar. Mas lhe peço: não deixe de socorrer minha irmã. Faço quantas penitências forem necessárias, mas não deixe que esse sofrimento continue.

– Tudo bem, não precisa se ajoelhar.

Naquele momento, Aurélio entrou no recinto.

– O senhor deseja um suco, um café? Tem aqueles biscoitos que o senhor adora.

– Traga tudo para cá, Aurélio. Você sabe que o padre lancha conosco quando vem aqui, não tinha necessidade de perguntar.

– Sim, senhora.

Aurélio sorria intimamente por ver Matilde naquela situação. Ele vira quando Sara havia chegado com o padre e quando a moça entrara na sala. Na ingenuidade, Matilde maltratara aquela cujos pés teria de beijar. Ainda bem que tudo iria se modificar e ele não precisaria mais fazer sexo com Matilde como Mariano ordenara. Mas ainda faltava a parte principal do plano, que era fazer com que Cássio os flagrasse na cama. Mariano queria que o sobrinho perdesse todo o respeito pela mãe. Cássio, por outro lado, não poderia mandá-lo embora da fazenda por exigência do testamento. Aurélio sorria feliz!

No quarto, Sara olhava Mariano sem saber o que dizer. Tanto tempo esperando o momento de conhecer seu pai, abraçá-lo, dizer que mesmo sem conhecê-lo o amava muito, e, no entanto, estava ali parada, completamente sem ação.

Vendo o embaraço da jovem, Mariano reuniu as últimas forças que lhe restavam e, quase num fio de voz, começou:

– Sente-se, Sara, temos muito que conversar. A vida em mim se esvai, não tenho muito tempo para lhe pedir perdão. Mas tenho tempo para reparar todo o mal que fiz a você e sua mãe.

Ela, emocionada, abraçou-o com muita força.

– Meu pai! Quantos anos esperei por este abraço!

O momento de emoção fez com que ambos chorassem. Um choro aliviado, um pranto que lavava a alma. Quando serenaram, Mariano tornou:

– Sei que posso ir em paz, seu abraço e seu carinho mostraram que estou perdoado. Não poderia deixar este mundo sem isso. Obrigado, filha!

– O senhor não tem de ser perdoado de nada, meu pai. Sou grata por ter me dado a vida, a chance de estar aqui podendo ser útil, evoluir, ser feliz. Isso não há dinheiro que pague.

– É claro que precisava do seu perdão. Fui um jovem fraco, comandado pelo meu pai. Não tive forças suficientes para deixar todas as convenções de lado e viver o amor de verdade que sentia por sua mãe. Por causa dessa infeliz escolha, amarguei uma vida de frustração e infelicidade. Deus me castigou e não pude ter filhos com Melânia. Vivi minha vida em uma intensa e eterna busca pelo dinheiro, para aumentar meu patrimônio. Hoje eu sei que fiz bem, pois tudo será para a minha única filha, aquela a quem eu mais amo, você.

Sara ia replicar dizendo que não precisava de nada, que só em saber que seu pai a amava e poder conhecê-lo antes de sua morte, já era tudo o que ela precisava para ser feliz. Vendo que a filha iria discordar de sua atitude, ele disse, com voz cada vez mais fraca:

– Aceite tudo o que vai lhe acontecer. Não sei se tenho esse direito, pois não sou Deus, mas eu tracei o seu destino. Se realmente me perdoou pelos anos de abandono a que lhe submeti, faça o que tem de ser feito, pois tudo o que seu velho pai fez, foi pensando apenas na sua felicidade.

Vendo que a respiração de Mariano chegava ao fim e que já não conseguia mais articular nenhuma palavra, Sara o abraçou com mais força e viu que dele exalava o último suspiro. Um choro forte, sentido, brotou de seu peito e, em oração, ela pediu que os bons espíritos assistissem seu pai naquele momento.

Minutos depois que Mariano fechou os olhos na Terra, seu perispírito foi gradualmente se desprendendo, deixando-o confuso. Fora do envoltório físico, ele olhou para trás e viu Sara chorando, abraçada a seu corpo inerte. Certamente, havia morrido. Naquele momento, uma onda de pavor o acometeu e ele tentou retornar à matéria, sem obter sucesso. Desesperado, ajoelhou-se e pediu a Deus que o ajudasse. Sua prece foi tão sincera, que, de repente, um imenso clarão surgiu no quarto. A luz foi tomando forma e Mariano, entre assustado e surpreso, viu sua esposa Melânia. Os olhos dela passavam paz e tranquilidade. Fixou-se naquele que um dia foi seu esposo, e disse com voz doce:

– Chegou a hora, meu velho. Deus o libertou do sofrimento a que voluntariamente se entregou. Embora a ambição, o sentimento de vingança e o ódio o tenham acompanhado durante todo esse tempo, sua prece fervorosa e verdadeira ao Criador libertou-o de intensos sofrimentos nas regiões umbralinas. Sem ela eu não poderia estar aqui para levá-lo a um local de refazimento e paz. Dê-me sua mão.

Mariano, emocionado e curvado pelo remorso, não conseguia estender as mãos para a esposa. E, num pranto dolorido, conseguiu dizer:

– Não sou digno de você, Melânia. Não posso seguir ao seu lado.

– Por que não é digno de mim? Em nada sou melhor!

– Como não? Sou um endividado perante a vida, não pude fazê-la feliz, casei-me sem amá-la, não dei a atenção devida que uma esposa precisava de um marido. Todos os dias da minha vida pensei em Leonora e em como seria feliz se estivesse casado com ela.

Melânia respondeu serena:

– Ninguém é endividado perante a vida. Cada ser, cada consciência, dá o melhor que pode em seu nível de evolução. Errar é natural e faz parte da aprendizagem. É preciso aprender isso, para que se possa sair dos meandros negativos da culpa. Diz que foi mau marido, mas fui eu que o atraí em minha vida. As pessoas se atraem mutuamente pelas necessidades de evolução e pela onda de pensamentos e crenças que emanam. Por pensarem que estão no mundo para sofrer, por acreditarem no pecado, na dificuldade, por acharem que a felicidade não existe ou que ela depende dos outros, a maioria das pessoas atrai para si pessoas que vão levá-la justamente a vivenciar tudo isso. É por essa razão que quase todas as relações no mundo andam tão mal. Enquanto as pessoas não mudarem a forma de pensar, de ser e agir vão continuar a sofrer. Eu, por exemplo, desde a mais tenra idade fui aprendendo que para ser feliz precisava ter um marido, casar-me e ter filhos. Minha mãe sempre falava que o mundo era um vale de lágrimas. Sem usar meu raciocínio, fui acreditando em tudo, perdi minha identidade, ignorei-me, e atraí você em meu caminho. Na verdade, se existisse um culpado, seria eu.

Mariano, embora perturbado pelo recém-desencarne, entendeu tudo o que Melânia disse. Ela, que era para ser a vítima, para cobrá-lo, estava se colocando como a única responsável. Ele queria aceitar, ia replicar quando foi interrompido por sua voz suave:

– Não vamos debater sobre isso neste momento. Como pôde ver, a vida continua, e a morte é uma ilusão. Tive autorização dos nossos maiores para levá-lo a um lugar onde poderá ser ajudado e, com o tempo, vai aprender a servir na causa do bem.

– Como vou deixar minha Sara na mão daquela mulher má e cruel?

– Confie na Providência Divina. Sara e Matilde estão unidas por um compromisso de vidas passadas. Fatalmente iriam se encontrar para aprenderem a se perdoar mutuamente. E você também precisa perdoar Matilde. Onde passará a viver não há lugar para ódio, ressentimentos ou qualquer sentimento negativo. Deverá aprender a perdoar, se quiser permanecer ao meu lado.

– Não posso perdoar tanta maldade, tampouco deixá-la livre para prejudicar minha filha.

– Você vai entender como tudo sempre está certo e que não há injustiças no mundo. Não pense em nada por enquanto, venha comigo e, na hora exata, entenderá o que lhe digo.

Finalmente, Mariano deu as mãos a Melânia e ambos desapareceram do quarto.

O choro de Sara foi ficando mais forte e logo foi ouvido por toda a fazenda. Em poucos minutos, o quarto estava cheio, e a notícia que Mariano havia morrido consternou a todos, exceto Matilde. Quando os ânimos se acalmaram e padre Sílvio fez uma oração, Matilde, embora contente com a morte do cunhado, olhou para Sara com desdém e bradou:

– Foi sua culpa. Se não tivesse vindo visitá-lo, ele não teria morrido. Retire-se deste quarto, agora!

Padre Sílvio tentou acalmá-la:

– Controle-se, Matilde, todos nós sabíamos que Mariano não ia mais resistir a tanto sofrimento. Se ele morreu nos braços de Sara talvez tenhamos de agradecer, pois sua visita permitiu que sua alma fosse libertada.

Por um momento Matilde concordou. Se ele morrera depois daquela visita tanto melhor. Ainda que ficasse sem nada, só em saber que iria ver-se livre da presença asquerosa do cunhado já era motivo de sobra para comemorar. No entanto, precisava fingir.

– Peço desculpas, sei que me exaltei. O Cássio era muito apegado ao tio, e saiu desde cedo. Precisamos avisá-lo. Onde está Ana?

– Assim que terminei a oração ela dirigiu-se ao oratório para continuar a rezar pela alma de Mariano.

– Preciso falar com ela, talvez tenha uma ideia de onde Cássio se encontra. – Olhou mais uma vez para Sara, dizendo em tom de desprezo: – E você, trate de ir embora com o padre. Não é da família, não é conhecida; portanto, não é bem-vinda.

Sara sentiu um ódio surdo. A vontade que tinha era de dizer toda a verdade naquele momento, mas havia prometido à mãe fazer tudo como o combinado. Em sua mente já via o gostinho da vitória quando entrasse naquela soberba fazenda como a dona absoluta.

– Não se incomode, senhora, estarei partindo com o padre, mas voltarei para o velório. Sei que não vai poder impedir que as pessoas da cidade, que tanto são gratas ao senhor Mariano, participem do sepultamento.

Matilde engoliu em seco. Teria de fato de suportar toda aquela gente.

– Tudo bem, volte se quiser. Mas sua presença aqui neste momento não é necessária. Agora, temos de resolver problemas de família, tratar do funeral, dentre outras coisas que só competem aos familiares. Você jamais poderá pertencer ao nosso nível ou ter uma família como esta. Dê-me licença.

Sara mais uma vez teve de engolir todo o ódio e seguiu com o padre. Saberia esperar a hora certa para dar o troco.

Sem perceber, já estava entrando na mesma faixa vibratória de Matilde, o que lhe acarretaria sérios problemas.

Matilde dirigiu-se ao oratório, onde Ana rezava com fervor.

– Pare com isso um momento e me escute.

A voz da mãe era grave e Ana resolveu lhe obedecer.

– Seu irmão saiu logo depois do café da manhã e, até agora, não deu notícias. Você tem ideia de onde pode ter ido?

– O Cássio passa a maior parte do tempo com Rodrigo, no clube de campo. Hoje é o primeiro dia do ano, devem estar por lá bebendo e flertando com aquelas mulheres pecaminosas.

– Ainda bem que seu irmão não exagera na bebida. Vou pedir que Aurélio vá avisá-lo. Aproveite e, em vez de orar por Mariano, ore para que aquele desgraçado tenha sido justo no testamento. Não conseguirei dormir nem comer até saber o que está contido naquele maldito documento.

– A senhora não vai orar pela alma do tio?

– Faz-me rir, Ana, com tanta ingenuidade. Espero que a esta altura ele esteja com Melânia no fogo do inferno.

Ana sentiu um leve tremor, não gostava de ver a mãe falando aquelas coisas. Virou-se de costas e continuou a orar.

4

O funeral

Cássio chorou muito a morte do tio. Para ele, era como se estivesse se despedindo do verdadeiro pai. Embora aquele momento já fosse esperado, ele não conseguia se conformar com a morte, muito menos ver aquele homem que sempre fora cheio de vida dentro do esquife, preparado para ser entregue aos vermes.

Vendo-o chorar sentidamente, Ana se aproximou:

– Saia um pouco de perto desse caixão e vá se alimentar. O dia já vai clarear e você não comeu nada desde que chegou do clube.

– Não consigo comer, meu estômago está embrulhado, enjoado.

– Talvez precise sair um pouco. Há muita gente aqui, e o ambiente está abafado. Venha tomar um pouco de brisa no jardim.

Cássio deixou-se conduzir pela irmã e logo estavam do lado de fora. A madrugada ia alta, mas as pessoas não deixavam a fazenda. Todas queriam estar presentes naquele momento considerado o acontecimento do ano, mas que deveria ser de oração ao recém-desencarnado.

Os irmãos se sentaram em um banco e começaram a apreciar as estrelas. Ana muito carinhosa, como sempre, começou a acariciar os cabelos lisos do irmão, que se deixou levar por aquela onda de conforto, sentindo muita paz. De repente, ao abrir os olhos viu Sara à sua frente. Vendo que ele levara um susto, a moça justificou-se:

– Desculpe-me, não quis assustá-lo. Na verdade, não percebi que dormia nos ombros de sua irmã.

Mesmo no momento de dor que atravessava, Cássio não conseguia conter seu impulso conquistador. Desejara Sara desde que a vira pela primeira vez, e pretendia que a moça fosse sua próxima aventura. Durante o dia, conversando com Rodrigo no clube, descobriu que Sara nunca havia namorado. Esse fato aumentou seu desejo de conquistá-la, pois adorava ser o primeiro na vida de uma mulher. Refazendo-se rapidamente do susto, respondeu:

– Não há por que se desculpar, eu apenas descansava. A morte de meu tio está sendo muito penosa.

– Tentei dar-lhe os pêsames, mas não tive coragem de me aproximar enquanto você estava agarrado ao caixão.

Cássio levantou-se e abraçou Sara com muito carinho. O coração dos dois batia acelerado. Quando o abraço terminou, Sara disse:

– Espero que o bom Deus possa confortá-lo por esta perda. Diz minha mãe que nessas horas só Ele é que consegue nos dar força.

Ana adorou aquelas palavras e observou:

– Você parece ser religiosa; no entanto, nunca a vi na igreja assistindo às missas do padre Sílvio.

– Não sou dada a religião. Acredito que Deus existe e comanda tudo no Universo, mas ainda não me decidi a seguir uma doutrina.

Ana falou orgulhosa:

– Espero que quando escolher seja pela única religião deixada por Deus na Terra.

– E que religião é essa?

– Ainda pergunta? É a religião Católica. – Ana fez uma pausa e, vendo que Sara a ouvia com atenção, continuou: – Percebo mesmo que você não conhece muito de religião. Se quiser posso ser sua amiga e lhe explicar a história da Igreja Católica, provando que ela é a única aprovada por Jesus.

Cássio as interrompeu:

– Não vão ficar aqui falando de religião, não é?

– Desculpe, irmão, esqueci que infelizmente você é ateu.

Sara assustou-se:

– Cássio é ateu?

– Sim, sou ateu.

– Por quê?

– Nunca aceitei a ideia de um Deus. Prefiro as respostas que a Ciência nos dá e para mim está bom demais. A ideia de Deus deixa as pessoas completamente alienadas, fora da realidade, cheias de regras, com medos de pecados, do diabo e todas essas bobagens que as religiões inventaram. Não acredito em nada disso. Para mim, Deus foi uma construção da necessidade humana para ter em que se pendurar. E se for para continuar falando sobre isso, prefiro sair e voltar ao velório.

Sara percebeu que Cássio ficou nervoso, olhou-o, e finalizou:

– É uma pena que não acredite em Deus, mas você tem livre-arbítrio. Aceite meus pêsames, são verdadeiros.

Ele pegou em suas mãos, beijou-as com carinho, e disse:

– Estão aceitos. A propósito: a que horas pretende ir embora da fazenda? Posso levá-la em casa.

Ana ruborizou-se, percebeu todo o jogo do irmão. Com raiva interveio:

– Mamãe não vai permitir que saia do velório para levar alguém em casa! Se a moça veio até aqui é porque está acompanhada, não precisa se preocupar.

– Sim, eu vim com o padre Sílvio.

– Mas eu faço questão, Sara – disse Cássio com voz melíflua.

– Eu pretendo ir embora com padre Sílvio. Voltarei para a missa e o sepultamento. Realmente, não precisa se preocupar. Creio ser este um momento em que deve permanecer ao lado de sua família. Pelo que sei, agora, você é o novo chefe.

Cássio percebeu que Sara não cairia facilmente em suas investidas. Assim, resolveu contemporizar:

– Tudo bem, não gosto de recusas, mas vou perdoá-la pelo momento que passo. Mas em outra oportunidade gostaria de conversar mais com você, conhecê-la melhor, ser seu amigo.

– Vamos ver.

De repente, ouviram a voz de Matilde:

– O que vocês estão fazendo aqui fora?

– Vim tomar um ar com a Ana. O ambiente estava sufocante. Algum problema?

– Todos os problemas. Você, agora, é o único homem da família, deveria estar lá dentro o tempo inteiro. Todos estão reclamando sua presença. E eu posso saber o que essa moça está fazendo aqui com vocês?

– Ela veio nos dar os pêsames.

– Era só o que me faltava! Ninguém aqui precisa dos pêsames dessa moça, que, aliás, é muito inconveniente. Já não bastava ser a responsável pela morte do Mariano, ainda teve a coragem de comparecer ao velório?

Sara sentia um ódio grande de Matilde. Nunca ninguém a tratara com tanto desprezo. Ia se afastando sem nada responder, remoendo a raiva, quando Cássio pegou com força em seu braço e disse:

– Que história é essa de você ser a responsável pela morte de meu tio?

Nem bem Sara abriu a boca já foi cortada por Matilde.

– Ela veio visitar seu tio com o padre Sílvio. Pouco tempo depois, Mariano morreu em seus braços, enquanto ela soluçava, fingindo estar triste. Essa mulherzinha deve ter feito algo para que o tio de vocês morresse tão depressa. Ainda pela manhã estava bem-disposto, falante, corado.

– Cale-se, mamãe. A senhora e todos nós sabíamos que tio Mariano não tinha mais como sobreviver. – Olhou para Sara e disse: – Desculpe o transtorno, minha mãe está exaltada, depois nos falamos.

Matilde sentiu-se destratada diante daquela estranha e jurou vingança. Quando todos se afastaram, Sara pôs-se a pensar. Por que a mãe pedira com tanta força para que houvesse o que houvesse ela nunca se aproximasse de Cássio? Certamente por causa da víbora de sua mãe. Andou um pouco, entrou num caramanchão, e continuou a pensar:

"Sou dona de tudo isso. Até onde a vista alcança. Meus Deus, nunca pensei que isso um dia pudesse me acontecer. Sempre desejei ter uma condição de vida melhor, principalmente para ajudar a minha mãe, que tanto sofre, mas nunca imaginei que o destino me reservava justamente uma fortuna tão grande. Depois, há o Cássio, não posso negar que estou apaixonada por ele. Nunca um homem me tocou tão profundamente. Percebi em seus olhos que sou retribuída, mas ao mesmo tempo há o pedido de minha mãe para que eu não me aproxime dele. Será que somos irmãos? Será que dona Matilde e seu Mariano tiveram algum relacionamento?"

Os pensamentos povoavam a mente de Sara e só depois de um longo tempo foi que ela saiu do caramanchão. Encontrou com Letícia, uma amiga que a procurava:

– Finalmente! Onde você estava?

– Fui meditar um pouco dentro daquele caramanchão. Estou confusa.

A amiga não parecia interessada em seus problemas e foi direta:

– Padre Sílvio está nos chamando para voltarmos à cidade. Estava difícil de encontrá-la. Este lugar é enorme! Andei, andei, e acabei indo parar na antiga senzala desativada. Você não sabe o que aconteceu!

– O quê?

– Ouvi muitos gemidos, como se houvesse pessoas lá dentro. Arrepiei-me inteira, pois me lembrei que meu avô sempre diz que esta fazenda é mal-assombrada. Saí correndo e esbaforida.

Sara riu do rosto assustado de Letícia:

– Pois eu não teria medo. Os mortos não podem fazer nada diretamente aos vivos.

– Não é você que diz acreditar em Espiritismo?

– Minha mãe é espírita e já li alguns livros. Sei que os espíritos podem nos influenciar muito, mas eles não saem por aí pegando ninguém ou correndo atrás das pessoas.

– Não sei, vamos andando que o padre nos espera.

As duas seguiram até o carro onde padre Sílvio impaciente as aguardava. Durante o trajeto de volta, todos foram calados, imersos em seus próprios pensamentos.

***

Ao entrar em casa, Sara percebeu a luz acesa no quarto da mãe. Certamente, ela ainda não havia dormido. Leonora recebeu com muita calma a notícia do desencarne de Mariano. Orou aos espíritos amigos para que o recebessem do outro lado, certa de que em pouco tempo estaria com ele no plano espiritual. No entanto, a reviravolta que estava para acontecer na vida de Sara a deixava preocupada e confusa. Conhecia bem Matilde para saber do que ela era capaz. Por essa razão, naquela noite do velório, ficou acordada esperando a filha chegar, tinha de estar a par de tudo.

– Mãe? Ainda não dormiu? Sente-se mal?

– Não, Sara, meu corpo tem resistido. Minha alma é que está em agonia, temerosa com seu futuro. Fiquei aqui lendo o Evangelho, orando por todos, pois me arrepia a ideia de você estar naquela fazenda. Como está sendo o velório?

– A família está conformada, só o sobrinho Cássio é que permanece inconsolável. Ficou durante horas agarrado ao caixão. Senti muita pena dele, dizem que o senhor Mariano era como se fosse seu pai. Fiz minha parte, procurei-o e dei meus pêsames.

Leonora sentiu que Sara falava em Cássio de maneira especial. Conseguira notar pelo tom de sua voz. Não gostou nada daquilo, uma vez que a queria bem longe do rapaz. Procurou fingir que não havia percebido e tornou:

– E Matilde? Qual foi a reação dela?

– Fingiu chorar de vez em quando, mas sei que eram lágrimas falsas. Aquela mulher é uma cobra. Até agora não acordei do sonho de saber que sou a herdeira de toda aquela fazenda e que passarei a viver sob o mesmo teto daquela mulher. Sinto um ódio por ela que não sei explicar, ninguém nunca me tratou com tanto desprezo. Mas nós duas vamos residir ali e saberei muito bem como colocá-la no seu lugar.

– Eu não vou com você. Estou velha, doente, mal posso me locomover. Por outro lado, não me sentiria bem em deixar minha casa para ir viver com aquela gente. Foi lá que Mariano viveu com a esposa durante décadas, tudo ali deve lembrar o casal. Seria um tormento para mim.

– Mas, mãe, a senhora sabe que eu nunca a deixaria sozinha aqui. Se a senhora não for, eu não vou. E não poderei aceitar a herança que meu pai me deixou. Jamais ficaria bem sabendo que a senhora está aqui sozinha, tendo de enfrentar uma doença tão terrível sem o meu auxílio.

– Não viverei muito tempo, e posso pedir que Rosana encontre alguém de confiança para ficar comigo. Definitivamente, não vou.

Sara levantou-se decidida e disse:

– Então quando o mordomo vier nos procurar novamente, pode dizer que não quero nada, que a fortuna pode ficar com todos eles ou ser doada.

– Não seja caprichosa, Sara. Alguns dias que eu fique viva não vai fazer nenhuma diferença.

– Para mim faz!

Leonora lembrou-se da promessa feita a Mariano tempos atrás. Sara precisava herdar tudo, pois além de ter direitos era uma forma de ela se sentir compensada por tantos anos de sofrimento e miséria. Aquelas pessoas mereciam o que Mariano estava fazendo. Lembrando do prometido e, sabendo que Sara era voluntariosa e decidida, resolveu ceder.

– Tudo bem, filha, se quer assim, assim será. Você não pode ficar sem receber o que seu pai deixou. De minha parte não nego que me sinto vingada, mas também aprendi que toda a riqueza pertence a Deus, que a desloca quando e como quer. Se uma fortuna como essa veio parar em suas mãos é porque pode fazer algo de útil com ela.

Sara, contente pela decisão da mãe, abraçou-a com carinho.

– Obrigada pelo sacrifício que vai fazer por mim. Sei que valerá a pena. Agora, vou me deitar, pois amanhã irei com padre Sílvio bem cedo para a missa e o sepultamento.

– Espere. Quero que me faça um favor. Pegue aquela rosa que está sobre o toucador e coloque no túmulo de Mariano. Será minha última lembrança para ele nesta Terra.

Sara olhou a rosa vermelha, que parecia estar bem fresca.

– Onde a senhora a encontrou?

– Pedi ao filho da vizinha que fosse à floricultura de dona Silvana e comprasse a rosa mais bonita que encontrasse.

– Como é lindo o amor! Rosas vermelhas significam amor. Um dia quero amar alguém assim.

– Vai chegar a hora, e, quando chegar, espero que não sofra tanto quanto eu sofri.

Sara saiu do quarto levando a flor, enquanto pensava em Cássio. Queria dar também uma flor a ele, como prova de seu amor. Amor? Será que estava amando mesmo uma pessoa que tinha visto apenas duas vezes?

Leonora, no quarto, sentia que a filha pensava em Cássio. Com medo, orou fervorosamente a Deus, pedindo que afastasse a filha daquele homem, mesmo sabendo não ser mais possível.

***

O cortejo fúnebre seguia devagar em direção ao velho cemitério da fazenda. A missa de corpo presente, como era costume naquela região, fora feita em casa e padre Sílvio se esmerou no sermão, emocionando os presentes.

Sara ficou escondida entre os demais, esperando que a sepultura ficasse vazia para que ela pudesse depositar a flor e dizer suas últimas palavras ao pai. As pessoas abastadas discursaram uma por uma enquanto o caixão baixava ao túmulo. Após mais de uma hora e do sincero discurso de Cássio, as pessoas saíram.

Escondida atrás de um velho jacarandá, Sara esperava. Quando percebeu estar só, achegou-se à lápide, depositou a flor, e começou a falar em voz alta:

– Esta flor representa um amor verdadeiro. Um amor que nasceu e cresceu em dois corações, mas não pôde ser vivido. Que o senhor meu pai, aceite-a como prova de que, mesmo distante, o amor pode continuar existindo, mostrando que para ele não existem barreiras nem tempo. Não convivi com o senhor, mas sempre o amei. No fundo, sentia que meu pai, onde quer que estivesse, era uma pessoa muito boa, de coração honesto e amoroso. Vá em paz e que Deus o acompanhe na eternidade.

Sara chorava baixinho. Naquele momento, chorava pela ausência paterna, por todos os dias e noites que sonhara com um pai imaginário, um caixeiro viajante que a qualquer hora pudesse chegar e chamá-la de filha, sem saber que seu verdadeiro genitor estava muito perto. Depois que a emoção serenou e ela ia se levantar, sentiu uma mão forte e quente apertando a sua.

– Cássio? Desculpe, estava orando pelo seu tio.

– Você chorava. Por acaso o conhecia?

– Não... Sou mesmo emotiva; sempre fico muito triste quando alguém se vai. Acho que não sei lidar com a morte. E você? Por que voltou?

– Queria me despedir a sós do meu tio. As pessoas durante o enterro me sufocaram, falaram demais, tiraram meu espaço. Queria ter um momento só meu com ele.

– Mas você é ateu. Os ateus acreditam que tudo se acaba com a morte, não tem nenhum significado você vir aqui se despedir.

Cássio corou, não esperava ouvir isso. Na verdade, ele não viera por outro motivo senão por Sara. Viu ao longe quando a moça saiu detrás da árvore e postou-se no túmulo. Era o momento ideal para tentar uma aproximação. Mas, agora, tinha de encontrar uma boa desculpa.

– Sabe, Sara, sou ateu sim, mas também tenho minhas manias, meus desabafos. Mesmo sabendo que é impossível meu tio me ouvir, queria vir aqui falar o que sinto, colocar para fora a dor do nunca mais.

– Fico triste que pense assim e, certamente, seu tio onde quer que esteja também ficará muito triste. Mas já que veio para ficar a sós, não sou quem vai impedi-lo. Já estou me retirando, não quero perder a carona do padre Sílvio.

– Por favor, deixe-me levá-la em casa. Só hoje.

– Como disse da outra vez, não precisa. Você é o único homem da família, tem de ficar com sua mãe e irmã.

– Faço questão de levá-la e também que acompanhe as minhas palavras.

Cássio havia feito um discurso sincero e bonito quando o corpo baixou à sepultura, mas, agora, estava se sentindo ridículo tendo de fazer teatro diante de Sara. Mesmo assim, procurou se esmerar e, por fim, chorou de verdade. Sara, percebendo seu sofrimento, resolveu ceder ao pedido.

– Eu permito que me leve em casa.

– Não sabe como sua aceitação alivia minha dor.

Foram andando de volta à fazenda, onde padre Sílvio estava impaciente.

– Sara, você demorou muito.

– Estava rezando com Cássio na sepultura do senhor Mariano.

Cássio tornou:

– O senhor pode ir com Letícia, hoje quem vai levar Sara em casa sou eu.

O padre conhecia a fama de Cássio e percebeu o que ele queria com a moça, por essa razão disse:

– Não vou permitir. Dona Leonora deixou-a sob minha responsabilidade. Em hipótese nenhuma ela irá com você. Sua mãe também não permitiria.

– Senhor padre, minha mãe não manda em mim, e Sara já é adulta o suficiente. Ela decidiu que vai comigo. Dá para parar de implicar?

Padre Sílvio olhou para Sara com preocupação. Cássio era um rapaz fino, elegante, rico, acostumado a ter as melhores mulheres e usá-las por capricho. Jamais levaria a sério um relacionamento com uma moça tão sofrida e pobre como Sara. No entanto, percebeu que nada poderia fazer. Além do que, não queria confusão com Cássio, pois agora era ele quem iria mandar na fazenda, e como era um descrente, podia ser capaz de parar de doar as somas que Mariano regiamente enviava para a paróquia. Rendendo-se aos fatos, apenas disse:

– Tenham juízo, meus filhos. Muito juízo!

– Pode deixar, padre, não sou nenhum lobo mau.

As moças sorriram com a expressão sem graça do padre. Logo depois, Cássio e Sara saíram da fazenda sozinhos. Ele, pensando apenas em se divertir e conseguir o que queria; ela, apaixonada, pensando ter encontrado o grande amor de sua vida. Eram destinos que se cruzavam mais uma vez.

Matilde, atarefada que estava com a organização da casa após o funeral, nada percebeu.

5

Nasce uma paixão

O carro de padre Sílvio seguiu na frente do de Cássio. A estrada de terra estava lotada com os automóveis das pessoas abastadas que haviam ido ao sepultamento. Cássio queria ficar a sós com Sara e, por essa razão, no primeiro desvio ele manobrou e entrou. A moça, percebendo suas intenções, corou levemente, mas não queria que nada acontecesse naquele momento, muito menos no meio de uma estrada. Olhou para Cássio, que sorria com o canto dos lábios, e tornou:

– Prefiro que volte e acompanhe os outros carros. A essa altura, padre Sílvio já percebeu que seu carro não está mais na estrada e deve estar pensando mal de nós dois. Não desejo que ele vá se queixar à minha mãe que está doente, pois isso pode piorar seu estado.

Cássio fingia não ouvi-la e começou a cantarolar. Sara repetia as mesmas frases na tentativa de fazê-lo voltar, até que, à sombra de uma árvore, ele freou bruscamente. Assustada, Sara gritou:

– Seu louco! Arrependi-me de ter vindo com você. O que vai fazer parado aqui? Estamos perto da cidade.

Cássio olhou para Sara com imenso carinho. Percebeu que ela estava realmente nervosa. Por essa razão, pegou suas mãos, apertou-as contra as suas, e disse:

– Sara, você não é mais nenhuma moça ingênua. Sabe que desde que a vi pela primeira vez a desejei para mim, e sei também que você me deseja. Posso sentir no seu olhar, na sua respiração nervosa, no seu jeito de falar, que me quer tanto quanto eu a quero. Somos adultos, podemos nos amar livremente.

O rosto de Sara ficou rubro. Não sabia se acreditava ou não naquelas palavras, mas era muito bom estar ouvindo aquilo. Tomou coragem e disse com voz que a emoção embargava:

– Você não está mentindo. Eu o desejo sim, desde que o vi na virada do ano. Mais do que desejo, sinto que o amo. Não sei explicar como esse sentimento tomou conta de meu coração com tanta intensidade, mas mesmo o amando não vou me sujeitar a fazer amor com você para que depois me deixe, como deve fazer com todas.

Cássio não esperava aquela reação. Nunca havia escutado um “não” de uma mulher. Estava acostumado a ter todas aos seus pés. Sabia de sua beleza, de seu charme, de sua fama de rico, Sara não tinha razões para rejeitar seu amor, uma vez que também se declarara. Tentou contemporizar:

– Você está confundindo as coisas, não falei que quero apenas fazer sexo com você. O que desejo realmente é conhecê-la melhor, namorar e, quem sabe no futuro, até me casar com você.

Sara soltou uma gargalhada.

– Seria muito bom se isso fosse verdade. Contudo, sei de meu lugar e sei de seu lugar neste mundo em que vivemos. Nunca você vai se casar comigo, eu não estou à altura do seu *status* nem sou a mulher que sua mãe sonha como nora. – Ela fez uma pausa e, com lágrimas nos olhos, continuou: – É melhor pararmos por aqui e conservarmos apenas uma boa e sincera amizade.

– Não seja radical, Sara. Meus sentimentos são verdadeiros. Dê-me uma chance de prová-los. Não sou o que dizem por aí nem dou importância ao que a sociedade pensa. Já falei que minha mãe não manda em minha vida e não é ela que vai escolher a mulher com quem vou me casar, ter meus filhos, constituir uma família.

Ela ia interrompê-lo quando ele, carinhosamente, pôs as mãos em seus lábios e continuou:

– Acredite em meu amor. Sou um homem de 29 anos. Por que acha que até hoje não me casei? Por não ter encontrado a mulher de meus sonhos, a mulher que sempre quis para mim.

Os argumentos de Cássio não eram tão fortes e ele estava mentindo, mas Sara, levada pela paixão, entregou-se àquele momento e o beijou com todo o amor que sentia. Após a emoção do beijo, ela tornou:

– Vou dar uma chance a você, poderemos nos conhecer melhor. Mas quero que saiba desde já que sou uma moça pobre, que mora em um bairro e uma casa igualmente pobres. Dá para perceber pelo meu modo de vestir que apenas tenho o necessário para viver com dignidade, e ainda ajudo no orçamento do lar fazendo quitutes, que vendo de casa em casa e em minha barraca na rua. Você provará o meu amor aceitando-me como sou.

Cássio deu um sorriso alegre e beijou-a novamente, dizendo:

– Eu a aceito como é, e com essa chance que me deu de provar o meu amor, mostrarei a você o quanto sou digno.

Enleada pela paixão, Sara deixou-se levar pelo sonho.

Ao chegar a casa, notou que todos na rua pararam para observar o carro luxuoso de Cássio. Ela, muito feliz, não se importou com a natural curiosidade dos vizinhos e entrou.

Cássio, por sua vez, acelerou e logo estava indo em direção à casa do amigo Rodrigo. Durante o trajeto pensava:

"Achei que não ia conseguir, porém mais uma vez sai vitorioso. Essa minha aventura custará alguns sacrifícios, mas vai valer a pena."

A casa de Rodrigo era um sobrado muito bem conservado, cercado por um jardim belíssimo. Dava para perceber que a família possuía boa situação financeira. Cássio entrou e foi conduzido à sala. Logo que o amigo apareceu foi comentando:

– Estou conseguindo seduzir Sara. Você não disse que era difícil e que eu não iria ter sucesso? Meu caro, já estou com ela na palma das minhas mãos.

Rodrigo, com ar maroto, zombou:

– O rico empresário e a barraqueira. Que belo casal!

– Seria um casal se eu fosse me casar com ela. O que desejo é apenas tê-la em minha cama. Ela tem um beijo ardente, não sabe o quanto estou excitado esperando o momento de tê-la como quero.

– Não sei se ela vai ceder a você com facilidade. Durante o sepultamento de seu tio notei o quanto é recatada. Ainda repito que você deve ir com cautela ou vai perdê-la de vez.

– Você não sabe como consegui enganá-la.

Cássio foi narrando tudo o que havia acontecido e finalizou:

– Lamento ter de fazer isso com a doce Sara, mas você precisa ver o local onde mora. Nunca vou ter como esposa uma mulher saída de um buraco daqueles.

Rodrigo não gostou da última frase de Cássio e, com rosto severo, alertou-o:

– Acho que você vai se meter em encrenca. Essa moça é muito querida aqui na cidade. Se você fizer com ela o que fez com as outras, vai levantar a ira do povo contra você. Lembre-se de que ficará no lugar de seu tio no comando da usina. Deve se dar ao respeito de agora em diante.

– Olha só quem fala. Se brincar, você é pior do que eu. E esse povo daqui depende de mim e de minha usina para viver. Nada poderão fazer. E repito: você é pior do que eu.

– Pode ser, mas não tenho *status* nem venho da família que você vem. E se acontecer com Sara o mesmo que aconteceu com sua prima Fabíola?

Cássio ficou pálido.

– Por que me lembrar disso logo agora?

– Para o seu bem. Sara não vai fazer como Fabíola.

– Já vi que não foi boa ideia ter vindo aqui. Quando você estiver menos moralista, eu volto.

Cássio levantou-se rapidamente, deixando Rodrigo falando sozinho. Já no carro, voltando para a fazenda, ele ia pensando:

"A princípio, impressionei-me com a beleza de Sara, pensei estar gostando dela, mas ainda que estivesse, não poderia me casar ou ter algo mais sério com uma pessoa que vem de uma miséria daquela. Sei que meu tio sempre sonhou para mim um casamento com uma mulher que traga mais *status* a nossa família e, quem sabe, aumente nossa fortuna. Não posso, agora que ele morreu, trazer uma mulher qualquer para ser minha esposa. E eu não posso estar gostando de Sara, nunca gostei de ninguém. O que gosto mesmo é de sexo e do prazer que ele pode me proporcionar."

Com esses pensamentos, Cássio entrou em casa e encontrou com a mãe.

– Eu posso saber onde estava?

– Fui levar o Rodrigo em casa. Ele estava sem carro – mentiu ele.

– Demorou demais. Eu e sua irmã estamos bastante ansiosas. Posso saber o que está acontecendo?

– Sente-se aí.

Cássio se sentou, esperando que a mãe relatasse mais um problema fútil, todavia, o rosto de Ana, que se aproximava com ar de choro, fê-lo imaginar que se tratava de algo sério.

– Assim que o sepultamento terminou, o doutor Percival e o doutor Guilherme me chamaram ao escritório para conversar. Na verdade, eles queriam falar com você, mas como não sabíamos seu paradeiro, disseram tudo a mim e a Ana, com recomendações que lhe passássemos o recado o mais rapidamente possível.

– E do que se trata? Já vão abrir o testamento?

– Não. Eles não vão abrir nada – disse Matilde com voz raivosa, enquanto torcia as mãos. – O testamento só vai ser aberto quando completar um mês do passamento de Mariano. Até lá, temos de viver na ansiedade, na depressão, com medo de sairmos daqui expulsos e sem levar um centavo. Você precisa procurar esses advogados e convencê-los a abrir logo o testamento, ou então vou enlouquecer.

Cássio passou as mãos pelos cabelos lisos num gesto de nervosismo. Entendia a ansiedade da mãe; por outro lado sabia que os advogados estavam cumprindo as ordens do tio. Ele nada poderia fazer. Por fim, disse:

– Acalme-se, mamãe. Nada podemos fazer a não ser esperar.

– Eu não me conformo – gritou Matilde, atirando ao longe um vaso de louça. – Esses homens devem ter algum segredo, algum ponto fraco para que possamos chantageá-los. Não vou deixar isso como está, muito menos esperar um mês para saber o que há naquele maldito documento.

Cássio abraçou a mãe com força e logo ela estava mais calma. Passados alguns minutos, Cássio tornou:

– Não temos alternativa a não ser esperar. Chantagem é crime e não vamos perder tempo procurando saber da vida íntima dos advogados, pois isso pode piorar as coisas. Eles estão apenas cumprindo o que tio Mariano determinou. Além de tudo, o tio me garantiu que não ficaríamos sem teto se dependesse de mim. Assim, farei de tudo para que essa fortuna fique em nossas mãos.

Matilde sentiu-se mais confiante ao ouvir o filho, mas quando ele se retirou para o quarto e Ana para o oratório, ela foi procurar Aurélio, encontrando-o na copa.

– Preciso de um favor seu.

– Diga, madame.

– Deixe de formalismos, estamos a sós.

– Então diga logo o que quer.

– O testamento só vai ser aberto daqui a um mês. Não posso aguardar tanto tempo. Vá à cidade nas horas de folga e consiga algumas informações a respeito desses advogadozinhos. Deve haver algum segredo, alguma coisa oculta que eu possa usar para forçá-los a abrir logo o testamento e acabar com essa minha angústia.

– Isso é perda de tempo. Esqueceu que eles não são daqui da cidade e sim da capital?

– Mas estão aqui já há algum tempo a serviço de Mariano. Sei como são os homens, devem ter arrumado alguma amante aqui na cidade mesmo. Se eu descobrir algo a respeito, estarei em vantagem e eles ficarão em minhas mãos.

– Continuo achando que vamos perder tempo. Um mês passa rápido e se você souber conter essa ansiedade nem verá o tempo passar. Você sabe como eu a ajudo a conter suas ansiedades...

Matilde corou.

– Ainda assim, preciso que você verifique os hábitos noturnos deles. Veja se descobre alguma coisa, não posso ficar de braços cruzados.

Aurélio fingiu concordar, mas não iria fazer nada do que ela estava pedindo. Matilde merecia cada minuto de ansiedade e angústia que passasse na espera da abertura do testamento. A conversa foi encerrada e cada um voltou aos seus afazeres. A fazenda estava toda em desordem e a funerária ainda trabalhava por lá, retirando os objetos do enterro. Era tarde da noite quando todos se recolheram.

***

Assim que chegou a casa, Sara agradeceu à vizinha, que ficara velando por sua mãe. Ia dirigindo-se à cozinha quando ouviu o chamado da mãe.

– Sente-se mal?

– Não filha, estou bem. Desejo saber como foi o funeral e se deixou a minha rosa lá.

– Foi triste. Os sobrinhos de meu pai estavam inconsoláveis, principalmente o Cássio. Quando as pessoas saíram de perto da sepultura, depositei a flor e disse tudo o quanto queria. Cássio se aproximou para se despedir também e até me emocionei com as palavras dele. É um homem muito sensível.

Leonora percebeu que a filha estava diferente, mais alegre, com o rosto corado, falando em Cássio com mais carinho do que no dia anterior. Logo, notou que algo havia acontecido entre os dois e seu coração disparou. Sabia da fama do sobrinho de Mariano e não queria que Sara sofresse.

– Minha filha, estou sentindo que você está gostando do Cássio. Tenho até a impressão de que algo aconteceu entre vocês. Sei que já é mulher feita, dona de sua vida, mas sempre fomos amigas, nunca houve segredos entre nós. Por essa razão, peço-lhe que me conte o que está acontecendo.

Sara não conseguia esconder nada da mãe; portanto, contou tudo e até a proposta que Cássio lhe fez de namorar e de se casar. Estava tão empolgada, tão feliz, que Leonora não teve coragem de desencorajá-la, dizendo que Cássio não prestava e que apenas usava as mulheres.

– Eu espero que esse moço possa realmente fazê-la feliz. Mas você acreditou em tudo o que ele falou?

– Sinto que meu amor por ele vem de outra vida. Sei que já nascemos e vivemos muitas vezes na Terra e em outros mundos, e acredito que nenhum reencontro afetivo seja pela primeira vez. Sei que há uma diferença muito grande de nível social, mas também sei que nosso destino é ficar juntos. Creia, minha mãe, nunca senti por ninguém o que sinto por Cássio. Não sabe como senti vontade de dizer naquele momento que sou a dona de tudo e que nossa diferença não é tão grande assim. No entanto, sei que chegará a hora, serei paciente.

Leonora calou-se. Percebeu, naquele momento, que não poderia mudar a força das coisas. O que lhe restava era orar para que sua filha não sofresse e que o seu amor fosse correspondido.

Percebendo que a mãe a olhava com carinho, Sara a abraçou e foi cuidar de suas tarefas. Não conseguia tirar de seu pensamento a imagem do homem amado.

6

A confissão de Ana

A partir daquele dia os encontros entre Cássio e Sara se tornaram cada vez mais frequentes. Por exigência dela, todos os dias ele ia buscá-la em casa e depois iam a um lugar reservado onde namoravam, trocavam juras de amor, sem, contudo, terem maior intimidade. Toda a cidade comentava que o herdeiro da grande fortuna dos Caldeiras estava com mais uma aventura, enganando uma moça boa e ingênua como Sara. Todavia, por mais que as pessoas a alertassem, ela continuava confiante de que Cássio a amava e que iriam se casar.

Cássio, por sua vez, não gostava daquela situação. Contudo, se quisesse levá-la para a cama, tinha de se submeter ao interrogatório dos outros e até receber sermões do padre Sílvio, que tinha muita estima por Sara e temia pelo seu futuro. Ele ia levando toda aquela situação com certa dificuldade. Nunca uma mulher fora tão difícil de ceder aos seus encantos de homem. No entanto, quanto mais Sara era difícil, mais seu interesse aumentava, principalmente quando pensava que ele seria seu primeiro homem. Os dias na fazenda estavam tristes e opressivos. Ana rezava o tempo inteiro ajoelhada aos pés do oratório, e sua mãe, inquieta, andava de um lado para outro, resmungando, brigando com as empregadas e quebrando objetos. Naquela noite, Cássio demorou a dormir. Teve uma discussão com Sara, que não aceitou sair da cidade com ele para se divertir em outro ambiente. Foi com dificuldade que adormeceu.

Quando tudo parecia silenciar, um vulto de homem esgueirou-se pela sala e foi em direção à grande piscina. Era Aurélio. Sem que ninguém soubesse, quando todos iam dormir, ele tinha o costume de tomar banho na piscina. Certo de que ninguém o estava vendo, tirava a roupa e mergulhava nas águas. O corpo de Aurélio era esculturalmente perfeito: braços e pernas fortes, peito saliente com alguns pelos, costas grandes e largas. Tudo isso era escondido no traje de mordomo, que ele usava durante o dia. Ninguém imaginava que por baixo daquela roupa, tinha um corpo generosamente trabalhado pela natureza.

Naquela noite, Ana estava com insônia e, por mais que rezasse, não conseguia dormir. Resolveu descer para tomar água e, como já conhecia o caminho, não acendeu a luz. Viu quando Aurélio saiu sorrateiro e o seguiu, ficando escondida por entre as palmeiras. A visão do mordomo tirando a roupa e mergulhando nas águas mexeu profundamente com sua sensibilidade. Esquecida do pecado, naquele momento ela olhava embevecida a cena. Sem perceber, ela foi se deixando levar por aquelas sensações que a arrepiavam. Ela resolveu que todas as noites iria observá-lo. Começava ali, para aquela moça, um triste quadro de obsessão sexual. Enredada por espíritos ainda presos aos vícios, Ana começou a pensar com frequência em Aurélio, e a qualquer sinal de sua aproximação, seu corpo tremia, sentia tonturas, empalidecia, mas disfarçava muito bem. Durante o dia, sentia-se mal, chorava, culpava-se, rezava mais e mais. No entanto, quando a madrugada chegava, ela não conseguia conter o impulso de ver Aurélio. O prazer que sentia naquele momento a deixava extasiada. Mas, pela manhã, voltava a se culpar.

Com o passar dos dias, ela decidiu que só padre Sílvio, ouvindo-a em confissão, poderia ajudá-la. Por essa razão, assim que terminou a missa naquela manhã de domingo, ela o procurou envergonhada.

– Padre, preciso que me ouça em confissão.

– Minha filha, não creio que peque tanto a ponto de querer se confessar assim todos os meses. Não completou ainda três semanas que a ouvi e a absolvi.

– Mas é que depois desse tempo aconteceu algo muito estranho comigo, creio que o diabo está se apoderando de meu corpo.

Padre Sílvio olhou para Ana com profundidade. Sentia em sua voz uma inflexão de vergonha e sofrimento. O que estaria acontecendo? Levou-a ao confessionário e, após as palavras de praxe, perguntou em tom amoroso:

– O que a atormenta tanto?

– Um homem – disse ela após longo silêncio.

– Um homem? Mas você é uma moça, é jovem, não há razão para perturbar-se por um homem. Deus criou o homem para a mulher, é natural que um dia você fosse sentir algo especial por alguém. A não ser que esse homem seja casado. É o seu caso, minha filha?

– Não, senhor. Ele não é casado.

– Então, não existe pecado. Mas você disse que ele a perturba. Pode me dizer como?

– Padre, não sei nem como começar. Sinto-me indigna e impura. Tenho vergonha.

– Você sabe que o que é dito em segredo de confissão jamais é revelado. Um padre é o representante de Nosso Senhor Jesus Cristo na Terra, não há por que ter receios.

Ana estava com medo, mas não tinha como voltar atrás. Além de tudo, precisava fazer a confissão, não estava aguentando passar todo aquele drama que ia do prazer à culpa sem contar a ninguém.

– Como o senhor sabe, sempre tive sonhos perturbados, sensuais, com alguém. Mas sempre que me confessava e era absolvida, sentia-me livre. No entanto, agora, sinto-me presa a uma tela terrível, sem conseguir ver uma saída. Vou lhe contar tudo para que o senhor possa compreender-me.

"Uma noite em que não conseguia dormir, desci para tomar água quando vi um vulto de homem passando pela sala e indo em direção à área externa. Reconheci ser Aurélio, o mordomo da fazenda. Intrigada, resolvi segui-lo e vi que estava indo para a piscina. Era madrugada, e eu fiquei escondida atrás das palmeiras para ver o que ele iria fazer. Aurélio foi tirando a roupa e mergulhou na água. A luz da lua me fez ver toda a sua silhueta. Comecei a sentir uma sensação que nunca havia sentido antes. Quando vi, já estava envolvida por esses sentimentos pecaminosos."

Ana prorrompeu em prantos, enquanto padre Sílvio se persignava. Quando percebeu que a moça havia se acalmado, perguntou:

– Isso aconteceu apenas uma vez?

– Não. Descobri que ele tem por hábito tomar banho de piscina quando todos já estão dormindo. Sem conseguir me conter, movida por uma estranha compulsão, sempre estou a espreitá-lo. O pior é que durante o dia já não consigo mais rezar como antes. Quando ele se aproxima, sinto uma vontade de puxá-lo e beijá-lo. Como não posso fazer isso, sinto tonturas, palpitações, arrepios. Disfarço bem, e minha mãe nunca percebeu, mas isso tudo está me deixando sem apetite e ela já está perguntando se estou doente. Ajude-me, padre Sílvio, isso só pode ser obra do demônio.

– Minha filha – começou o padre com voz pausada –, você está cometendo um pecado grave, que é a fornicação. Sentir essas sensações sem estar casada com ele é uma infração grave às Leis de Deus. Não creio que penitências resolverão o caso, embora a aconselhe a rezar ainda mais. No entanto, com toda a minha experiência de sacerdócio, ouvindo relatos como o seu e até mesmo estudando-os no seminário, posso afirmar que essa é a tentação demoníaca mais difícil de tirar de uma pessoa.

Ana tremia como se fosse uma folha sacudida pelo vento. Perguntou num fio de voz:

– E o que eu posso fazer para me livrar disso?

– Como eu disse, esse é um pecado grave e requer muita oração, mas nem sempre a oração é suficiente. O que eu aconselho mesmo é você se casar com o moço. Assim, vivendo uma vida digna sob o sagrado sacramento do matrimônio, você estará livre para fazer o que desejar com ele.

Um susto grande tomou conta de Ana. Ela, casar-se com Aurélio? Nunca havia pensado nem em casar, muito menos com o mordomo de sua casa. O que sentia por ele era atração, desejo, e não amor.

– Eu não o amo, nunca pensei em me casar, queria dedicar minha vida à igreja. E, além de tudo, minha mãe jamais aceitaria que eu me casasse com um simples mordomo.

– Eu lhe digo, minha filha: o demônio está querendo fazer morada em sua alma. Noto que, apesar de sua dedicação à igreja, não tem nenhuma vocação para a vida religiosa. No seu caso, o melhor mesmo é se casar. Aproveite que o rapaz é solteiro e conquiste o seu amor. Quanto à Matilde, eu saberei como fazê-la aceitar. Está absolvida em nome de Deus Pai, Deus Filho e Deus Espírito Santo. Reze três terços todos os dias, nunca mais o observe, e não se entregue a ele sem estar casada. O sexo fora do casamento é um pecado horrível aos olhos de Deus. Que Ele a acompanhe!

Quando a confissão foi encerrada, Ana levantou-se e foi andando lentamente até a praça. Admirava o padre pela compreensão que ele tinha das coisas e pela forma que agia com ela, nunca a condenando. Mas como iria fazer para conquistar Aurélio? Ela estava confusa, tentando organizar os pensamentos, quando sentiu uma delicada mão apertar seu braço.

– Sara? É você mesma? – disse Ana surpresa.

– Sim, não se esqueceu de mim tão depressa, né?

– Não, lembro-me bem de você no enterro de tio Mariano e sei que vende doces aqui na pracinha da igreja. Como está?

– Não muito bem. Minha mãe continua doente e sofrendo muito. Como filha, não posso estar feliz numa situação dessa.

– Realmente, é muito triste. Estimo melhoras a ela.

– Obrigado, você é muito gentil – Sara fez uma pequena pausa, olhou-a nos olhos e perguntou em tom amigável: – Vim aqui porque percebi que está passando por problemas. Notei quando saiu da igreja com um ar triste, melancólico. Posso ajudá-la?

– Você é que é gentil preocupando-se comigo. Tenho passado por problemas que só Deus poderá me ajudar.

– Respeito-a em não querer se abrir, mas saiba que se precisar de uma amiga, estarei aqui.

As duas se abraçaram e Ana sentiu-se muito bem. Aquela troca de carinho com uma pessoa amiga a fez pensar que não estava só com aquele problema. Na sua casa, ninguém a compreenderia, sua mãe era capaz de fazer um escândalo e até agredi-la; seu irmão era muito liberal, mas não sabia entender as mulheres, provavelmente iria julgá-la como uma aspirante a meretriz. Assim que terminou o abraço, ambas notaram a presença de Letícia, que acabava de chegar.

– Sara! Deixou sua barraca sozinha para conversar com a cunhadinha, hein?

Sara corou. Não esperava aquele comentário. Cássio pedira que por enquanto não revelasse o romance a ninguém, mas

Letícia era sua melhor amiga, não tinha como esconder dela. Nunca poderia imaginar que ela pudesse fazer aquilo.

Ana, que escutou perfeitamente, inquiriu:

– Você quer dizer que Sara está namorando o Cássio? É verdade, Sara?

– Sim – respondeu timidamente. – Estamos namorando há alguns dias, mas nosso romance ainda é segredo para a maioria das pessoas. Espero contar com sua discrição.

Ana olhou para Sara e sentiu pena. Aquela moça simples, vestida com roupas gastas e velhas, tão boa de coração, não merecia ser mais uma vítima do seu irmão doidivanas.

– Você tem certeza de que ele a pediu em namoro?

Foi Letícia quem respondeu:

– Sim, ele a pediu em namoro. Vai até a casa de Sara buscá-la todas as noites para saírem. A cidade inteira já sabe, nem sei por que eles dizem que é sigilo.

– Desculpe, mas eu mesma não sabia. Cássio sempre foi muito independente e nunca diz o que faz ou deixa de fazer. Mas eu lhe peço que tome cuidado. Ele é volúvel e está acostumado a usar as mulheres. Não se deixe levar.

– Sei me cuidar – respondeu Sara. – Acredito que vocês julgam muito mal o Cássio. Será que nunca vai chegar a hora de ele se apaixonar e amar alguém de verdade?

Ana meneou a cabeça negativamente.

– Não o estou julgando, Sara. Eu conheço meu irmão como a palma da minha mão. Você é uma moça de sentimentos puros, tem o coração bom, não merece ser enganada por ele.

– Como disse, sei me cuidar e não deixo que seu irmão passe dos limites comigo. Se notar que ele está apenas me usando, saberei agir e terminarei a relação.

– Vejo que é diferente das mulheres com quem ele já se envolveu, mas, ainda assim, tome cuidado. Agora, preciso ir, o chofer me espera e se demorar a chegar à fazenda levo uma bronca daquelas da minha mãe. Vou rezar muito por você.

Ana se despediu e quando Sara se viu a sós com a amiga, não conteve a indignação.

– Por que fez isso comigo, Letícia? Posso saber?

– Sabia que você ia ficar brava comigo, mas fiz para o seu bem. Alguém daquela família precisava saber o que está acontecendo entre você e Cássio.

– Não entendo o porquê, e muito menos essa sua iniciativa de contar logo para Ana, que é a irmã dele. Pensei que fosse minha amiga, mas é uma traidora.

– Escute, Sara, você está cega pela paixão. Cássio a está enganando como fez com todas as outras mulheres com quem se relacionou, só você não enxerga isso. Fiz questão que Ana soubesse, só assim a dona Matilde vai saber e vamos ver qual será a reação dele. Dizem que aquela mulher manda em tudo, inclusive no filho. Se ele tiver coragem para enfrentar a mãe e ficar ao seu lado, aí sim saberemos que ele a ama de verdade.

Sara entendeu que Letícia queria seu bem, mas estava magoada.

– Ele pediu para que eu não ficasse revelando nossa relação por aí. Talvez até para nos resguardar de Matilde. Sinto que Cássio é verdadeiro.

Letícia viu que não tinha jeito, Sara teria de aprender com a própria desilusão. Abraçou a amiga e pediu desculpas. Logo, as duas estavam novamente conversando sobre outros assuntos, embora Cássio não saísse do pensamento de Sara.

***

Ana, em encarnação anterior, quando viveu na Rússia dos czares, era uma linda e exuberante mulher. Chamava-se Kira. Fazia parte de uma família de nobres e logo conseguiu, pela sua posição e talento, ser bailarina do balé imperial. Reconhecida por sua dedicação, e tendo caído nas graças do coreógrafo, tornou-se a principal bailarina da Companhia. Dançava com a alma e arrancava suspiros dos homens, que pouco a pouco desejavam tê-la.

Ao contrário da maioria das moças de sua época, Kira não queria se casar. Desejava a vida artística, crescer profissionalmente e ganhar o mundo. Sua família, embora mantendo conceitos rígidos, aceitava suas ameaças e, por ela ser a caçula, fazia tudo o que queria. Assim, nunca lhe exigiram um noivo, embora não faltassem pretendentes.

Aos poucos, Kira percebeu que despertava nos homens algo diferente. Ela mexia com a sexualidade deles, principalmente dos casados. Em sua mente invigilante começou a passar o pensamento de que para se tornar uma mulher completa, deveria conhecer o sexo, pois até aquele momento ainda se mantinha virgem.

Começou a sair às escondidas com um conde muito rico e bonito, porém casado. Isso para ela era o que menos importava. O prazer físico que passou a sentir ao seu lado era, de fato, o que mais a interessava. Com o passar dos meses, no entanto, ela começou a enjoar de manter relações com ele, queria se aventurar, sentir o mesmo prazer, mas com homens diferentes. Logo sua vida sexual estava completamente desregrada. Kira passou a sair com muitos homens e a ter vários parceiros diferentes ao mesmo tempo. Sua família nunca desconfiou desse comportamento anormal, até que uma carta anônima revelou a verdade. Pressionada para sair daquela vida, Kira percebeu que sua única solução seria se casar; então, cedeu aos apelos de Ivan, um jovem conde a quem ela nunca amou, mas que, naquelas circunstâncias, era-lhe o melhor caminho. Pensava que depois de casada, e vivendo longe dos pais, poderia trair o marido à vontade, sem que ele desconfiasse. O balé não mais a interessava, só os prazeres do sexo é que valiam. Sem perceber, ela foi atraindo para si uma imensidão de espíritos sexólatras, que passaram a viver ao seu redor, sugando sua vitalidade e fazendo com que seu desejo aumentasse ainda mais.

Ivan, por sua vez, apaixonou-se pela esposa com sinceridade. Cobria-a de presentes, agrados. Percebia sua volúpia, mas gostava daquilo. Contudo, nunca imaginou a quantidade de amantes que ela mantinha. Os anos foram passando e, como resultado dessa obsessão, Kira foi enfraquecendo, ficou apática, sem vontade para nada. Os espíritos a envolviam em sua simbiose difícil e complexa, o que a fez desencarnar ainda jovem, vítima de severa e irreversível anemia. Ivan chorou muito sua morte, pois a amava com sinceridade. Nunca mais voltou a se casar e terminou sozinho e sem filhos, sem nunca imaginar que sua esposa tomava ervas que a impediam de engravidar.

Assim que Kira deixou o corpo físico, acordou num lamaçal em que vários espíritos se debatiam. Ela percebeu também que estava nua e, mesmo fraca, sem saber que havia morrido, foi ganhando forças e acabou saindo da poça em que estava. Foi andando e logo chegou a um vasto campo, com vegetação rasteira, onde encontrou vários espíritos fixados no sexo desvairado e doentio. À medida que foi ganhando forças, passou a participar daquele grupo e, praticamente enlouquecida, ficou nessa situação anos a fio. Até que um dia, Ivan, já desencarnado e sabendo do seu estado, obteve permissão para ajudá-la. Os espíritos superiores o haviam avisado que se Kira continuasse ali por mais algum tempo, iria se transformar numa massa disforme e sofreria a chamada segunda morte, que é a perda do perispírito humano e a perda da consciência. Esses bondosos amigos o avisaram que a energia sexual jamais poderia ser usada de maneira leviana e exagerada, porquanto acarreta em quem age assim uma grande perda de vitalidade, que leva aos mais terríveis sofrimentos.

Ao ver o marido e sentir sua luminosidade, Kira chorou sentidamente. Naquele momento, veio-lhe um arrependimento sincero e o desejo de mudança. Com esforço, foi levada a uma colônia e lá descobriu que havia passado muitos anos em um vale, acompanhada por desequilibrados do sexo. As imagens de suas ações desregradas a deixaram mal, confusa, com imenso sentimento de culpa. O amor de Ivan a consolava. Foi convidada a participar de um curso a respeito da sexualidade e, horrorizada, descobriu que havia manchado seu corpo, o templo sagrado do espírito, com um vício terrível. Aprendeu que o sexo foi criado por Deus para a troca magnética, a união de almas e a reprodução, mas tudo dentro do equilíbrio, que é Lei Universal.

Sentindo-se uma pecadora, não conseguia se perdoar. Os mentores se esforçaram para que ela deixasse a culpa de lado e procurasse programar sua nova vida para experimentar a dignidade de um lar. Mas ela entrou num processo de autopunição e passou a evitar tudo e todos. Ivan, profundamente triste, reuniu-se com os mentores, pedindo uma reencarnação rápida para ele e sua amada. Prometeu que na próxima existência tentaria ajudá-la da melhor maneira a livrar-se do vício. Foi aconselhado a esperar, porquanto a família de Kira, que muito se comprometera na passagem pela Terra, em breve sairia do umbral e todos renasceriam. Era mais seguro que ela retornasse na mesma família. Assim, Ivan esperou.

O tempo passou e todos reencarnaram, desta vez no interior do Brasil, numa fazenda, em uma cidadezinha do Mato Grosso. Ana, que é Kira reencarnada, movida inconscientemente pelo sentimento de culpa, fugiu do mundo e dos relacionamentos, encontrando na religião e na fé cega um freio às suas tendências de outrora. Todavia, as imperfeições do espírito são como ímãs atraindo a limalha de ferro, ou as chagas abertas atraindo as moscas. Assim que a tentação apareceu em seu caminho, Ana, mais uma vez, não resistiu, e os espíritos dos homens que ela seduziu em outros tempos e que já a haviam encontrado com facilidade, sedentos para viver o mesmo prazer que tiveram antes, não mais a deixavam.

Aurélio, que é Ivan reencarnado, sem nenhuma intenção, havia despertado nela os mesmos desejos que a levaram à queda. Caberia, agora, cumprir a promessa que fizera antes de renascer: conduzi-la ao caminho do equilíbrio.

O sexo tem feito muitas criaturas enveredarem pelos caminhos mais torpes. Embora natural, desejável e saudável, inúmeros são os que dele se utilizam para satisfazer seus mais baixos instintos, conduzindo-se assim ao vale do desajuste e da dor. Muitos encarnados que hoje estão sob regime de privação sexual e até castrados, como ocorre em alguns países do Oriente, reajustam por meio do impositivo da dor toda a série de crimes que cometeram pelo mau uso da sexualidade.

Outros, que se impõem uma vida casta, com medo dos relacionamentos, são, em muitos casos, espíritos em processo de fuga inconsciente. Pensam que agindo assim vão se reajustar consigo mesmos. No entanto, essas posturas não são adequadas àqueles que se perderam nos caminhos do sexo. Voltar à Terra e vivenciar a sexualidade sadia, aprendendo a conter os impulsos negativos e permitindo-se experimentar uma vida com o verdadeiro afeto e equilíbrio interior, é a melhor solução. Só enfrentando os pontos fracos, disciplinando as emoções, é que todos podem encontrar o caminho mais rápido rumo à evolução.

7

Oração e fé

Assim que chegou à fazenda, Ana procurou Cássio. Sabia que o irmão sempre voltava de madrugada nas noites de sábado e no domingo geralmente só acordava ao meio-dia. Aproveitou que Matilde não estava por perto e, lentamente, girou a maçaneta da porta do quarto do irmão. Como era costume, a porta estava aberta e Cássio dormia profundamente debaixo do lençol de seda.

Ana sacudiu-o pelos braços, mas ele se mexia gostosamente e não acordava. Começou então a chamar seu nome em voz alta, o que despertou a curiosidade de Matilde, que acabava de passar por ali. O que Ana fazia àquela hora no quarto do irmão? Precisava averiguar. Sentia cheiro de segredo no ar. O que estaria acontecendo? Ficou atrás da porta entreaberta e pôs-se a escutar.

De tanto Ana gritar, Cássio acordou sobressaltado. Quando deu por si, percebeu que sua irmã o olhava inquiridora. Esfregou os olhos, bocejou e, ainda sonado, perguntou:

– Eu posso saber o motivo que fez você me acordar? Detesto ser acordado, quando isso acontece passo o dia irritado, nervoso. O que você quer?

– Eu vim lhe pedir que termine esse namoro ridículo com Sara.

Cássio não podia acreditar no que estava ouvindo. Quem havia contado sobre seu envolvimento à sua irmã? Certamente, Rodrigo. Mas ele não perdia por esperar. Tentou contemporizar:

– Seja quem foi que lhe contou essa asneira, saiba que é mentira. Não estou namorando ninguém. Você sabe que das mulheres só quero a melhor parte, não estou disposto a me envolver tão cedo.

– Não minta para mim, Cássio. Foi Sara quem me confirmou. Estávamos conversando na praça depois da missa, quando, de repente, uma amiga dela se aproximou dizendo que ela estava com a cunhada. Estranhei e perguntei do que se tratava e ela me disse que estão namorando e que você vai buscá-la e levá-la todas as noites. O que você está pretendendo ao iludir uma moça tão boa e ingênua como Sara? Você está em pecado, quer usá-la para satisfazer seus instintos animais.

– Minha irmã, você não entende nada da vida. Passa o tempo rezando, indo à igreja, não sabe de nada que ocorre entre um homem e uma mulher. Sara não é tão ingênua como parece, tanto que até hoje não se entregou a mim. Certamente, está se fazendo de difícil para poder me conquistar. Você é que é ingênua e acha que todas as mulheres são iguais a você. O que Sara mais quer é ter um marido como eu, que a tire da miséria. É interesseira e se for para a cama comigo será porque quer, pois já é adulta e sabe muito bem o que está fazendo. Agora, deixe-me dormir.

– Não, Cássio. Sara pode não ser ingênua, mas está gostando mesmo de você, senti em seus olhos a chama do amor. Não é justo que faça com ela o que faz com as mulheres cínicas e vulgares com as quais costuma sair. Ela merece respeito e o ama de verdade. Seja sincero, termine antes que a faça sofrer sem poder corresponder a ela.

Cássio notou que a irmã estava diferente, parecia outra pessoa. Sempre cabisbaixa, rezando, agarrada à barra da saia da mãe, nunca emitia opinião. Agora, estava altiva, falando alto, defendendo uma pessoa que mal conhecia. No entanto, ter ouvido que Sara o amava de verdade mexeu com algo dentro dele. Seria verdade? Após alguns minutos de silêncio, ele encarou a irmã e perguntou:

– Como sabe que Sara me ama? Ela lhe disse isso?

– Não, mas eu vi em seus olhos... E se não me engano estou vendo o mesmo nos seus. Meu Deus! Será que você está amando pela primeira vez? Estaria eu errada?

Cássio ajeitou-se na cama e resolveu abrir seu coração para a irmã, que, afinal, era a única pessoa em quem poderia confiar seus sentimentos. Não poderia dizer a Rodrigo que estava sentindo algo especial por Sara, admitir isso para o amigo era mostrar-se um fraco. Logo ele, que nunca se deixou levar por mulher alguma e era visto como o inconquistável.

– Ana, olhe bem. A primeira vez que vi Sara foi na noite de ano-novo. Quando nossos olhos se encontraram senti uma sensação gostosa, confesso que a achei a mulher mais linda do mundo. Mesmo naqueles trajes pobres, ela parece uma princesa. Pensei que ela seria mais uma para minha coleção. Com esse objetivo, passei a cortejá-la, mas, apesar da vontade de tê-la em meus braços, de levá-la para a cama, também sinto que de certa forma estamos ligados por outros laços. Sinto-me bem quando estou ao seu lado, parece que o tempo para. No entanto, preciso ter certeza do que sinto. Se perceber que a amo de verdade faço de Sara minha esposa.

Ana olhava desconfiada para o irmão. Seria mesmo verdade ou era apenas uma forma de acabar com aquela conversa? De qualquer maneira, sentiu Cássio diferente, poderia mesmo estar apaixonado. Mas até quando? Sabia muito bem de seu temperamento volúvel, por essa razão disse:

– Espero que saiba realmente o que está fazendo. Vi Sara poucas vezes, mas gostei dela, é uma moça pobre, mas honesta, de bom coração. Não quero vê-la sofrer, hoje nos tornamos amigas e estou com medo que ocorra com ela o mesmo que ocorreu com a nossa prima Fabíola. Lembro bem que você se dizia apaixonado, até que tudo aconteceu.

– Você sabe que não gosto que falem sobre esse assunto. Fabíola para mim morreu e está enterrada. Além do que, você sabe muito bem que naquela época eu namorava a Fabíola mais por influência da mamãe, porém eu nunca a amei nem senti o que sinto por Sara. Não estou afirmando que a amo, mas confesso que nunca senti por ninguém o que sinto por ela. Se for sincero, terei coragem de tomá-la como minha mulher.

– Você sabe que isso nunca acontecerá, mamãe não permitirá. Ela ainda alimenta o sonho de vê-lo casado com Fabíola, mesmo depois de tudo o que aconteceu. Nunca permitiria que uma pessoa pobre como Sara entrasse nesta casa como sua esposa.

Cássio irritou-se:

– Minha mãe não tem nenhum poder sobre minha vida. Já deixei que me influenciasse no passado e me dei mal. Agora, acabou. A única pessoa que teria algum poder sobre mim seria tio Mariano, a quem considerava meu verdadeiro pai. Sou homem feito, chefe da família, o cabeça dos negócios. Eu é que decido meu destino.

– Que seja assim, espero que saiba o que está fazendo. Agora, coloque uma roupa e venha se alimentar, já passa do meio-dia.

Matilde, de tão estarrecida pelo que ouviu, nem se lembrou de que já havia conhecido uma moça chamada Sara. Percebendo que a conversa estava se encerrando, esgueirou-se pelo grande corredor e entrou em seu quarto. O ódio a consumia. Quem seria a moça que se atrevera a mexer assim com o sentimento do seu filho? Pelo que notara, Cássio estava mesmo envolvido e, se ela não tomasse as providências devidas, poderia cometer o desatino de casar-se com uma mulher qualquer, e isso ela não iria permitir de maneira alguma, muito menos agora, que corria o risco de perder a herança e ficar sem nada. Mas não podia enfrentar o filho. Cássio era por demais independente para fazer o que quisesse, ela bem sabia disso desde o episódio fatídico ocorrido entre ele e sua sobrinha Fabíola. Ela teria de descobrir quem era essa mulher e armar um plano para afastá-la de vez da vida do filho.

***

O almoço transcorreu calmo e logo Rodrigo chegou com mais dois amigos para tomarem banho de piscina e passarem o resto da tarde na fazenda.

Ana, por mais que tentasse, não conseguia desviar os olhos de Aurélio. Quase não conseguiu se alimentar direito. Já na sala, enquanto folheava algumas revistas ao lado da mãe, o mordomo apareceu para servir suco. Ana, que havia se levantado e estava saindo do ambiente quando Aurélio chegou, sem querer tombou seu corpo e quase caiu em cima do mordomo. Ele a apoiou rapidamente com suas mãos e a conduziu ao sofá. Ao sentir sua presença e seu calor, Ana começou a ter tonturas e ficar pálida e, por mais que Matilde massageasse seus pulsos, ela não reagia. Terminou desmaiando.

Foi um alvoroço e pelo grito que Matilde soltou espontaneamente, logo todos estavam na sala. Cássio pegou Ana nos braços e a levou ao quarto. Providenciaram sais, mas ela não acordou. Assustada, Matilde gritou:

– Chamem o doutor Geraldo urgente. Ela pode ter tido um ataque cardíaco.

– Calma, mamãe, Ana nunca ficou doente. Deve ter sido o calor.

– Não é. Já há alguns dias tenho notado que ela anda alheia, não come direito, deve até estar dormindo mal.

Aurélio ligou para o médico e então começou a espera. Por mais que fizessem, Ana não despertava, e se não fosse pela fraca respiração, poderia se dizer que estava morta, visto sua palidez cadavérica.

Ninguém imaginava que Ana não acordava porque havia sido tirada do corpo abruptamente pelos seus obsessores. Aproveitando seu desequilíbrio, que aumentou com a proximidade de Aurélio, os espíritos a induziram a um rápido sono hipnótico, e assim que a viram desdobrada, aproximaram-se:

– Finalmente, Kira, finalmente a encontramos. Demorou, hein? Achou que ia fugir de nós?

Eram quatro entidades masculinas, de aspecto horrendo, exalando terrível mau cheiro. Reconhecendo-os, Ana olhou-os terrificada e gritou:

– Afastem-se de mim, não quero mais nada com vocês. Afastem-se!

– Ora, ora – disse um deles com zombaria –, você gostava de ficar conosco. O que a fez mudar? Não me diga que foi porque reencontrou seu maridinho. O que ele faz vestido de empregado? Não era tão rico e fino?

– Vão embora, eu não quero mais nada que lembre aquela época de minha vida. Sou outra, agora sou de Deus, rezo, entreguei-me a Jesus.

Gargalhadas cortaram o ar.

– Ora, ora. Você é a Kira de sempre, está rezando para fugir da culpa, mas nós sabemos que quem se vicia no sexo dificilmente encontra o equilíbrio. Bastou que a induzíssemos a ver seu marido na piscina para que você ficasse louquinha novamente.

Ana chorava copiosamente. Outro espírito com voz ríspida disse:

– Estamos perdendo tempo, viemos para levá-la até o nosso chefe. Se ele permitir, poderemos ficar com ela para sempre. Ele conversará com ela melhor do que nós, e vai induzi-la a ceder. Não se esqueçam de que ele tem muito poder, e foi quem nos ensinou a recuperar energia para que não virássemos ovoides pelo vício do sexo.

Os homens começaram a amarrar Ana e, de repente, saíram da fazenda e começaram a andar por uma trilha cheia de pedregulhos. Desesperada, ela chorava, gritava, implorava, mas nada adiantava. Finalmente, chegaram a uma rua escura, cheia de construções grandiosas, que lembravam a Praça Vermelha russa. Ana sentiu uma imensa familiaridade com o local. Foram andando mais um pouco e entraram em um imenso palacete, onde pessoas seminuas faziam as vezes de serviçais. Passaram por corredores estreitos até que chegaram a uma sala grande, onde um homem estava sentado em um trono, ouvindo melodias fúnebres executadas por um anão em um piano de calda.

Ana não sabia como agir. Notava-se que a única pessoa vestida naquele ambiente era aquele que parecia ser o chefe. O homem horrendo, com feições animalescas, olhou-a com profundidade:

– Kira, Kira. A rainha da Cidade Pervertida. Não está lembrando de sua casa?

Ela pensou um pouco e gritou:

– Meu Deus! Drômio? É você mesmo?

– Sim. Mandei que a trouxessem aqui para que fizéssemos um acordo.

– Não quero acordo algum com vocês. Hoje sou diferente, conheço Deus, tenho religião, não quero fazer nada que atente contra as Leis do Pai.

O ser monstruoso soltou uma gargalhada que cortou o ar.

– Como você é ingênua! Nós a estamos observando há tempos. Acha que rezar aquelas palavras repetidas, ajoelhada aos pés de imagens de gesso, vai adiantar alguma coisa? O que vale é o seu pensamento. Bastou ver seu marido se banhando para voltar a ser a Kira de antes, voluptuosa, cheia de desejo.

Ana estava muito assustada. Desde que fora resgatada nunca mais estivera naquele local. Lembrou que era muito difícil sair da Cidade Pervertida. Sentindo-se impotente, ajoelhou-se e começou a chorar.

Drômio, ao vê-la submissa, bradou:

– Não precisa chorar, se fizer um acordo conosco tudo ficará bem.

Ana limpou os olhos com as costas das mãos e, assustada, perguntou:

– Que acordo?

– Os homens que a usaram desde a última encarnação estão muito saudosos de você. Por mais que aqui existam outras escravas que os possa satisfazer, eles não conseguem esquecer a grande dançarina do balé imperial. Como são homens de minha confiança, aos quais devo retribuição pelos favores que me fazem, resolvi presenteá-los com sua presença aqui mais uma vez. O acordo é claro: você escolhe permanecer entre nós e, em troca, além de receber o que tanto anseia, podemos programar para que seu marido volte para cá e faça parte da festa.

– Que horror! Jamais aceitarei isso. Reconheço que estou sofrendo pelos meus desvarios quando vivi como Kira, mas não desejo fazer tudo novamente. Padre Sílvio me aconselhou a casar-me com Aurélio, ele foi meu marido Ivan e me ama de verdade. Sei que também conseguirei amá-lo e seremos felizes. Não preciso de vida desregrada para ser feliz. Não aceito nada.

Drômio irritou-se com a altivez de Ana e retrucou agressivo:

– Vejo que quer se bandear para o lado do Cordeiro, mas saiba que será obrigada a aceitar. Tentei conversar com você para ver se aceitava de bom grado, mas, como não quer, terá de fazer obrigada. Tiramos você do corpo e temos como deixá-la afastada para sempre. Na Terra, você ficará em estado de coma, definhando em um hospital, até que se rompa o cordão de prata.

Virando-se para os espíritos que trouxeram Ana, Drômio ordenou:

– Coloque a rebelde em uma de nossas celas, com o tempo ela acabará cedendo.

Quando os homens fizeram menção de agarrá-la, Ana começou a orar. Orou com fé e de maneira verdadeira como nunca tinha feito antes. Em questão de segundos uma capa energética azulada a envolveu e espíritos luminosos levaram-na rapidamente de volta ao corpo.

Assustados com a luz, tanto os espíritos quanto Drômio fecharam os olhos e se encolheram. Quando tudo acabou e perceberam que Ana não estava mais ali, o chefe rosnou com ódio:

– Malditos filhos do Cordeiro! Deixe estar, Kira tem a mente fraca. Mesmo protegida por esses infames, ela pensa muito em sexo. O que temos de fazer é impedir que ela se case com Aurélio. Teremos de transformá-la em uma prostituta se quisermos tê-la de volta. Enquanto continuar certinha como está, sempre que a trouxermos para cá, ela vai pedir proteção e será levada. Mas se deixar-se envolver pelos caminhos do sexo desregrado nada poderá impedir que a escravizemos. Tenhamos paciência.

Os espíritos saíram insatisfeitos, enquanto Drômio ordenou que o anão continuasse a tocar as músicas fúnebres, pois ele precisava se acalmar.

***

De repente, Ana soltou um longo suspiro e acordou. Aos poucos, foi recobrando a consciência e, ao ver tantas pessoas ao seu redor, assustou-se:

– O que aconteceu? Por que estão me olhando desse jeito?

Matilde chorava aliviada, enquanto Cássio a ajeitou na cama dizendo:

– De repente, você desmaiou. Mamãe soltou um grito alto e quando chegamos a encontramos com a respiração fraca, pouca pulsação, pensamos que estivesse morrendo.

Ana lembrou-se de que desmaiou por causa da proximidade de Aurélio. Suas faces enrubesceram.

– Não sei como isso foi acontecer, não estou com nenhuma doença.

– Está sim, filha. Tenho percebido que não come direito, anda inquieta, nervosa, provavelmente não tem dormido bem. O que tem acontecido?

Ana não podia negar que estava diferente. A mãe havia percebido, restava encontrar uma desculpa para que ninguém suspeitasse da verdade.

– Desde que tio Mariano morreu, não tenho me sentido bem – mentiu. – Acho que fiquei impressionada com sua morte.

Matilde a olhou desconfiada.

– No dia do sepultamento você estava forte e consolando o seu irmão. Não deve ser isso. Tem algo que a preocupa?

– Não. Acho também que tenho me sentido entediada com a vida aqui na fazenda, já não tenho mais a alegria de antes.

Nesse momento, Geraldo chegou.

– O que houve com a mocinha?

Matilde se adiantou:

– De repente, perdeu a cor e desmaiou. Passou mais de meia hora estendida na cama, e só agora acordou. Será que Ana está doente?

Geraldo pediu que os homens se retirassem ficando sozinho com Ana e Matilde no quarto. Depois que a examinou disse:

– A pressão está normal, também não aparenta anemia. De qualquer forma, um desmaio tem de ser bem investigado. Quero que faça esses exames e me entregue o mais rápido possível.

– O senhor suspeita de algo?

– Pode ter sido uma queda de pressão normal por causa do calor. Acontece com muita gente. Pode também ocorrer devido a uma emoção muito forte. Contudo, ela garante que nada aconteceu!

– Sim, ela estava comigo folheando algumas revistas. Não houve nada de anormal.

– Estou sentindo que Ana está um pouco tensa – tornou Geraldo. – Vou receitar um ansiolítico para que melhore e durma bem. Pelas olheiras, creio que não tem repousado o suficiente.

O médico encerrou a consulta despedindo-se. Matilde o levou até a porta e depois voltou para ficar com Ana que, mesmo melhor, recusava-se a sair do quarto. Temia que Aurélio novamente se aproximasse e ela não conseguisse conter a emoção desmaiando novamente.

Vendo-a pensativa, Matilde tornou:

– Quantas vezes lhe disse que viver enfurnada aqui nesta fazenda, só rezando o tempo inteiro, iria prejudicar sua saúde? Não há quem aguente viver assim. Está vendo? Já ficou depressiva.

Ana arrependeu-se de dizer à mãe que estava entediada. Não era tédio o que ela sentia, muito pelo contrário. A fazenda até tinha ficado mais interessante depois que ela passara a admirar e desejar Aurélio. Agora, sua mãe iria infernizá-la para que saísse ou até providenciasse uma viagem. Isso era o que ela menos queria. Tentou contemporizar:

– Na verdade, nem sei o que sinto, mamãe. Rezar me faz bem, não gosto de sair. Creio que tudo isso vai passar.

– É bom que passe mesmo, pois, do contrário, envio você para passar uns tempos com Fabíola. Depois, não sabemos o nosso futuro, nem se permaneceremos morando nesta casa. Meu Deus! Quantos problemas!

– Acalme-se, mamãe, vamos rezar o terço.

Era o que Matilde menos queria, rezar um terço. Todavia, preocupada com a saúde da filha, resolveu acompanhá-la.

8

Amor sincero

Os dias que se seguiram transcorreram calmos. Cássio havia retomado a rotina no escritório da usina e, apesar de todos os falatórios, continuava a namorar Sara na tentativa de tê-la em seus braços.

Ana não mais havia desmaiado, recusara-se a fazer os exames, mostrava melhora, mas, praticamente, não saía do quarto, onde ficava rezando a maior parte do tempo. Matilde, acostumada às esquisitices da filha, acabou por deixá-la.

Uma tarde, quando Ana estava lendo a Bíblia, Matilde entrou com olhar altivo, fechou o livro e tornou:

– Muito bem, mocinha. Agora, que já passou seus chiliques e voltou a ser a mesma de antes, quero conversar com você seriamente.

Ana corou. Será que a mãe havia descoberto que ela andava olhando Aurélio enquanto ele se banhava? Seria uma vergonha sem tamanho. Vendo que a filha permanecia calada, Matilde continuou:

– Pelo seu mutismo creio que já sabe do que vou falar. Pois bem, ouvi sem querer uma conversa sua com seu irmão, muito interessante por sinal. Nela, você pedia que ele se afastasse de uma moça com receio de que ela sofresse. Eu ouvi muito bem quando Cássio falou que se ela o conquistasse, iria torná-la sua esposa. Quem é essa vadia?

Ana sentiu-se aliviada, o assunto não era sobre ela.

– Não é nenhuma vadia. Por essa razão tenho pedido que Cássio se afaste da moça, que tem o coração puro, gosta do meu irmão de verdade e não merece que ele faça com ela o que vem fazendo ao longo do tempo com as outras mulheres levianas.

– Pelo visto essa *mulherzinha* já conquistou sua simpatia. Vamos, diga-me quem é.

– É Sara, a moça que vende doces na barraca da praça.

Matilde soltou uma gargalhada.

– Você deve estar brincando comigo. Não, isso não é verdade. Meu filho tem o gosto apurado, sempre teve as melhores mulheres, jamais iria se envolver com uma barraqueira sem eira nem beira. Deixe de brincadeira e me conte a verdade.

– Essa é a verdade, mamãe. Inclusive a senhora a conhece. É aquela que estava aqui na fazenda quando o tio Mariano faleceu.

– Não posso acreditar, eu me recuso. Mas será que essa pobre infeliz e desgraçada não percebeu que seu irmão só está querendo brincar com ela?

– Se a senhora ouviu a conversa sabe que Cássio está em dúvida com seus sentimentos. Eu o conheço e estou vendo um brilho diferente em seus olhos. Quando fala nela, por mais que diga que só quer uma aventura, percebo um toque de paixão em suas palavras. Acredito que meu irmão está apaixonado pela primeira vez. No entanto, temo que mesmo a amando, Cássio não consiga se livrar do apego à vida social e às riquezas. Sinto que meu irmão pode sacrificar o amor verdadeiro em nome dessas ilusões.

Matilde ficava pálida a cada palavra pronunciada pela filha. Se isso estivesse acontecendo seria uma verdadeira desgraça.

Ela sabia que Cássio era voluntarioso e não lhe obedecia, era bem capaz de se casar com uma mendiga e trazê-la para morar na fazenda. Mas isso ela não iria permitir, porquanto tencionava casá-lo com Fabíola, o que era também da vontade de Mariano, e certamente deveria ser uma das exigências do testamento. Pensou um pouco e afirmou:

– Se seu irmão estiver mesmo apaixonado, deve ter acontecido por meio de algum tipo de feitiço que essa barraqueira fez. Preciso impedir que esse namoro continue.

– Não vai adiantar – tornou Ana. – Todas as noites ele a busca em casa, vão namorar no jardim e depois a leva de volta. A senhora sabe como é Cássio. Quanto mais a senhora tentar impedir, mais ele vai querer continuar. O jeito é aceitar. Se eu estiver enganada e ele não tiver nenhum sentimento por ela, vai abandoná-la mais rápido, sem que a senhora precise se meter. Mas se o sentimento que os une for verdadeiro, terá de aceitá-la como nora.

Com olhos vidrados de ódio, Matilde bradou:

– Jamais! Nunca aquela mendiga vai ter meu filho como marido, nem entrará novamente nesta casa. Tomarei minhas providências.

Saiu feito um furacão, deixando Ana falando sozinha.

Matilde se dirigiu ao escritório, fechou a porta e certificou-se de que não fora observada. O ambiente era ricamente mobiliado com bom gosto e apuro. Atrás de um grande quadro, Matilde viu o cofre, fez a combinação e o abriu. Fazia tempo que ela havia descoberto a combinação para abri-lo. Ali, o velho Mariano guardava algumas somas em dinheiro e joias. Não era muito, mas para a mendiga deveria servir.

Após sair do escritório, avisou a Aurélio que iria ao cabeleireiro e pediu ao chofer que a conduzisse até a cidade.

Foi fácil identificar Sara em sua barraca simples, onde, com alegria, atendia os fregueses. Desceu do carro e, com porte altivo, aproximou-se da moça.

– É com você mesma que quero falar.

Sara ficou surpresa, mas disfarçou.

– Diga, senhora. Em que posso servi-la?

Matilde olhou para Sara de cima a baixo com desdém.

– Você não me serve em nada e, como todas as outras vadias, é dissimulada e cínica. Sabe que vim aqui por causa desse seu *casinho* com meu filho. Vim lhe dizer que a partir de hoje vocês não se encontram mais.

Sara sentiu o ódio subir-lhe à cabeça, mas tinha de se controlar. Algumas pessoas se aproximavam e ela ficou vermelha de vergonha. Tentou contemporizar:

– Senhora, não acha que é melhor falarmos sobre isso em outro momento?

– Não tente me enganar. Sei que o que você quer de meu filho é dinheiro e posição, mas saiba que, enquanto eu viver, ele jamais vai se unir a uma mulher igual a você. Será que você acha que ele teria coragem de algum dia ter algo sério com uma barraqueira miserável feito você?

– Dona Matilde, a senhora está me ofendendo e eu não desejo discutir. Peço que se retire ou então faço eu.

Sara ia se retirando quando Matilde agarrou com força em seu braço, impedindo-a que continuasse andando.

– Não fuja de mim. Vim para que possamos fazer um acordo.

– Não quero nada com a senhora.

– Não se faça de santa, mulheres como você têm um preço. Quanto quer para deixar meu filho em paz?

Sara não resistiu a tamanha afronta e fez menção de esbofeteá-la, mas Matilde foi mais ligeira e segurou seu braço.

– Tente fazer isso e eu lhe mato!

– Deixe-me em paz.

– Não deixarei e não sairei daqui enquanto não me prometer que nunca mais vai se aproximar de meu filho. Tome isto. – Abriu a bolsa e mostrou um volumoso maço de notas. – Deve servir para você sumir da nossa vida.

Sara pegou o dinheiro e, num ato de raiva, jogou todas as cédulas sobre Matilde.

– Não quero seu dinheiro nojento. Saiba que amo seu filho e que seu filho me ama. Mesmo contra sua vontade vamos nos casar. Agora, dê-me licença.

– Vejo que não quer ceder, mas saiba que ganhou uma inimiga. Meu filho nasceu para se casar com uma mulher de berço, culta e refinada. Foi para isso que o preparei e não para viver com uma mulher que não tem onde cair morta. Sei que quando ele tiver o que deseja vai abandoná-la. Quis fazer um bom negócio com você, mas você não aceitou. Perdeu uma grande chance.

Sara tremia de raiva e humilhação. Ainda assim, não se deu por vencida.

– Se a senhora tivesse tanta certeza de que seu filho me deixaria, não teria vindo aqui com essa proposta indecente. No fundo, sabe que Cássio me ama e quer constituir uma família comigo. Prepare-se, dona Matilde, pois quando isso acontecer vou colocá-la em seu lugar.

Sara saiu correndo, enquanto Matilde, enraivecida, derrubava e chutava a barraca como se tivesse perdido a razão.

Quando se acalmou, vendo a pequena multidão aglomerada ao seu redor, levantou a cabeça dizendo:

– Ajudem-me a catar essas cédulas. Vamos!

Algumas pessoas começaram a pegar as notas que estavam no chão e entregá-las a Matilde. Quando terminou, ela retornou ao carro remoendo seu ódio:

"Ainda teve coragem de me desafiar. Não sabe o que a aguarda!"

***

Sara chegou em casa tentando conter o pranto. Bateu a porta com força e trancou-se em seu pequeno quarto, chorando convulsivamente. Nunca pensou em ser tão humilhada publicamente. Quem aquela mulher pensava que era? No entanto, por mais que pensasse ser a dona de toda a fortuna dos Caldeiras e que poderia dar o troco, não conseguia conter a revolta e a tristeza por ter sido tratada como uma mulher qualquer, sem princípios. Ela era uma moça honesta, digna, e não estava com Cássio por interesse; amava-o de verdade. Naquele momento, sentiu-se muito fragilizada e só. Não poderia contar nada à mãe, que estava com a saúde comprometida, muito menos chorar na sua frente. Continuou chorando quando ouviu leves batidas na porta.

– Mãe? A senhora levantou?

Uma voz delicada se fez ouvir:

– Não, Sara, é Rosana. Vi quando entrou batendo a porta com força, quero saber o que está acontecendo. Sua mãe a escutou chorando e está preocupada.

Sara sabia que Rosana, antiga patroa de sua mãe, sempre vinha visitá-la, distraí-la com leituras espíritas ou conversa saudável. Sabia também que Rosana era a única pessoa com quem ela poderia desabafar naquele momento. Por tudo isso, quando abriu a porta, abraçou-se a ela com força, deixando que lágrimas teimosas escorressem dos seus olhos.

Rosana a fez acalmar-se e alguns minutos depois Sara convidou-a a sentar-se na cama tosca, contando tudo o que havia acontecido. Finalizou dizendo:

– Preciso tomar posse de tudo para me vingar dessa mulher e colocá-la em seu lugar. Só assim serei feliz!

– Você tão jovem e já pensando em vingança? Está começando sua vida de maneira errada. Se resolver se vingar nunca será feliz.

– Mas não é justo, dona Rosana. Eu sou uma moça correta, amo Cássio com todas as forças de meu coração, mas tenho amor-próprio, não posso deixar que passem por cima de minha dignidade nem dos meus sentimentos.

– Sei de suas qualidades, mas justamente por amar Cássio e querer ter uma vida a dois com ele, é que deve perdoar e esquecer o que essa mulher ignorante fez com você. Não entre na sintonia dela nem em seu nível. Quem se vinga de uma ofensa se nivela ao ofensor, podendo ser atingido por ele novamente. É isso o que quer para sua vida? Uma eterna guerra com a sua futura sogra?

– É ela quem está pedindo isso. A senhora diz que ela é ignorante, mas eu discordo. Ela é uma mulher muito refinada e inteligente, sabe muito bem o que está fazendo.

Rosana tornou com suavidade:

– Estou me referindo à ignorância espiritual. As pessoas materialistas, que agem na maldade e na ganância como Matilde, são ignorantes das leis verdadeiras e imutáveis que regem a vida. Na verdade, são almas enfermas, às quais devemos perdoar sempre. Além de tudo, também temos nossos pontos fracos e necessitamos do perdão alheio. Quero que preste atenção ao que vou lhe dizer. Tenho visto muita coisa nesta vida, já vivi muito e sei que a vida se encarrega de mostrar tudo o que é preciso para que a pessoa se livre de suas imperfeições e se volte ao espiritual. A maldade tem um preço alto em dor e sofrimento e Deus sabe dar a cada um segundo suas obras, sem que precisemos nos vingar. Esqueça tudo isso se quiser ter uma vida feliz com o homem que seu coração escolheu. Mande luz para Matilde e fique no bem, assim ela nunca mais conseguirá atingi-la.

Sara acalmou-se. No fundo, Rosana tinha razão. Havia aprendido com a mãe aqueles mesmos conceitos, tinha de colocá-los em prática, dar seu testemunho. Limpou o rosto, deu um beijo na amiga e dirigiu-se ao quarto da mãe. Resolveu contar tudo o que tinha acontecido, mas sem dramatizar.

Quando Rosana saiu, Leonora chamou a filha ao leito e disse:

– Era esse um dos motivos que me fizeram pedir a você para nunca se aproximar desse rapaz. Pense bem antes de continuar essa relação. Matilde nunca vai aceitar esse seu envolvimento com Cássio, e poderá lhe fazer muitas maldades. Estou partindo deste mundo a qualquer hora e não quero ir para o outro lado da vida deixando você à mercê de uma mulher tão perigosa.

– Não se preocupe, mãe, saberei me defender. Não é a senhora mesmo que diz que o mal só nos atinge se dermos importância a ele? Pois não vou dar importância alguma a essa senhora, e ela não terá condições de me fazer mal. Nem a mim, nem ao Cássio.

– Você está mesmo gostando desse rapaz. Meu Deus! Como eu queria evitar isso.

– O coração não escolhe quem vai amar, e a senhora sabe muito bem disso. Sentiu na pele o sofrimento de uma vida longe de seu verdadeiro amor. Não quero isso para mim. Amo Cássio, e sei que sou amada, quer felicidade maior? Lutarei por ela até o fim. Além disso, sei que sou a dona de tudo e quando estiver de posse do que é meu, ninguém poderá me fazer mal, todos dependerão de mim. Aposto que Matilde vai me tratar na palma da mão.

O coração de Leonora estava apertado. Sua intuição de mãe dizia que não seria tão fácil como a filha estava pensando. Sentia mesmo que Sara iria passar por muitos dissabores, tudo em nome da ambição desmedida daquela família. Entretanto, vendo a filha tão animada e com o coração abrindo-se para o amor, não teve coragem de dizer mais nada. Notou que ela estava mais arrumada que o habitual, por essa razão comentou:

– Aposto que vai sair novamente com ele.

– Sim. Como todas as noites, vamos sair. A propósito, já estou saindo para esperá-lo no portão. A Josefa prometeu ficar com a senhora até a hora da minha volta. Sabe que não costumo me demorar.

Sara deu um beijo no rosto da mãe e foi para o portão esperar por Cássio. De repente, a cena da humilhação que havia sofrido naquele dia voltou com força em seu pensamento. Por mais que tentasse, não conseguia esquecer as palavras ofensivas de Matilde, e voltou a chorar sentidamente.

Quando Cássio chegou, encontrou-a entre lágrimas. Já dentro do carro perguntou:

– O que aconteceu, meu amor? Sua mãe piorou?

– Não. Minha mãe está bem.

– O que houve para deixá-la nesse estado? Sabe que não desejo vê-la sofrendo.

Cássio falou com tanto carinho que Sara amoleceu ainda mais. Vendo que ela não iria falar mais nada, ele parou o carro numa rua sem movimento e tornou:

– Sara, sabe que a amo e por essa razão precisa confiar em mim. Se você não me contar o que está acontecendo, vou sentir-me ofendido. Afinal, estamos ou não apaixonados?

Sara, sentindo a sinceridade nas palavras de Cássio, contou tudo o que havia acontecido, sem omitir nenhum detalhe. Ao término da narração, ele estava estupefato. A mãe não poderia ter feito aquilo. Quem ela pensava que ele era? Agora, mais do que nunca, merecia respeito por ser o chefe da família. Nunca permitira que sua mãe interferisse em sua vida amorosa, mesmo quando do fato desagradável ocorrido com sua prima Fabíola. Saberia colocar Matilde no devido lugar. Ele não tinha certeza de que iria se casar com Sara, mas, se quisesse, ela seria sim sua esposa, e sua mãe jamais poderia impedir. Por essa razão, abraçou-a com muito amor e disse:

– Não tenho palavras para falar sobre essa atitude de minha mãe, mas saiba que isso nunca mais vai acontecer. Amo-a demais para deixar que sofra por mim.

Envolvidos pela emoção, Cássio e Sara entregaram-se a um beijo longo e carregado de paixão. Cássio disse:

– Deixe-me provar o quanto a amo.

Fosse pela fragilidade emocional, fosse pelo amor que sentia, Sara não conseguiu mais resistir e, aos poucos, foi se entregando a Cássio ali mesmo dentro do carro.

Depois, ela, profundamente emocionada, disse:

– Nunca senti nada parecido por homem nenhum. Você é o amor de minha vida.

Cássio, que também nunca sentira sensações tão intensas, completou:

– Eu a amo, Sara. Amo-a como nunca amei ninguém em toda a minha vida. Quero que seja minha mulher.

– Eu aceito. Meu maior desejo é ser sua para sempre.

Quando chegaram em casa, tanto Cássio como Sara não conseguiam esquecer o amor que viveram e o quanto suas almas eram afins.

9

O perdão

Depois do episódio com Sara, Matilde voltou para casa e foi ter com Ana. Girou a maçaneta e entrou no quarto, que estava fechado e escuro.

– Só quero ver quando vai sair desse quarto e voltar a andar pela casa normalmente. Irrita-me saber que você fica o tempo inteiro trancada aqui com esse terço na mão. O que há nesta casa que você tanto teme?

Ana corou.

– Nada. Eu não temo nada, apenas quero ficar só.

– Mas isso não é normal. Você deixou de ir até mesmo à missa. Se continuar como está, chamarei um psiquiatra para avaliá-la.

– Psiquiatra? Mas não existe psiquiatra por aqui. Além do que, eu não estou louca.

– Mas parece que está ficando. E se continuar agindo dessa forma, trarei sim um psiquiatra. Aurélio foi ontem à cidade e ficou sabendo que o prefeito contratou um para atender no hospital municipal. Você sabe que por causa de sua tia Marta sempre procuro saber se temos novos especialistas nessa área!

– Não preciso de médico, quero ficar só com Jesus!

Matilde sentiu vontade de esbofetear a filha, mas precisava desabafar, contar a alguém o que havia feito a Sara. Após alguns minutos de silêncio, tornou:

– Tomei uma atitude hoje que está me deixando preocupada. Mas fiz o certo.

– O que foi?

– Procurei a barraqueira e ofereci dinheiro para que ela deixasse seu irmão. Sabe o que ela fez? Simplesmente recusou e jogou as notas em cima de mim com muita petulância. Mas aproveitei e disse tudo o que ela precisava ouvir. Coloquei-a no seu devido lugar.

Ana ficou boquiaberta.

– Mamãe, como a senhora teve coragem de fazer uma coisa dessas? Não lhe disse que Cássio está gostando da moça? A essa altura devem estar juntos e, certamente, ela já contou o que a senhora fez. Cássio não vai ter boa reação.

– Cássio precisa entender que sou sua mãe e que o que fiz foi para o bem dele. Você queria que eu permitisse esse disparate? Fiz um bem à moça. Se eles brigarem por minha causa e terminarem tudo, como espero que aconteça, essa Sara vai me agradecer, pois meu filho só a está usando, assim como faz com todas as outras mulheres com quem se envolve.

– Creio que a senhora errou. Essa confusão vai é unir os dois ainda mais.

Matilde alterou a voz e disse quase gritando:

– Afinal, de que lado você está? O que essa vagabunda fez para conquistar assim sua amizade?

Ana sentiu medo da mãe, por essa razão resolveu contemporizar:

– Só estou dizendo que meu irmão gosta dela de verdade, e pelo que a senhora fez pode ser até que acelere o casamento.

– Casamento? Nunca! Nem morta eu vou permitir uma coisa dessas. E, se eu morrer, virei como um fantasma atrapalhar e me vingar dessa mulher. – Demorou um pouco e encarou Ana com ódio dizendo: – Se eu souber que você está participando disso e apoiando o seu irmão, você vai se ver comigo. Fique aí com seu terço, aproveite e medite bem.

Saiu batendo a porta com força, deixando Ana com muita raiva. Fazia tempo que não estava mais suportando a presença da mãe. Sempre vestida de preto, fazendo pose de eterna viúva, fingindo ser religiosa. No fundo, sua mãe era uma mulher má e mesquinha, capaz de tudo para conseguir seus objetivos.

Apertou as contas do terço com mais força e, num murmúrio, pediu:

– Perdoe-me, meu Deus, por pecar contra minha própria mãe. Além do pecado da carne, ainda tenho esse outro. Não suporto mais aguentar as maldades que ela faz.

Ana continuou rezando mecanicamente até que parou e, sentindo sede, dirigiu-se à cozinha. Naquela hora certamente Aurélio estava em seu quarto e ela não correria o risco de encontrar-se com ele.

Assim que terminou de ingerir o líquido, dirigiu-se lentamente para o corredor que dava para os quartos. De repente, viu sua mãe passar sorrateira na direção do quarto de Aurélio. Resolveu espiar para ver o que ia acontecer. Observou quando Matilde girou a maçaneta e entrou sem fazer barulho. O que ela queria no quarto do mordomo? Ela precisava averiguar. Seguiu com passos leves e aproximou-se da porta. Escutou vozes, os dois conversavam.

– Preciso de você hoje – disse Matilde, completamente envolvida pelo desejo.

– Calma, senhora, para quê a pressa? – perguntou Aurélio com voz sedutora e sensual.

– Estou muito nervosa. Fiz algo que pode comprometer minha relação com meu filho. Eu dependo dele até para as mínimas coisas, mas não podia deixar de ter feito o que fiz. Estou temerosa e, nessas horas, só você consegue me relaxar, fazer-me esquecer esses problemas.

Ana estancou perplexa. Não podia ser! Sua mãe e Aurélio eram amantes? Precisava comprovar. Espiou pela fechadura e viu quando o mordomo e sua mãe se abraçaram e se entregaram. Aquela cena fez com que ela ficasse completamente desorientada. Apesar disso, permaneceu ali, observando tudo. Depois de algum tempo, correu para o seu quarto e trancou-se.

Mil pensamentos passaram por sua cabeça invigilante. Aurélio era exatamente como ela imaginava em seus devaneios. Por outro lado, passou a odiar a mãe por completo e perder o medo que lhe tinha. Em sua ilusão, Aurélio lhe pertencia e Matilde o estava roubando. Completamente obsediada, disse para si mesma: "Eu a odeio e vou fazer de tudo para destruí-la. De posse desse segredo tenho-a em minhas mãos".

Vultos escuros rodopiavam e riam ao redor de Ana, que, agora, já não mais rezava. Prostrou-se na cama e ficou tentando descobrir uma maneira de fazer com que Cássio soubesse da vulgaridade que sua mãe cometia. Por outro lado, se ele descobrisse, expulsaria Aurélio da fazenda. E ela não podia mais viver longe ele. Virando-se na cama, tentava conter os pensamentos acelerados, sem conseguir.

***

Quando Cássio chegou à fazenda, passava da uma da madrugada. Apesar da noite de amor que tivera com Sara, de ter tido a certeza de que a amava, sua raiva por Matilde era grande, precisava colocar a mãe no seu devido lugar e estava decidido que seria naquele momento.

Foi ao quarto dela e bateu com força, gritando:

– Mãe, abra! Agora!

Matilde acordou sobressaltada e, ouvindo a voz de Cássio, ficou nervosa. Certamente a barraqueira havia contado o que ela havia feito e o filho tinha lhe tomado as dores. Criou coragem e resolveu enfrentá-lo, afinal, era sua mãe e Cássio lhe devia respeito. Pegou o penhoar, vestiu-se e, fingindo nada saber, abriu a porta perguntando:

– O que foi, filho? O que aconteceu para você me chamar a esta hora?

Vendo o cinismo da mãe, Cássio não aguentou:

– Quem a senhora pensa que é para humilhar Sara daquela forma?

– Do que está falando? Quem é Sara?

Cássio puxou-a pelo braço com força, levando-a para a sala. Sua voz estava alterada e ele gritava:

– Pare de cinismo. A senhora humilhou uma moça pobre, de coração bom. A troco de quê? Posso saber? Pensa que com isso vai conseguir nos separar?

– Fiz isso para o seu bem. Será que não percebe que Sara é uma vadia, que está tentando dar um golpe? Logo você, tão experiente, que sabe como são as mulheres, caiu no conto de uma... de uma dessas?

– Sara é a mulher da minha vida e com ela vou me casar. Ela será a senhora desta casa, e a senhora vai ter de obedecer a ela.

– Você está louco. Meu filho enlouqueceu. Eu o conheço, você não gosta de ninguém, nem de mulher alguma! Você gosta é de sexo e dinheiro. Você pode ter tudo isso, não precisa trazer uma mulher de baixo nível para morar aqui. Olhe sua posição, você é o rapaz mais rico da região. Se casar com ela, perderá todo o respeito.

A cada palavra de Matilde, Cássio se irritava ainda mais. Sentia ímpetos de esbofeteá-la, mas não podia, era sua mãe. Ainda assim, ele era homem, independente, faria o que quisesse de sua vida. Gostava da mãe, mas não poderia deixar que ela passasse por cima dele.

– A senhora não sabe o que diz nem sabe quem eu sou. Quem me conhecia era tio Mariano, a quem devo tudo o que sou. Saiba que amo Sara e ela será minha mulher. A senhora será obrigada a pedir-lhe perdão. Se não fizer isso, deixo-a sem dinheiro. Sabe que sou eu quem a sustento com o meu salário da empresa. Se não for até Sara, amanhã, e pedir-lhe perdão, não lhe dou mais nenhum centavo.

Matilde começou a chorar fingidamente.

– Cássio, tenha sensatez.

– Ou isso, ou sou capaz até de expulsá-la da fazenda. Eu sou o chefe de tudo, sou eu quem manda nos negócios. Não vou aceitar que a tratem mal quando ela vier morar aqui.

– Seu tio não aprovaria esse namoro. Ele nunca iria permitir que você se envolvesse com uma mulher pobre e sem cultura.

– Você não sabe o que diz.

Matilde resolveu jogar sua última cartada:

– Seu tio afirmou que você só herdaria alguma coisa se fizesse o que ele pediu no testamento. Pois então, tenho certeza de que ele vai pedir para que case com sua prima Fabíola, reparando o mal que lhe fez.

Cássio ficou pensativo. E se aquilo fosse verdade? Teria coragem de deixar o luxo de lado para casar-se com Sara? Sua mãe estava blefando. Mariano não gostava de Fabíola, e ficou do seu lado quando o fato trágico aconteceu. Segurou a mãe com força e bradou:

– Isso é mentira. Não tente me enganar, pois ninguém sabe o que está naquele testamento. É a última vez que lhe peço: vá amanhã e peça perdão a Sara. Ou isso ou fica sem nada.

Matilde ajoelhou aos pés do filho, suplicando:

– Não me faça passar por tamanha humilhação. Perdoe-me, eu aceito Sara. Mas não me peça para me humilhar indo até aquela barraca miserável para pedir perdão.

– A escolha é sua. E quero que saiba que sou eu quem manda na minha vida. A senhora não tem nenhum poder sobre mim, muito pelo contrário, depende de mim. Sempre fiz o que bem entendi e não é agora que será diferente.

Cássio saiu feito um furacão, deixando Matilde sozinha na sala, ajoelhada chorando, rasgando o penhoar e falando sozinha:

– Guilherme, veja no que nosso filho se transformou! Veja com quem ele vai se casar. Saiu ao seu sangue e o da sua família, sempre se envolvendo com a escória da sociedade.

Continuou chorando, até que vislumbrou o rosto de Ana.

Ao ver a filha, ela se recompôs e, procurando apoio, perguntou:

– Você viu no que seu irmão se transformou? Viu o que ele fez comigo?

Com olhos vidrados de ódio e ciúme, Ana vociferou:

– A senhora merece!

– O que você disse?

– Isso que ouviu: a senhora merece!

Louca de ódio, Matilde esbofeteou a filha. Ana, com mais ódio ainda, disse com voz que a emoção tornou rouca:

– É a última vez que a senhora me bate.

– Eu bato quantas vezes quiser.

– Não. Esta foi a última vez. Em breve saberá por quê.

Ana saiu, deixando a mãe sozinha a chamá-la:

– Volte aqui, sua louca, volte!

Vendo que Ana não voltou, Matilde foi para o seu quarto e bateu a porta com força. Não conseguiu dormir pensando em como fazer para ludibriar o filho. Certamente, iria conseguir, nem que para isso fosse pedir perdão à Sara e fingir que a aceitava. Com o tempo, iria semear a discórdia naquela relação, que acabaria por minar-se. Outra coisa que precisava descobrir era o que tinha feito Ana ter aquela reação. Sua filha não andava bem, por certo estava enlouquecendo como a tia. Rolou pela cama a noite inteira, até que adormeceu com os primeiros clarões do dia.

***

Pela manhã, Cássio e Ana estavam sentados à mesa para o desjejum. Apesar da farta refeição ninguém tocava em nada. Reinava um silêncio absoluto no recinto. Incomodada, após algum tempo Ana tornou:

– Escutei toda a discussão entre você e a mamãe ontem. Achei-o certo. Ela passou dos limites.

Cássio desfez um pouco o semblante carrancudo e respondeu:

– De agora em diante, será assim. Mamãe acha que não cresci, pensa que pode ter algum poder sobre minha vida. Mantenho o que disse: ou ela vai comigo agora pedir perdão à Sara ou a expulso da fazenda.

– Você teria coragem de fazer isso? – Ana perguntou animada, queria ver a mãe longe de Aurélio.

– Claro que teria! Sou um homem de palavra.

– Você está sendo impiedoso demais com ela. Lembre-se de que é sua mãe e nos mandamentos da Lei de Deus diz que temos de honrar nosso pai e nossa mãe.

– Não me venha com essa história de Deus agora. Você sabe que não acredito em nada disso. Já passa das nove e mamãe não sai daquele quarto. Tenho obrigações na usina, compromissos ao longo do dia, se ela demorar mais, ponho aquela porta abaixo.

– Não precisa – disse Matilde, entrando na sala com a aparência totalmente modificada e ar altivo. – Aqui estou. Resolvi que não adianta nada tentar enfrentá-lo, você está cego e é teimoso. Estou disposta a pedir perdão àquela mulher.

Cássio irritou-se:

– Aquela mulher tem nome, e será minha esposa.

– Tudo bem – disse ironicamente. – Pedirei perdão à Sara.

– É assim que se fala, vamos que já estou atrasado.

– Não antes do meu desjejum.

Matilde sentou-se à mesa e começou a devorar as diversas iguarias que tinha à sua frente.

Ana assustada, observava-a. A mãe estava modificada, usava maquiagem, cabelos soltos, vestido colorido e sapatos de salto alto. Ela que jurara nunca mais tirar os trajes de luto... Não resistiu à curiosidade:

– A senhora resolveu tirar o luto? Por que está vestida assim?

Matilde fuzilou a filha com o olhar, mas, percebendo que Cássio também estava curioso, não se furtou a explicar:

– A pequena discussão que tive ontem com seu irmão me fez despertar para a vida. Resolvi mudar. Além do mais, teremos em breve mais uma pessoa morando nesta casa, a futura mulher do meu filho. Não quero recebê-la com roupas negras, muito menos com rosto compungido. Se ela vem mesmo, que seja recebida com alegria.

Cássio estranhou a atitude da mãe. Desde que seu pai Guilherme morrera, Matilde colocara luto e agarrara-se à religião, afirmando nunca mais querer ter marido. De qualquer forma, ela estava certa. Não gostava de vê-la sempre de preto, andando pela casa como se fosse uma sombra. Aquela mudança era para melhor.

Matilde comia de maneira deselegante, como se tivesse passado vários dias de fome. Quando terminou, olhou para Ana e perguntou:

– E você? Resolveu sair daquele quarto?

– Sim. Essa noite não foi de reflexão apenas para a senhora, foi para mim também. Resolvi que ficar presa ali de nada me adiantaria. A partir de agora também serei outra pessoa, irei lutar pelos meus sonhos. Vou logo avisando que pedirei ao chofer que me leve à cidade, pois pretendo renovar meu guarda-roupa.

Matilde tornou incrédula:

– O que deu em você, hein? *Pirou* de vez?

– Não se preocupe, mamãezinha, sua filha vai se tornar ainda melhor a partir de agora.

– Assim espero. Já está arrependida de como me tratou ontem?

Ana fingiu:

– Sim, estava fora de mim e mereci a bofetada.

Cássio, vendo que a conversa ia se prolongar, interrompeu:

– Vamos, mamãe, depois a senhora conversa com Ana. Terá muito tempo para isso. Vou levá-la até a cidade, trazê-la de volta e depois seguir para a usina.

Matilde assentiu e ambos se retiraram. Ao ver a mãe sair com tanta elegância, Ana sentiu o ódio e o ciúme aumentarem. Pensou: "Ela resolveu abrir as asas, pode até querer assumir o romance com Aurélio, tenho de ficar atenta. Ela não o terá mais nenhuma noite". Apesar de estar mais fortificada em sua obsessão, Ana ainda se sentia frágil com a presença do mordomo, mas resolveu que não iria evitá-lo, muito pelo contrário, reuniria forças para se insinuar e conquistá-lo.

Matilde e Cássio não trocaram uma palavra durante todo o caminho. Quando chegaram à praça logo avistaram Sara arrumando a barraca. O ódio consumia Matilde, mas, após muito refletir, ela decidiu que iria fazer jogo com o filho. Fingiria que estava aceitando e, se a relação continuasse, ela, como falsa amiga de Sara, saberia armar para destruir tudo. Matilde tinha a esperança de que Mariano exigisse no testamento que Cássio se casasse com a prima Fabíola. Ela tinha certeza de que seria assim. Movida por esses pensamentos, resolveu enfrentar a humilhação de pedir perdão àquela mendiga.

Cássio aproximou-se e Sara, aos vê-los, assustou-se.

– Cássio? O que quer aqui a esta hora?

Ele a beijou com carinho e disse:

– Você acha que eu deixaria o que aconteceu ontem passar em brancas nuvens? Conversei com minha mãe, expus meus sentimentos e ela, arrependida, veio lhe pedir perdão.

Sara olhou para Matilde, que sorria forçadamente. Não gostava daquela mulher, por certo o pedido de perdão era uma farsa.

– Eu não aceito que sua mãe me peça perdão. Ela me odeia e quer me ver longe de você. Pelo que fez ontem, sei que é capaz de tudo para destruir nossa relação e até a mim.

Matilde, com fingida humildade, aproximou-se, pegou com delicadeza nas mãos de Sara, e disse:

– Eu vim aqui de coração aberto lhe pedir perdão. Não a odeio, apenas achava que você não era a mulher certa para o meu filho. Mas ele me fez ver que o amor que sente é sincero, pensa mesmo em se casar. Posso ainda não gostar tanto de você, mas se finalmente meu filho escolheu uma mulher para compartilhar a vida, tenho de abençoar e aceitar essa união. Perdoa-me?

Sara acabou por se envolver na onda de falsidade emanada de Matilde e, por fim, acabou achando sincero seu pedido de perdão.

– Eu a perdoo, senhora. E, se serei sua nora, devo fazer de tudo para vivermos em paz.

As duas se abraçaram, e Matilde, forçando um choro, disse:

– Ontem, eu estava fora de mim. Sou uma mulher religiosa, casta, caridosa. Jamais deveria ter feito o que fiz. Como me arrependo!

– Também não é para tanto. O importante é que nos entendemos e podemos conviver bem de agora em diante.

Matilde a beijou no rosto, selando a falsa paz. Cássio abraçou Sara agradecendo:

– Não sabe como fico agradecido por você ter perdoado minha mãe, isso mostra o quanto é nobre e tão diferente de todas as mulheres que já tive.

Assim, combinaram de se ver à noite. Cássio se retirou e voltou à fazenda.

Já no carro, olhou para sua mãe com ironia:

– A senhora enganou Sara, mas não a mim. Sei que seu gesto foi de falsidade. Mas saiba que não permitirei nada mais que venha a prejudicá-la. Entendeu?

– Como você pode duvidar de sua própria mãe? Você sabe o quanto eu sou orgulhosa! Jamais faria o que fiz se não fosse de coração. Preferia ser expulsa de casa.

– Assim espero.

Após alguns minutos de silêncio, Matilde tornou:

– Olhe esta paisagem. Até onde o olhar alcança pertencia ao seu tio. Temo que tenhamos de deixar tudo isso para trás.

– Não há por que temer. Tio Mariano disse que está em minhas mãos, e, se depender de mim, tudo será nosso.

Matilde lançou seu veneno em forma de preocupação:

– Tenho receio. Algo me diz que a exigência que seu tio pede no testamento é que você case com Fabíola. Apaixonado como está por Sara, é provável que desista de tudo para viver esse amor.

Cássio ficou nervoso, não gostava de pensar naquela hipótese. Todavia, sua mãe poderia ter razão. Se fosse para escolher entre a fortuna e o amor de Sara, o que faria? Infelizmente, seu desejo e sua ambição pelas coisas materiais eram grandes. Conseguiria ele viver de um mísero salário?

– Vamos deixar isso para depois. Não quero pensar em nada agora.

Intimamente, Matilde sorria feliz. Havia deixado o filho perturbado.

10

O testamento

Cássio não conseguia esquecer o que Matilde dissera. Com os pensamentos contraditórios resolveu que não iria mais ao escritório da usina. Desmarcou todos os compromissos matutinos e rumou para a casa de Rodrigo. Ao chegar lá, o amigo ainda dormia. Ele subiu ao quarto e puxou seu cobertor.

– Acorde, Rodrigo, precisamos conversar.

O outro, com o rosto inchado e ainda atordoado, demorou a reconhecer o amigo. Após alguns minutos disse:

– Cássio? Você aqui tão cedo? Algum problema?

– Não é cedo, já passa das onze. Isso é hora de acordar?

– A farra ontem foi boa, cheguei tarde e só trabalho depois do meio-dia. Mas, pela sua cara, vejo que está com problemas.

– Vista-se e desça. Preciso desabafar.

Já na sala, Cássio tornou:

– Pela primeira vez na vida, estou com medo.

– Medo de quê? – questionou Rodrigo, que nunca vira o amigo tão nervoso.

– Estou apaixonado por Sara. Ontem fizemos amor pela primeira vez e descobri que a amo como nunca amei ninguém na vida.

Cássio fez um gracejo:

– Eu já vi esse filme antes.

– Dessa vez é *pra* valer.

– Sempre é *pra* valer.

– Deixa de pirraça. O assunto é sério. Eu nunca senti nada parecido por mulher nenhuma. É com ela que quero me casar.

Rodrigo fez um rosto sério ao dizer:

– Você disse a mim, aqui mesmo nesta sala que jamais levaria a sério uma mulher saída de um buraco daqueles. Está esquecido? Espero que não esteja brincando com os sentimentos dela. Isso é muito sério.

– Eu estava enganado quando disse aquilo. Até me arrependo, pois Sara só vive ali porque não tem outro lugar para morar. Mas seu porte é de rainha, seus gestos delicados, sua fala doce, sua pele macia. Pretendo fazê-la minha mulher.

Rodrigo estava incrédulo:

– Será mesmo que o inconquistável Cássio Caldeiras foi flechado pelo cupido?

– Sim. Estou amando de verdade.

– Mas eu não vejo problema algum nisso, meu amigo. Você é livre, pode fazer o que quiser de sua vida. Não há motivos para ter medo.

– Há sim. Como você sabe, meu tio Mariano, antes de morrer, deixou um testamento. Pelo que ele me disse só terei parte na herança se aceitar o que for pedido nesse documento. Minha mãe acha que ele certamente pediu que eu me case com Fabíola para reparar o mal que lhe fiz. Se isso for verdade, não saberei como agir, pois não sei viver sem luxo, riqueza, requinte, ao mesmo tempo não poderei viver mais sem Sara, sem seu amor, seu carinho, seus beijos, seus abraços. Estou perdido.

– Não acho que deva se preocupar. Fiquei sabendo o que sua mãe fez com Sara ontem. Ela não gosta de sua namorada e pode estar falando isso como blefe para atrapalhar sua relação.

– Sei que sim, mas ao mesmo tempo não descarto a possibilidade de ela estar certa. Meu tio disse que havia selado meu destino. Ele sabia o quanto gosto de dinheiro e de tudo aquilo.

Rodrigo meneou a cabeça negativamente:

– Gosto de você, Cássio, mas esse seu apego ao dinheiro sempre me assustou. E se de repente a usina vier à falência e vocês perderem tudo? Já acho milagre ela dar lucro aqui em nossa região...

– Justamente por ser exclusividade aqui é que ela dá mais lucro. As usinas do nordeste enfrentam sérios problemas com a seca, a maioria abre falência, vira usina de fogo morto. Não penso nisso. Penso em ter de tomar uma decisão.

– Você não pode prometer nada a Sara antes de saber o que está escrito no testamento. Vá enrolando até o dia da abertura. Falta apenas uma semana.

Cássio passou a mão nervosamente pelos cabelos lisos.

– Eu já a pedi em casamento, não formalmente, mas ontem, enquanto fazíamos amor, eu disse que a queria para ser minha mulher.

– Então, procure esfriar. É melhor do que prometer e depois não poder cumprir. – Os olhos de Rodrigo brilharam maliciosos e ele disse: – Se o seu tio fez a exigência para que você se case com Fabíola, faça isso e tome Sara como amante.

– Está louco? Não a quero como amante, quero-a como minha mulher, mãe dos meus filhos.

– Caro amigo, não há outra solução.

Eles ficaram debatendo o assunto, sem chegar a nenhuma conclusão, mas uma coisa estava certa: Cássio faria de tudo para ter Sara e a riqueza ao mesmo tempo.

***

Nos dias que se seguiram, Cássio e Sara continuaram se encontrando e se amando. Todavia, ele não mais tocou em casamento e ela, envolvida pelo amor que sentia, acreditou que ele estaria deixando para mais tarde uma conversa definitiva. Por outro lado, Sara até se sentiu aliviada, pois, se ele partisse para um pedido de casamento, ela não saberia como agir, porquanto nada poderia fazer até que o testamento fosse aberto. Como Cássio reagiria se soubesse que ela era a herdeira de tudo o que ele julgava possuir?

Finalmente, o dia tão esperado chegou. Matilde, por mais que tentasse, não havia conseguido nenhuma informação comprometedora sobre os dois advogados, o que a deixara de mãos atadas e sem poder fazer nenhum tipo de chantagem. Por essa razão, naquela manhã de segunda-feira levantou-se cedo, tomou o café rapidamente e dirigiu-se ao oratório. Ajoelhada, pediu a Deus e aos santos para que lhe favorecessem e que Cássio fizesse a coisa certa para manter a fortuna nas mãos da família.

Às dez horas, horário marcado para o início da abertura do testamento, Percival e Alceu já estavam na sala olhando cinicamente para Matilde, que, por sua vez, sentia aumentar o nervosismo, o ódio e a ansiedade.

Quando todos estavam reunidos, Matilde tornou:

– O que estão esperando para começar? Todos os interessados já estão aqui. Quer nos matar de ansiedade?

– Calma, minha mãe – tornou Cássio. – Eu acabei de entrar na sala, certamente esperavam por mim.

– Não, meu caro rapaz. Estamos esperando outra pessoa, que, aliás, já chegou – respondeu Percival com sorriso sarcástico.

– Outra pessoa? Mas quem mais pode se interessar por um assunto desses?

– Entre, Sara – disse Alceu em voz alta.

Sara, que tinha ido à fazenda no carro dos advogados e estava atrás da porta principal só esperando o chamado, entrou de cabeça erguida, bem arrumada, vestindo sua melhor roupa. Diante do olhar espantado de todos, ela foi andando lentamente, sentando-se ao lado de Matilde, que, irritada, gritou:

– O que ela está fazendo aqui? Que brincadeira é essa?

– Meu amor – tornou Cássio –, o que a traz aqui?

– Eu sugiro que façam silêncio – disse Percival. – Vamos começar a leitura do testamento.

Matilde poderia imaginar mil coisas, menos que Sara fosse a herdeira legítima de Mariano. Vendo-a trocar olhares amistosos com Cássio e Ana, sentiu o sangue ferver em suas veias. Aquela intrusa estava indo longe demais.

Percival começou a ler pausadamente a relação de bens de Mariano, que incluíam propriedades em diversos estados do Brasil, em países da Europa, investimentos milionários e bastante rentáveis, que surpreenderam a todos. A usina Caldeiras era apenas uma diversão do velho, se comparada a todo o lucro que ele obtinha com os aluguéis dos imóveis, dos investimentos e a toda a sua fortuna.

A cada palavra dita pelo advogado, Matilde sentia seu coração descompassar. Quando terminou a leitura, Percival olhou para todos dizendo:

– O que está escrito a seguir eu não lerei. A pedido de Mariano, vamos ouvir de sua própria voz o que ele determinou.

O advogado retirou um gravador da pasta e apertou o botão. Logo, a voz inconfundível de Mariano se fez ouvir:

"Querido Cássio, você foi o filho que a vida me negou biologicamente, mas me deu em espírito. Jamais poderia partir para o mundo dos mortos deixando-o sem nada, mas antes que você saiba o que reservei para você, permita-me que eu lhe conte um pouco de minha história.

Quando jovem, apaixonei-me por uma moça muito bonita. Era filha de cortadores de cana e também trabalhava nas terras de nossa família. Nosso amor foi verdadeiro, intenso, e só não nos casamos porque meu pai impediu, visto que era um homem muito preconceituoso e interessado em unir fortunas. Casei-me com Melânia sem amor e, ao fazer isso, nunca mais soube do paradeiro daquela a quem verdadeiramente amei. Leonora era seu nome.

O tempo passou e o casamento, a morte de meus pais, as obrigações com a usina, as trapaças e dívidas de meu irmão Guilherme acabaram por fazer com que eu me esquecesse de procurá-la, até que um dia chegou-me por acaso a informação de que ela residia em nossa cidade em condições paupérrimas. Isso aconteceu quando Melânia já havia morrido, então fui procurá-la. Leonora estava muito amarga, mas revelou-me que o nosso amor havia gerado um fruto, uma linda menina, que já havia se transformado em mulher.

Ninguém pode avaliar a alegria que senti naquele momento. Leonora quis nos aproximar, mas eu me recusei a conhecê-la. Ela me disse que assim que nos separamos, ela descobriu que estava grávida e, por vingança, ocultou-me o fato. É verdade: eu tenho uma filha, a legítima herdeira de todo o meu patrimônio, e ela está aí com vocês e se chama Sara, ou melhor, Sara Caldeiras."

Um grito agudo, vindo de Matilde, fez com que os advogados interrompessem o depoimento. Todos se viraram e perceberam que ela havia tombado ao chão. Cássio correu até a mãe e, com ajuda dos outros, estirou-a no sofá. Tomaram a pulsação e perceberam que ela apenas tinha desmaiado. Ana correu à cozinha e com sais aromáticos a acordou. Matilde, com olhos injetados de fúria, começou a vociferar:

– Não pode ser! Esse maldito, esse infeliz, esse verme!! Maldito verme!

Completamente descontrolada, começou a quebrar tudo o que via pela frente; no entanto, Cássio conseguiu contê-la dizendo:

– Acalme-se, minha mãe. Ainda não terminou. Deve estar havendo algum engano.

– Não há engano algum – tornou Alceu com satisfação. – Sugiro que a senhora acalme seus ânimos e escute com muita atenção o resto da gravação.

Com esforço, Matilde sentou-se bem longe de Sara e, sem encará-la, continuou a ouvir:

"Todos os meus bens, ações, investimentos, esta casa, enfim, todo o meu patrimônio, agora, pertencem à Sara Caldeiras. Ouviram bem? Sara Caldeiras.

Você, Matilde, merece todo o meu desprezo, pois, além de ter me detestado a vida inteira, ter jogado meu irmão contra mim e ter tentado me envenenar com a anuência dele, para ficarem com tudo, é uma mulher sem nenhum escrúpulo ou moral. A única coisa que fez de bom neste mundo foi ter dado à luz Cássio, pois sua filha Ana me é indiferente e como mulher deverá seguir seus passos. As duas não merecem um centavo meu.

Agora, Cássio, preste muita atenção, filho. Sara é uma moça pobre, de pouco estudo, mas linda, bela. Você herdará metade de toda a fortuna se casar-se com ela, ampará-la, sendo-lhe fiel pelo resto da vida. Sei que são primos e podem ter filhos com problemas, mas a medicina está avançada e, se fizerem um bom tratamento, poderão ter muitas crianças sadias e belas correndo por toda a fazenda.

Eu selei o seu destino ao dela. Se não se casar dentro de três meses após esta data ou se separar posteriormente, herdará apenas uma pequena fazenda ao lado da nossa e deverá viver do seu salário como funcionário da usina. Deverá abandonar esta casa e levar sua mãe e irmã junto.

Desculpe-me, Cássio, se fui injusto, mas essa foi a única maneira que encontrei de partir deste mundo assegurando o futuro da minha única filha e o seu. Como o conheço muito bem, sei que aceitará meu pedido.

Adeus."

Todos ficaram estarrecidos com o que ouviram. Matilde, em estado catatônico, não conseguia mover um músculo da face. Cássio, surpreso por nunca imaginar uma coisa como aquela, não tinha coragem de articular palavra. Ana chorava, sentindo-se humilhada e inferior, e Sara não conseguia conter a decepção. Em sua mente, passou a acreditar que Cássio já sabia de tudo, por essa razão a estava namorando.

Rompendo o silêncio, Matilde tornou com voz rouca:

– Isso só pode ser uma alucinação.

– Não é – disse Alceu. – Assim que descobriu ser pai, Mariano fez um teste de DNA com um punhado de cabelo de Sara arranjado por dona Leonora e comprovou a paternidade. Exame este que está anexado ao processo de doação de bens. Logo após, o próprio Mariano tratou de registrá-la sigilosamente em cartório. Pagou regiamente para fazer o registro altas horas da madrugada para que ninguém soubesse.

Fez uma pequena pausa e continuou:

– Além disso tudo, Mariano, em vida, deixou um apartamento de luxo, todo mobiliado e uma gorda poupança para seu fiel mordomo Aurélio. Aliás, onde ele está?

Gaguejando, Cássio retorquiu:

– Está na cozinha com os outros empregados.

– Vá chamá-lo. Ele precisa saber que também herdou alguma coisa.

Aurélio foi introduzido na sala e, naquele momento, Matilde, num ato de ódio, partiu para cima de Sara com um vaso de porcelana nas mãos e teria atirado em sua cabeça, caso o mordomo não a tivesse contido.

Percival disse:

– Tire sua mãe daqui, Cássio, ela está transtornada e pode fazer uma besteira e se complicar ainda mais. Ela escapou por pouco de ser investigada pela polícia. Infelizmente, Mariano não tinha provas de quem havia colocado cicuta em sua bebida.

Cássio calmamente conduziu a mãe escadaria acima, acompanhado por Ana, que chorava sem parar.

Sara, cabisbaixa e com vergonha, não sabia o que fazer nem o que pensar. De repente, ser dona de tudo aquilo se tornou um fardo. Seu mundo havia desmoronado. De uma coisa ela tinha certeza: jamais iria se casar com Cássio.

11

Dever cumprido

Quando todos saíram da fazenda, Matilde retornou à sala acompanhada de Ana. Encontrou Cássio lendo atentamente alguns papéis.

– O que são esses papéis? – perguntou Matilde com voz raivosa.

– São cópias do testamento. O doutor Percival fez questão de deixar várias aqui conosco para que fiquemos cientes de que tudo é verídico.

– E o que mais diz aí? Que outras loucuras o seu tio cometeu?

– Nenhuma loucura, mamãe – respondeu Cássio irritado com tudo aquilo. – Sara é filha legítima dele, não há como negar. O tio ainda foi muito bondoso em ter me dado a oportunidade de herdar a metade de tudo. Temos de nos conformar.

– Até parece que para você vai ser um sacrifício – disse Ana com uma ponta de inveja. – Juntou a fome com a vontade de comer. Você ama Sara, já a estava namorando antes de saber a verdade. Foi uma coincidência muito agradável, não acha?

Cássio nada respondeu. Olhou para a irmã sem palavras. Tudo aquilo lhe parecia um pesadelo. É claro que ia se casar com Sara, sabia disso muito antes de descobrir que ela tinha qualquer parte na herança. O problema foi a forma como ela o olhou depois da revelação. Pôde ver no rosto da amada a sombra da desconfiança. Saiu sem falar com ele ou olhar para trás. Certamente achando que ele sabia de tudo e não passava de um aproveitador. Seus pensamentos foram interrompidos pela voz sibilina e ríspida de Matilde.

– Maldita barraqueira! Teremos de aturá-la, só Deus sabe até quando!

– Esqueceu que a amo e que a farei minha esposa? Nem tente nada contra ela. Sei que quis matar tio Mariano envenenado, mas com Sara será bem diferente. Consta no testamento que se Sara morrer antes de se casar, toda a fortuna vai para instituições de caridade. Se Sara morrer depois de casada comigo, ficarei apenas com a metade da fortuna. Certamente meu tio, conhecendo-a como a conhecia, uma assassina fria, tomou todas as precauções.

– Como ousa chamar assim a sua mãe? Desde aquela noite não o estou reconhecendo. Nem parece o filho que pus no mundo.

– Desde aquela noite, quando soube o que a senhora fez, perdi todo o respeito que lhe tinha. E a senhora é isso mesmo: uma assassina, pois quem tenta envenenar o próprio cunhado não passa disso.

Matilde fingiu um pranto, mas Cássio não se deu por vencido, levantou-se da poltrona, jogou os papéis sobre o colo da mãe e saiu batendo a porta com força.

Assim que se acalmou, Matilde se pôs a ler o testamento, tendo Ana ao lado. Ela estava perdida, rendia-se aos fatos. Olhou para a filha, que a fitava com pena, e disse:

– Não preciso da sua piedade, saia daqui!

– Acalme-se, mamãe. Estou aqui para ajudá-la. Arrependi-me muito pela maneira como a tratei, e só Deus e os santos sabem o quanto peço perdão por ter infringido um dos mais sagrados de seus mandamentos, que é honrar o pai e a mãe. Olhe para mim e preste atenção no que vou lhe dizer.

Matilde sentiu mesmo que precisava de um ombro amigo naquele momento. Abraçou a filha e pôs-se a escutar o que ela dizia.

– A senhora precisa ficar amiga de Sara mais do que nunca.

– Eu? E por que faria isso?

– Porque se ela não se casar com Cássio, perderemos tudo, e se os dois se separarem ou ela morrer, ficaremos apenas com a metade.

– Isso eu sei. Mas não vejo por que ficar amiga daquela barraqueira usurpadora. Seu irmão iria se casar com ela, sendo ela herdeira ou não.

– A senhora estava muito nervosa e não percebeu como Sara olhou para Cássio assim que ouviu tio Mariano exigindo que ambos se casassem. Vi decepção nos olhos dela, vi mágoa. Tenho certeza de que ela está achando que Cássio já sabia de tudo e estava namorando-a apenas para ficar com a metade da fortuna. Acho difícil desfazer essa impressão e é provável que Sara não o aceite como marido. Se isso acontecer, teremos de sair daqui sem nada, vendo ela se casar com qualquer aventureiro que aparecer. – Matilde ouvia atenta e Ana continuou: – A notícia de que Sara é milionária, a herdeira de Mariano Caldeiras vai se espalhar pela cidade rapidamente e, em pouco tempo, choverão pretendentes. A senhora tem de ficar amiga dela para convencê-la a aceitar Cássio como marido.

Matilde percebeu que a filha tinha razão. Ela não podia ser contra, teria mesmo de ver seu filho casado com uma mulher sem cultura, malvestida, vinda de baixo. Todavia, teria de ganhar sua confiança. Ela não aceitaria o que acontecera e iria virar o jogo. Com Sara casada daria um jeito de tirar tudo dela e vê-la na miséria outra vez. Virou-se para a filha, já com o rosto mais sereno, e disse:

– Tem razão. Se tudo é dela e se quisermos ter nossa parte, farei o possível para aceitá-la. Aliás, muito antes de saber de tudo, fui até aquela barraca infecta pedir perdão pelo que fiz.

– Mas não pense que vai conquistá-la facilmente. Tenho certeza de que ela e Cássio sabem que seu perdão não passou de uma farsa.

Matilde mais uma vez percebeu o quanto a filha estava certa e iria se esmerar na falsidade. A fortuna poderia estar temporariamente nas mãos daquela infeliz, mas tudo aquilo lhe pertencia, ela sentia isso e faria até o impossível para ter tudo de volta.

Ana convidou-a para irem ao oratório rezar um terço pela paz na família, e ela, sem ter muito o que fazer naquele momento, resolveu aceitar. Quem sabe a oração não lhe traria mais algum ânimo?

***

Mariano e Melânia, em espírito, acompanharam tudo o que aconteceu naquela manhã. Ele estava profundamente arrependido pelo que havia feito. Aquele pouco tempo na espiritualidade serviu para que ele enxergasse a vida de forma diferente e visse, que, na verdade, não agira por justiça e sim por vingança. Percebeu que para ser realmente justo deveria ter distribuído tudo igualmente entre todos os seus parentes vivos, já que da Terra nada iria levar de material.

Quando tudo acabou e a sala ficou vazia ele se pôs a chorar com remorso.

– Acalme-se, Mariano – pediu Melânia com doçura. – Você precisa deixar de se culpar pelo que fez. Enquanto estava na Terra, você via tudo com os olhos do materialismo; por essa razão não sabia fazer diferente. Assim somos todos nós. Enquanto estamos vivendo encarnados, deixamo-nos levar pelas ilusões, pela ambição do poder, e até mesmo pela posse das coisas materiais. O homem, infelizmente, ainda não percebeu que a única herança que realmente possui são seus atos, atitudes e pensamentos. Isso ele levará para onde for. Disse o mestre Jesus: "Não ajunteis tesouros na Terra, onde a traça corrói e o ladrão os leva, mas ajunteis tesouros nos céus, onde nem o ladrão os leva nem a traça os corrói, porque são eternos".

Enxugando as lágrimas, Mariano tornou:

– Ser rico é pecado, eu sei.

– Não. Ser rico não é pecado. O que não é certo é o apego às riquezas. Jesus nunca condenou a riqueza ou os bens materiais que são necessários à nossa evolução na Terra, mas alertou sobre o apego e todo o sofrimento que ele acarreta. Não ajuntar tesouros na Terra significa não ficar preso ao que se conseguiu, ou fazer da vida uma eterna busca pela materialidade. Quando o homem perceber isso, dará um grande passo em direção a Deus.

– Eu tive muito orgulho do que herdei e com esforço dupliquei. Mas não soube repartir, agi por vingança. Por essa razão, não consigo me perdoar. Meu ato fará com que Matilde faça ainda muito mais mal do que já fez. Estou pondo em risco a felicidade de quem mais amo, que são o Cássio e a Sara. Hoje sei que a maldade de Matilde não tem limites.

Melânia tornou com calma:

– Você teve livre-arbítrio e fez o que achou melhor. Mas o nosso livre-arbítrio coexiste com as determinações de Deus. O homem pensa que age sozinho e que está separado da natureza e de suas leis. Isso é uma ilusão. Deus tem o poder de transformar o mal feito por nós em sementes de bem e felicidade futura para todos os envolvidos. Quando o homem age utilizando-se de sua liberdade, ele pode errar muito, mas Deus, em sua infinita sabedoria, fará com que tudo resulte em experiência e aprendizado, fazendo cada um passar exatamente pelo que precisa para aprender a ser mais feliz. Assim sendo, nada foge da programação divina, que nos destinou ao bem e à harmonia sem fim.

– Você diz tudo isso, mas eu sei que só me perdoarei quando vir os frutos desse bem. Não suportarei ver meus meninos sofrerem por minha culpa.

– Acalme-se e lembre-se, acima de tudo, de que não deve mais se envolver com os problemas do mundo. Você não está em condições de ajudar e deverá deixar a vida seguir seu rumo. Como já lhe contei, Matilde e Sara são inimigas de vidas passadas e precisavam se encontrar mais uma vez na Terra para se perdoarem mutuamente. Você não foi o pai dela ao acaso. Sua decisão de uni-la a Cássio foi um meio que a vida encontrou para que ele e Sara finalmente pudessem viver em paz, reparando o passado de delitos. Como vê, nada na vida está errado. Vamos ficar em paz e sentir a segurança em nosso coração. É confortante saber que, apesar de tudo, até mesmo dos nossos erros, Deus está conduzindo nossa vida sempre para o melhor, para dias mais felizes e radiosos de paz. – Dando o braço a Mariano, disse carinhosa: – Vamos, meu amigo. Você precisa repousar e eu trabalhar.

Logo os espíritos luminosos desapareceram do ambiente.

***

Sara chegou em casa aos prantos e Rosana, que estava visitando Leonora, assim que a viu trancar-se no quarto foi ter com ela.

– Abra, Sara, precisa nos contar o que aconteceu.

– Deixe-me só, Rosana. Por favor.

– Não vou deixá-la só, você não está bem, algo aconteceu de errado e sua mãe está preocupada. O melhor é abrir e nos dizer o que houve. Se você não contar, Leonora ficará mais ansiosa e, doente como está, pode piorar.

O argumento foi forte e Sara resolveu abrir. Conduziu Rosana para o quarto da mãe e começou:

– Fui enganada. Terrivelmente enganada pelo único homem a quem realmente amei.

– O que aconteceu, minha filha? O que Cássio lhe fez?

Sara contou tudo sobre a abertura do testamento e finalizou:

– Nunca imaginei que a riqueza viesse para mim em meio a essa amargura. Ele só me namorou porque estava interessado em receber a metade de tudo.

– Eu já sabia.

– Como assim, mãe? A senhora sabia que Cássio estava me enganando e não me disse nada?

– Não é isso. O que eu sabia era que Mariano ia exigir que vocês dois se casassem no testamento. A carta que ele me enviou quando estava à beira da morte contava em detalhes.

Sara estava indignada.

– E por que a senhora não me disse? – perguntou com voz que o choro cortava.

– Não fique triste com sua mãe, minha querida. Eu não podia lhe dizer nada, jurei a Mariano que não diria, e creio que Cássio também de nada sabia.

– Como a senhora pode crer nisso?

– O conteúdo do testamento era um segredo, só sabia o que estava ali contido, Aurélio e eu. O mordomo era muito fiel ao patrão e jamais iria abrir a boca para Cássio. Não se precipite, ao contrário, agradeça aos céus por essa coincidência. Ele a conheceu e a amou enquanto você era pobre.

Sara parecia refletir. A mãe poderia ter razão. Pôde ver no rosto de Cássio que ele ficara tão perplexo quanto ela, mas no momento pensou ser fingimento. De qualquer forma, precisava ter certeza. Ela teria uma conversa com Cássio e saberia, olhando em seus olhos, se ele estava mentindo ou não.

– A senhora pode ter razão. É que na hora, envolvida por todos aqueles ataques de Matilde, senti-me perdida, sem saber o que fazer ou pensar. – Olhou para Rosana e para a mãe e, sem jeito, falou:

– Durante a volta da fazenda, os advogados me deram todas as instruções do que preciso fazer para tomar posse de minha herança. A primeira delas é mudar-me para a fazenda. Sei que esta é a parte mais difícil para a senhora, mamãe, mas precisamos ir.

– Você sabe que estou doente e tenho poucos dias de vida, espere que eu me vá e depois você se muda – tornou Leonora com voz triste.

– Não diga isso, mamãe, só Deus é que pode saber quanto de tempo nos resta de vida. A senhora ainda pode e vai viver muito. Tenho notado que sua doença não está avançando e a senhora tem estado mais bem-disposta ultimamente. Não custa atender a um pedido de meu pai, o homem que a senhora amou.

– Concordo com sua filha, Leonora – manifestou-se Rosana, até então calada. – Deus está dando a chance de você viver melhor, com mais conforto. Esta casa não está em condições para abrigá-la em seu estado de saúde.

– Para mim é muito difícil ter de viver naquele lugar. Foi lá que vivi meu amor, mas também foi lá que Mariano se casou e viveu com a mulher. Tudo naquela casa deve lembrar o casal. Seria torturante e até acho que partiria antes do tempo. Além de tudo, existe Matilde, que é uma víbora e fará o que for possível para infernizar nossa vida.

Sara parou para pensar e percebeu mais uma vez que a mãe tinha razão. Já ia dizer que concordava com ela quando Rosana disse:

– Eu acho que chegou a hora de você enfrentar o passado e se desapegar dele. Ir para aquela casa será um bom treino para você que passou a vida inteira se lamentando por não ter vivido o seu amor e por essa razão acabou doente. Lá poderá ver que o casamento de Mariano não passou de uma farsa e que, apesar de ele ter respeitado a esposa, foi você que ele sempre amou. Quanto à Matilde, tenho certeza de que não tentará nada para prejudicá-las. Sara agora é a dona, é quem manda em tudo, por essa razão ela terá de tratá-las como rainhas. Vença o seu orgulho, Leonora, esta é a hora.

– Você diz isso porque sempre teve um marido que a amou e nunca sofreu uma desilusão.

– Isso não quer dizer que não entenda das dores do meu semelhante – ponderou Rosana com calma. – Tenho aprendido a não julgar, mas também sei que precisamos vencer nossos pontos fracos se quisermos evoluir. Fugir de coisas ou pessoas por medo, orgulho ou vaidade só vai atrasar a hora de enfrentarmos esses problemas. Eu sei que podemos encontrar a felicidade desde já, basta que para isso deixemos de dar vazão a sentimentos e pensamentos negativos. O orgulho é um sentimento negativo, ele nos cega e nos impede de ver os verdadeiros valores da alma. Você não quer ir para a fazenda apenas para não ver o local onde o homem que amou viveu com a esposa, não quer sofrer, mas eu garanto que isso é orgulho. Ele fez a escolha dele, respondeu por ela. Se foi feliz ou não, o que importa? Quando amamos alguém de verdade, ficamos felizes por ver a pessoa livre para experimentar outros caminhos e até mesmo ser feliz, ainda que longe de nós. Liberte esse seu apego por Mariano e ajude sua filha a enfrentar esse novo desafio que a vida está lhe mandando.

Leonora chorava baixinho enquanto Rosana falava. Sabia que a amiga tinha razão. Ela sempre fora orgulhosa. Fizera questão de fugir de Mariano, esconder que ele tinha uma filha, como se com isso pudesse puni-lo. Quanta ilusão! Só ela foi quem sofreu com tudo isso. Amargou anos de solidão, não abriu o coração para um novo amor e para a felicidade. E o que conseguira com isso? Apenas a doença e o sofrimento. Foi com esses pensamentos que resolveu:

– Vamos para a fazenda, filha. Não importa o tempo que eu dure sobre esta Terra. Quero deixar de lado tudo o que me fez sofrer e sei que só enfrentando as coisas com coragem é que vou conseguir.

Sara abraçou a mãe, beijando-a com carinho.

– Preciso adiantar o almoço para começar a arrumar nossas coisas. Sei que são poucas, mas quero entrar lá com tudo o que possuo. – Deu outro beijo na mãe e seguiu em direção a um pequeno cômodo, que servia de cozinha. Começou a cortar os legumes para preparar uma sopa quando Rosana apareceu na soleira.

– Despedi-me de sua mãe prometendo que vou visitá-la na fazenda. Mas antes de sair gostaria de falar com você.

– Já sei, é sobre o Cássio.

– Não, é sobre a fortuna que tem nas mãos.

Rosana falou com uma expressão e tom de voz diferentes, e só naquele momento Sara se deu conta da imensa responsabilidade que tinha. Rosana pediu-lhe que continuasse preparando a sopa, sentou-se num pequeno banco, e disse:

– Eu sei que é muito bom ganhar uma fortuna assim de repente, principalmente quando se vive numa situação tão difícil como a sua, tendo uma mãe doente para cuidar, sem ter uma roupa melhor para vestir e até mesmo sem saber se terá o que comer amanhã. Mas quero que você, como moça inteligente que é, estudiosa da doutrina espírita, fique atenta, pois a prova da fortuna, assim como a da miséria, podem ser muito pesadas para nosso espírito se passarmos por elas sem verificarmos seu verdadeiro sentido.

– Entendo, dona Rosana. Pode ficar tranquila, pois ao lado de Cássio saberei gerenciar tudo o que recebi. Não sairei por aí distribuindo tudo, muito menos serei egoísta a ponto de não me preocupar com o sofrimento do meu semelhante. Sei o que é ser pobre e sei também quantos estão na miséria precisando de uma ajuda.

– É aí que se encontra o problema. Ser rico, próspero, ter facilidades financeiras é muito melhor do que ser pobre e viver na miséria. O pobre pouco ou nada tem a oferecer ao seu semelhante, pois vive quase sempre na penúria e, muitas vezes, queixando-se do Criador, como se Ele fosse o responsável. No entanto, os ricos também, em sua maioria, não sabem lidar com a dádiva que é o dinheiro, muitos se sentem culpados e por essa razão saem por aí dando esmolas, achando que estão ficando quites com Deus. Outros, gastam todo o dinheiro em orgias e coisas fúteis da vida. Nenhuma das duas posturas está correta.

– E como saber como lidar com o dinheiro? Pelo visto, não é fácil.

– Pode não ser fácil, a princípio, mas quando descobrimos que dinheiro é energia espiritual e passamos a dar o valor exato que ele merece, aos poucos, vamos aprender a usá-lo de maneira adequada. Sem dinheiro nada nesse mundo vai para a frente. As grandes descobertas, os avanços da medicina, as pesquisas, que buscam melhorar as condições de vida do ser humano só podem ser feitas pelas mãos de quem tem muito dinheiro. – Ela fez uma pausa e continuou: – Você tem nas mãos uma fortuna grandiosa e a melhor maneira de usá-la bem, cumprindo com o que Deus quer, é utilizá-la em favor do bem comum. Nem esmolas, nem prodigalidade exagerada, muito menos mesquinhez. Deus distribui a riqueza para que ela faça bem aos espíritos que estão reencarnados sobre a Terra, aliviando-lhes o sofrimento, minorando-lhes suas dores. Mas isso só é possível quando se dá dignidade ao ser humano por meio do trabalho e de outras chances de desenvolvimento. Converse com Cássio e sei que ambos terão a melhor ideia para fazer a verdadeira caridade.

Sara concordou com o que Rosana disse e, como estava adorando a conversa, perguntou:

– Se a riqueza é o melhor para o ser humano, porque existe tanta miséria e pobreza?

– Por causa da mente pobre das pessoas e dos preconceitos que se criaram em torno do dinheiro. Deus é imensamente rico, tudo o que existe pertence a Ele e também a nós, que somos seus filhos. Deus não criou a pobreza, ela foi criada pela mente do homem, que ainda não compreendeu que pode ir além e realizar coisas extraordinárias com seu poder interior. Se todos quisessem, poderiam ter muito dinheiro, vida farta, prosperidade, felicidade. Creio mesmo que um dia, quando todos evoluírem, o mundo será assim.

– Sempre acreditei que as pessoas nasciam pobres porque foram ricas em outra vida e utilizaram mal o dinheiro.

– Não acredite nisso. Riqueza é um estado mental, quem reencarna num meio rico tem o espírito impregnado de prosperidade ou precisa dessa experiência para aprender o valor do dinheiro. Quem reencarna num meio pobre é porque acreditou na pobreza, na falta, no não merecimento. É claro que existem ricos que foram muito maus em vidas passadas, usaram de maneira errada a fortuna e pediram para nascer pobres, por acreditar que foi a riqueza a causa de sua falência espiritual. São espíritos que ainda não perceberam que a "queda" humana não depende nem da riqueza nem da pobreza, mas do caráter e dos pontos fracos que neles existem. Os que escolheram a miséria, certamente um dia vão se arrepender, porque perderam um tempo precioso, viraram encargo para a sociedade e não fizeram nada além de enterrar o próprio talento.

– E todos podem ter uma vida melhor, com mais prosperidade?

– Sim, basta para isso que acreditem na própria força, revejam seus pensamentos equivocados e sintam-se merecedores. Deus não aprecia a pobreza, a falta, a fome, a doença, o sofrimento. Pense nisso, Sara, e não deixe que essa oportunidade passe em vão.

– Nem tenho como lhe agradecer, dona Rosana, por esses ensinamentos tão elevados. Além de boa patroa e amiga, agora, vai se tornar minha conselheira.

Rosana sorriu amavelmente abraçando Sara com carinho. Ao sair dali, tinha a certeza do dever cumprido. Iria orar para que Sara pudesse aproveitar todas as intuições que recebera e que lhe foram passadas para bem cumprir sua tarefa na Terra.

12

Chegada à fazenda

Já era noite quando Sara reconheceu o som da buzina do carro de Cássio. Foi até o portão para recebê-lo e, após os cumprimentos, pediu que entrasse. Ela percebeu que Cássio estava acanhado, com rosto compungido e, naquele momento, sentiu que ele realmente não sabia de nada, nem a estava usando. Por essa razão, quebrou o silêncio:

– Perdoe-me por ter saído da fazenda sem falar com você. Naquele momento meu sonho de amor foi desfeito, pois acreditei sinceramente que você estava me usando apenas para conseguir se casar comigo e ter a metade da herança, mas agora, nem sei por quê, tenho certeza de que estava enganada.

Cássio emocionou-se:

– Ainda bem que chegou a essa conclusão. Passei o dia inteiro sem ter coragem de procurá-la, pensando em ouvir palavras que fossem destruir tudo o que sonhei para nós dois. Beije-me.

Ambos se entregaram a um beijo cheio de amor e encanto. Quando a emoção serenou, Sara tornou:

– Eu o amo, Cássio, e parece que meu pai sabia o que estava fazendo quando nos uniu.

– Sim, meu tio foi sábio, sabia que eu não iria resistir a uma beleza como a sua – gracejou.

– Eu não o conhecia, nem mesmo o tinha visto aqui na cidade, mas, depois que passamos a namorar, vi que sua fama não era das melhores. Soube que já aprontou muito, tanto aqui como na capital.

Cássio corou um pouco, pensando se deveria ou não contar o que houve entre ele e Fabíola. Decidiu rapidamente que não e, por fim, disse:

– Mas essa fase já passou, aliás, ela passou assim que a vi naquela noite de *réveillon*. Você é a mulher da minha vida.

Os dois continuaram abraçados trocando juras de amor, quando ouviram o chamado de Leonora:

– Sara? Quem está aí?

– É o Cássio, mãe.

Leonora silenciou, depois pediu:

– Traga-o até meu quarto, precisamos nos falar.

Cássio e Sara entraram de mãos dadas, o que fez Leonora se emocionar. A filha estava tendo a chance de viver o amor de verdade, coisa que ela experimentou um dia, mas que não pôde levar adiante. Olhou para Cássio demoradamente e sentiu que ele amava de fato a sua Sara e que faria de tudo para fazê-la feliz.

– Sabe, Cássio – começou com voz lenta –, o meu maior medo desde que adoeci era ter de deixar Sara sozinha no mundo, sem ter alguém que a ajudasse. Depois, soube que ela herdaria tudo, e que você seria seu marido. A princípio, assustei-me, pois sabia da sua fama de conquistador. Por essa razão fiquei com muito medo, temendo que Sara sofresse. Mas, agora, olhando--os, sinto que nasceram um para o outro. Sei que vai saber amar e proteger minha filha, assim como eu fiz durante todo esse tempo.

– Pode ficar tranquila, dona Leonora. Um homem só vive de aventuras até encontrar a mulher que lhe preencha o coração. E essa mulher eu já encontrei, e é sua filha. Meu tio fez questão de nos unir, mas o que ele não sabia era que já estaríamos unidos por uma união sincera.

– Vocês estavam marcados pela vida para se encontrarem mais uma vez na Terra, e se reajustarem com o passado, disso eu tenho certeza.

– Desculpe, senhora, mas não acredito em destino.

– Eu também não, mas acredito que a vida de cada um tem uma programação, que é escolhida antes do nascimento, e que Deus fará de tudo para que essa programação se cumpra.

Sara interrompeu:

– Mamãe, não vai falar sobre Espiritismo agora! A senhora já sabe que Cássio é ateu. Ele não acredita em nada disso.

Leonora olhou fundo nos olhos de Cássio e, sem se perturbar, continuou:

– Pode ser que ele não acredite, mas será empurrado pela vida a acreditar na força maior que comanda tudo no universo. Chegará uma hora em que ele perceberá que só Deus poderá ajudá-lo e, nesse momento, ao sentir a intervenção divina em sua vida, nunca mais dirá que é ateu.

– Mais uma vez peço desculpas à senhora, mas não acredito nisso. Creio mesmo que Deus foi uma invenção humana para que nas horas difíceis as pessoas tivessem algo em que se pendurar, ou até mesmo uma criação de mentes perversas, a fim de dominar os mais fracos. Eu nunca vou acreditar em Deus. As pessoas que acreditam nessas coisas são todas fanáticas, medrosas, veem pecado em tudo, deixam de viver, outras caem na hipocrisia, pregando uma coisa e fazendo outra. Tenho dois exemplos em casa. Minha mãe e Ana vivem com o terço na mão, mas sei que não fazem nada do que pregam e não acreditam em nada do que dizem.

– É que elas, assim como a maioria das pessoas, acreditam no Deus que os homens criaram e não no Deus que criou os homens. Todo equívoco que as pessoas cometem em nome de Deus vem da visão distorcida do que seja a divindade.

– Mas elas seguem a Bíblia, o livro sagrado dos cristãos. Por essa razão se dizem certas.

– É aí que está o erro. Quem foi que disse que a verdade sobre Deus está na Bíblia?

– E não está?

– Não. A Bíblia foi feita pelo homem e, por esse motivo, está cheia de erros absurdos, uns pela pouca evolução das pessoas da época, outros colocados ali de propósito pelas religiões dominantes a fim de prenderem as pessoas pelo temor. A verdade sobre Deus não está em livro algum, e sim na natureza e na observação de suas leis. Quem se detiver a observar a vida e ver como ela funciona, vai encontrar o toque do Criador em tudo. Além disso, Ele colocou Suas leis em nossa consciência, e por essa razão é tão difícil para alguns aceitar o que as religiões pregam. As verdades da nossa consciência são muito diferentes daquelas que os padres, pastores, rabinos e outros líderes religiosos costumam pregar.

Cássio passou as mãos pelos cabelos lisos. Nunca havia pensado daquela maneira. Seria por isso que nunca aceitava o que os padres diziam? Desde pequeno detestava ouvir os sermões nas missas de domingo em que seu pai Guilherme e sua mãe Matilde o obrigavam a ir. Quando ficou rapaz e dono do próprio nariz, nunca mais entrou na igreja. Não poderia acreditar num Deus que punia, que castigava, que mandava seus filhos para o inferno, que vivia vigiando as pessoas. Só podia ser mentira. Agora, ali, diante de Leonora, descobria uma nova maneira de ver Deus. Por esse motivo, perguntou:

– Como é o Deus em que a senhora acredita? Certamente segue alguma religião...

– Não sigo religião alguma, até acho que a religião fez mais mal ao homem do que bem. Ocorre que conheci, por meio de uma amiga, uma doutrina, que me ensinou a enxergar Deus de maneira diferente, de uma maneira que minha alma aceitou. O que mais gosto é dividir esse conhecimento com outras pessoas.

– Que doutrina é essa?

– É a doutrina espírita. Sei que já ouviu falar.

– Sim, é aquela que leva as pessoas a fazer consultas aos mortos para saber se vão ganhar no jogo, como andam os negócios, a vida íntima etc. Não acredito nisso.

– Você está enganado. Muita gente confunde essas coisas com Espiritismo, mas não é nada disso. O Espiritismo é uma doutrina surgida no século XIX, na Europa, e organizada pelo francês Allan Kardec. Tem por base a crença num Deus único, soberanamente bom e justo, a reencarnação, a pluralidade dos mundos habitados, a sobrevivência e comunicação dos espíritos com o nosso mundo e a Lei de Causa e Efeito. Os espíritas não dão consultas, não jogam cartas, nem evocam os espíritos para fins de satisfação de interesses mesquinhos e materialistas. Mas você perguntou sobre o Deus em que eu creio. Eu acredito que Ele é a inteligência suprema do Universo, que nos criou simples e ignorantes, mas com potencial suficiente para ser desenvolvido ao longo das encarnações. Creio que Ele é amor e nos destinou à felicidade, à alegria, à saúde e à paz. Jamais nos pune ou castiga, mas dá a cada um a colheita de sua semeadura, para que todos possam melhorar e aprender a reconhecer os verdadeiros valores da alma.

– Esse é um Deus diferente...

– Não. A maneira de ver é que é diferente. Deus é o mesmo em todo lugar, são as pessoas que o veem desta ou daquela forma, de acordo com seus níveis de evolução.

– E quem me garante que a senhora não está iludida ao me apresentar um Deus tão bonzinho quanto esse?

Leonora sorriu.

– O que eu estou dizendo qualquer um pode experimentar e chegar às mesmas conclusões, por meio da observação e do bom senso. Não creio nisso apenas porque o Espiritismo assim o diz, creio porque pude comprovar e ver que é verdade. E, sabe, a verdade liberta, dá alegria, tranquilidade.

– A senhora ainda não me convenceu.

– Nem pretendo. Acredito na sabedoria do Universo e se for para você aprender sobre essas coisas nesta encarnação, a vida vai levá-lo a esse caminho.

– Mas a senhora falou que eu e Sara estamos destinados um ao outro! Isso na sua crença tem a ver com reencarnação?

– Sim. Nas questões afetivas as pessoas não se encontram na Terra pela primeira vez. Já vivemos inúmeras reencarnações, conhecemos pessoas, amamos, odiamos, sofremos e fizemos sofrer. Para que tudo chegue à harmonia é necessário que nos reencontremos com todos os que amamos e odiamos, a fim de que com a convivência, tudo o que for negativo seja diluído. Por essa razão, peço a vocês, aconteça o que acontecer, nunca se separem. O amor de vocês é verdadeiro. É um amor que Deus uniu, e esse tipo de amor o homem não deve separar jamais, sob pena de sofrer muito. Lutem, perdoem, esforcem-se, mas nunca deixem de viver um com o outro.

Cássio estava sentindo algo diferente. Aquela mulher tinha um poder estranho de conduzir seu pensamento para coisas que ele julgava já ter opinião formada.

O que ele ignorava é que, naquele instante, vários espíritos de luz estavam ali, distribuindo energias renovadoras e fluidos saudáveis, que o faziam entrar em contato com seu Cristo interno, coisa que havia muito não acontecia.

Percebendo que a conversa estava acabando, Cássio disse:

– Não se preocupe, nada vai separar Sara de mim.

– Assim espero, amor – tornou Sara carinhosa.

***

Quando os dois saíram do quarto, Sara olhou-o e disse:

– Creio que logo chegaremos à fazenda.

– Eu supus mesmo que iriam para lá, afinal, tudo aquilo é seu.

– Nosso, aquilo tudo é nosso.

Cássio franziu o cenho.

– Não gosto de pensar que estou usufruindo de algo que é seu. Por mais que eu tenha a metade, gostaria de dizer que tudo de fato é seu. E faço questão que seja assim.

– Você está sendo orgulhoso, acredito que se meu pai deu-lhe a metade do que possuía, não foi apenas porque iria desposar a herdeira, mas por amá-lo como a um filho.

– Pode ser. Sempre percebi que tio Mariano projetou seu instinto paterno em mim, visto que tia Melânia nunca pôde ter filhos, e, na verdade, sempre me senti mais filho dele do que do meu pai Guilherme.

– Então, seu bobinho, não precisa ficar pensando que só herdou por minha causa. Você foi muito amado e mereceu.

Cássio enlaçou-a pela cintura, beijando-a com ardor enquanto dizia:

– Eu a amo, Sara, e nada neste mundo vai nos separar.

– Tenho certeza disso.

– Precisamos mesmo ter certeza, pois tenho a vaga impressão de que vamos enfrentar uma série de problemas em nosso casamento. Minha mãe não a aceita e sei que fará de tudo para impedir nossa felicidade. Precisamos jurar que não deixaremos nada nos atingir. Vamos falar juntos: nada neste mundo vai acabar com nosso amor.

Eles repetiram a frase em voz alta e sentiram uma leve brisa que os envolveu, como que a dizer que o Universo conspiraria a favor daquelas palavras.

***

Não era muito tarde quando Cássio saiu da casa de Sara. Então resolveu passar na casa de Rodrigo. O amigo era farrista, saía muito, mas estavam no meio da semana e sem lugar para ir, certamente o encontraria no seu quarto vendo filmes.

Assim que chegou a casa, uma criada veio atender e como ele previu encontrou o amigo grudado à TV.

– Você aqui a esta hora? O que aconteceu?

– Nada de mais. Não posso mais visitar o meu melhor amigo?

– Claro, e você está me devendo, nunca mais saímos juntos! Sei que a esta hora está com Sara, vai me dizer que brigaram!

– Não brigamos. Sara está muito ocupada arrumando suas coisas para se mudar para a fazenda com a mãe.

Rodrigo fez um esgar de incredulidade.

– Você vai ter a coragem de levar Sara para morar na fazenda sem se casarem e ainda com a mãe, não é? Estou entendendo direito?

– Rodrigo, prepare-se, pois o que vou lhe contar parece uma história criada por um dos roteiristas de cinema hollywoodiano. – Fez uma pausa e prosseguiu: – Você certamente está esquecido de que a abertura do testamento de tio Mariano estava programada para esta semana, um mês após a sua morte.

– Sim, realmente esqueci, afinal, nunca mais paramos para conversar, nem lembrava mais desse testamento.

– Então, meu caro, ele foi aberto e você não vai acreditar quando eu lhe contar quem herdou tudo.

Cássio passou a contar toda a história, inclusive sobre o romance do tio com Leonora e de como Sara passou a ser dona de tudo o que eles possuíam. O rosto de Rodrigo passou da incredulidade ao espanto, e quando percebeu que a história chegara ao fim e que o amigo de fato não estava brincando, comentou:

– Que sorte a sua, hein? Vai me dizer que não sabia de nada? Agora entendo por que resolveu namorar uma moça pobre como Sara. Espertinho, você!

– Não brinque, Rodrigo. Eu não sabia de nada, e os advogados podem provar isso. Foi coincidência. O bom é que amo Sara e casar com ela não será nenhum sacrifício, e sim o maior prazer de minha vida.

Os olhos de Cássio brilhavam, e Rodrigo não deixou de observar:

– Deus foi muito bom com você, deve agradecer.

– Não foi Deus que foi bom, quem foi bom foi o meu tio.

– Ah, esqueci que você não acredita em nada. De qualquer forma, o acaso foi muito inteligente não acha?

– Penso que sim, pois faria tudo para salvar o nosso patrimônio e me consumia todas as noites pensando se tivesse que decidir entre Sara e a fortuna. Confesso que não saberia por qual optar.

– Eu sei. Você iria optar pela fortuna. Acostumado ao luxo, a ter tudo o que sempre quis, duvido que fosse escolher Sara e viver com um salário.

– O bom é que, como você disse, o acaso me favoreceu. Agora, vamos descer e, por favor, sirva-me um bom vinho.

Os amigos desceram e, enquanto bebiam, continuavam a comentar o quanto a sorte às vezes favorecia as pessoas, completamente enganados por suas convicções materialistas.

***

Nos dias que se seguiram, a notícia de que Sara era filha de Mariano e dona de tudo, causou rebuliço na pequena cidade de

Boa Esperança. Rodrigo tratara de comentar com algumas pessoas, que passaram para outras e logo a porta da casa de Sara estava lotada de gente, algumas nem a conheciam, mas pediam sua ajuda e rogavam socorro financeiro.

Felizmente, tudo estava pronto para a mudança e foi, com dificuldade, que Sara conseguiu driblar a multidão, colocar sua mãe dentro da ambulância, e seguir com Cássio levando seus poucos pertences.

Vendo a suposta indiferença de Sara, não faltou quem comentasse sobre sua arrogância e mesquinhez, já que não prometera ajudar ninguém. Padre Sílvio, que a tudo acompanhava, tratou de defendê-la, pregando um sermão demorado, afastando assim a pequena multidão que ainda restava no local.

Quando chegaram à fazenda, foram recebidos pelos advogados, que os esperavam, Matilde, Ana e Aurélio.

Olhando para Matilde, Sara perguntou:

– Mandou que preparassem nosso quarto como pedi?

– Sim, fique tranquila – respondeu Matilde, com falsidade, abraçando-a. – Seja bem-vida a esta casa que, agora, é sua. Preparei um dos maiores quartos, já que deseja dormir com sua mãe. Está tudo limpo, arejado, pronto para recebê-las.

Percebendo o clima amistoso entre as duas, Percival comentou:

– Creio que tudo aqui vai ser como do desejo de nosso saudoso Mariano. Eu e Alceu viemos para garantir sua tranquilidade e relembrar à senhora Matilde que ela não manda mais em nada e deve sim obedecer. Mas, felizmente estamos vendo que já se conformou.

– Ah sim – disse Matilde, tentando conter o ódio. – Não posso lutar contra a força das coisas. De qualquer forma, Sara e Cássio iriam se casar, devo abençoar essa união e a chegada dessa moça aqui.

Alceu fez um ar cínico ao dizer:

– Esperamos que seja verdade, pois não foi o que nos pareceu no dia da abertura do testamento, onde a senhora fez menção de agredir Sara. Espero que se controle. – Fez pequena pausa e, olhando para Sara, disse: – Estaremos na cidade ainda durante alguns meses. Mariano nos pagou regiamente para que prestássemos todo e qualquer tipo de orientação a você. E mesmo quando formos embora, gostaria de lembrar que não assine nenhum documento sem antes nos mostrar. Teremos todo o prazer de vir até aqui ou recebê-la em nosso escritório em Cuiabá para qualquer eventualidade.

Olhando de soslaio para Matilde, que estava corada de ódio, abraçou Sara seguido de Percival. Ambos se retiraram.

Os enfermeiros entraram com Leonora pela porta principal e, ao vê-la, Matilde aproximou-se:

– Seja bem-vinda, Leonora.

Leonora calou-se. Parecia estar vivendo um pesadelo ao entrar naquela casa tão rica e, ao mesmo tempo, tão assustadora. Sim, aquela fazenda tinha algo assustador, que ela não sabia dizer o que era, mas que a deixou tensa.

Aurélio aproximou-se solícito:

– Venham, eu mostrarei a vocês os seus aposentos.

A maca seguiu com Leonora, que, amparada pela filha, entrou no luxuoso recinto, muito bem adornado, com tapeçarias finas, móveis de madeira trabalhada, lustres e bibelôs completando a elegante decoração.

Quando todos saíram, ela comentou:

– Ainda bem que não viverei muito. Não suportaria ter de aturar morar num lugar como este.

– Mamãe! – censurou Sara. – Quer um lugar melhor do que este para viver? Olhe só a beleza de cada coisa, de cada objeto desta casa. Precisamos admirar o belo. Esta fazenda é muito bela.

– Pode ser para você, que vai iniciar sua vida ao lado do homem que ama, mas para mim isto aqui não serve.

– Tudo bem, não vamos discutir, sei que a senhora tem suas razões, mas não me impeça de ser feliz aqui, ao lado de Cássio.

– Eu não impedirei nada, quem poderá impedir é Matilde. Tome muito cuidado com essa mulher.

– Tomarei, mamãe. Agora, descanse.

Leonora sentiu que Sara não havia levado a sério seu alerta. Com certeza era pela empolgação da hora, mas ela saberia esperar outro momento para abrir-lhe os olhos com mais força. Ajeitou-se entre os lençóis e pôs-se a orar, pedindo ajuda a Deus e aos espíritos de luz.

13

Uma grande amizade

Assim que saiu do quarto da mãe, Sara foi abordada por Matilde, que passava pelo corredor.

– Já ia mesmo chamá-la, Cássio quer lhe falar.

Deu o braço a Sara, que mesmo estranhando aquela atitude de suposto carinho, não a rechaçou. Seguiram até a sala. Cássio a abraçou dizendo:

– Preciso ir ao escritório. Não queria sair de casa logo no seu primeiro dia aqui, mas ligaram-me de lá me lembrando de um encontro com alguns exportadores. Sinto muito, amor.

– Não precisa se preocupar, a fazenda é grande, mas tenho certeza de que não vou me perder – disse ela sorrindo.

– Para que não se perca pedi a mamãe que lhe mostrasse toda a casa. Quero que fique à vontade para conhecer tudo o que é seu. Com o tempo e depois de casados, viajaremos para a Europa onde poderá ver o resto de seu patrimônio.

– Meu só não, lembre-se de que a metade pertence a você. Nem quero pensar em Europa agora! Contento-me em conhecer a fazenda, que é muito mais do que pensei ter um dia.

– Bem, estou indo – beijando Sara, retirou-se.

Assim que se viram a sós, Matilde e Sara se olharam. Por um momento, ela não viu nenhuma sombra de rancor ou ódio nos olhos da sogra. Será que estava mudando? Matilde quebrou o silêncio.

– Venha, vou lhe mostrar toda a casa.

Sara a acompanhou e ficou conhecendo aquela imensa propriedade. Havia de tudo: sala de jantar e estar, de música e jogos, jardim de inverno, muitos quartos e uma imensa piscina. Vendo a curiosidade no rosto da nora, Matilde tornou:

– Esta fazenda é muito antiga, trata-se de uma construção soberba do século XVIII. Foi construída pela família de meu marido e de seu pai, e conservada por todos esses anos. Mariano fez questão de manter o estilo neoclássico, reformando-a todos os anos. Fiz muito esforço para que ele deixasse meu marido Guilherme construir a piscina quando Cássio e Ana nasceram.

– É muito bela. Ouvia muito falar deste lugar, mas só agora, conhecendo tudo, vejo que não exageravam: é coisa de novela!

Matilde sorriu. Já dentro da casa, ambas começaram a percorrer imenso corredor, cheio de portas na parte superior. Matilde foi abrindo um a um os quartos, que, embora vazios de gente, estavam todos arrumados de maneira impecável. Foram seguindo, até que Matilde virou-se bruscamente e disse:

– Vamos descer. Já viu tudo, podemos fazer um lanche enquanto esperamos a hora do almoço.

– Não, senhora! Não vi o que tem dentro daquele quarto. – Sara apontava para um quarto com uma porta menor, no fim do corredor.

Matilde, com visível nervosismo e parecendo desesperada, retorquiu:

– Ali não há nada, só mais algumas camas vazias.

– Mesmo assim quero ver. Faço questão de conhecer tudo.

Para desespero de Matilde, Sara apressou o passo e foi até a pequena porta, girando com rapidez a maçaneta. Percebendo que estava fechada, perguntou:

– Por que esse é o único quarto da fazenda que está trancado?

Matilde, pálida, não sabia o que dizer, previa que aquele momento chegaria, mas não era a hora de Sara saber a verdade. Por fim, inventou:

– Desculpe, Sara, mas não quero nem posso abrir esse quarto para você. Peço que, mesmo sendo a dona de tudo, respeite meu desejo.

– Mas por quê, senhora?

– Nesse quarto guardo todas as recordações do meu marido, todos os objetos que lhe pertenceram enquanto vivo. Só eu mesma para fazer isso, mas amei demais o Guilherme, e o Mariano tinha muita raiva do irmão. Temendo que ele jogasse tudo o que pertencia a ele fora, acabei guardando tudo aqui.

Sara estava desconfiada, mas resolveu ceder.

– Tudo bem, vamos descer.

– Antes disso, quero lhe pedir uma coisa.

– Pode falar.

– Haja o que houver, nunca abra a porta deste quarto.

Sara estranhou.

– Mas o que pode existir de mais nos pertences do seu marido?

– São objetos que guardo com muita estima. Por favor, prometa que nunca tentará abrir.

– Tudo bem, senhora, eu prometo.

– Você é um anjo! Estou vendo o quanto estava enganada quando tentei lhe fazer mal. – Matilde deu um leve beijo no rosto de Sara e, de braços dados, ambas desceram.

Quando chegaram à sala, encontraram Ana, que, ao vê-las juntas, perguntou:

– Onde estavam todo esse tempo?

– Fui mostrar a casa à nova dona. Estávamos na parte de cima. Sara ficou encantada.

– Imagino. Mas a senhora não abriu o quarto do papai, não é?

Matilde gelou. Por que a idiota de sua filha tocou novamente naquele assunto?

– É claro que não. Mas já expliquei tudo a Sara, que entendeu perfeitamente, mostrando o quanto é compreensiva com as manias de uma viúva.

– Compreendi sim, Ana, não tenho mais curiosidade para ver nada. Já conheço toda a casa e para mim basta.

Matilde chamou Aurélio, que prontamente a atendeu.

– Traga um lanche para nós.

– Sim senhora.

Foi por pouco tempo, mas Sara percebeu que com a entrada do mordomo Ana mudou de cor e sua respiração tornou-se acelerada. Percebeu também o olhar que ela lançou a ele. Será que Ana gostava de Aurélio? Ela precisava averiguar.

Aurélio trouxe o lanche e elas ficaram conversando amenidades até a hora do almoço. Quem não conhecesse Matilde, diria que ela estava adorando Sara e já tinha aceitado toda a situação, mas, na realidade, por dentro, ela se consumia de ódio ao lembrar que tudo o que lhe pertencia estava nas mãos daquela que considerava uma pobre miserável. Pela mente de Matilde passava todo tipo de pensamentos de vingança, e ela já se via no momento em que, vingada e dona de tudo novamente, expulsaria Sara dali a pontapés.

Cássio chegou e todos almoçaram num clima alegre. Sara não deixou Aurélio levar a refeição da mãe no quarto, coisa que ela mesma fez. Como não estava acostumada a ficar sem trabalhar, logo sentiu um vazio no peito. O que ela faria durante as tardes? Assim que terminou de dar o almoço à mãe, foi procurar por Ana e encontrou-a rezando, ajoelhada no oratório.

Quando percebeu que a oração havia terminado ela chamou baixinho:

– Ana, vamos conversar um pouquinho?

– Ah sim, vamos. Estava mesmo precisando lhe dizer algumas coisas.

Seguiram até a sala e, ao se sentarem, Ana disse:

– Embora eu tenha me sentido mal por perceber que tio Mariano nunca gostou de mim, saiba que fiquei muito feliz em saber que você foi quem herdou tudo. Essa fortuna não poderia ter parado em melhores mãos.

– Sei que gosta de mim, Ana, muito antes de saber da verdade.

– Gosto mesmo, e hoje sei que estava enganada quando naquele dia na praça lhe disse que Cássio estava apenas querendo se aproveitar de você. Tenho certeza de que meu irmão a ama como nunca amou ninguém na vida. Estou muito feliz por essa coincidência imposta por tio Mariano em que vocês serão obrigados a se casar. Sei que serão muito felizes, parece que o tio estava adivinhando.

– Meu pai foi muito feliz nessa decisão, pois também amo profundamente seu irmão. – Sara fez uma pausa e perguntou num tom de brincadeira: – Aqui nesta casa ninguém faz nada, não é?

– Como assim?

– Digo, ninguém trabalha. Parece que só Cássio tem uma ocupação. O que vocês fazem durante o dia todo?

Ana sorriu.

– Eu estou acostumada a não fazer nada. Por opção, escolhi não continuar meus estudos na capital, como fez Cássio. Gosto muito de orar, de conversar com Jesus e com os santos. Ocupo meu tempo entre as orações e, algumas vezes, ajudo minha mãe nos adornos da casa. Também aprecio muito ler sobre a vida dos santos e a Bíblia.

– E sua mãe?

– Mamãe nunca trabalhou. Enquanto meu pai era vivo, ela vivia para cuidar dele e das coisas dele. Depois que ele morreu, passa os dias cuidando para que tudo na fazenda fique impecável. Temos muitos empregados aqui, temos até um mordomo, mas mamãe faz questão de colocar seu toque pessoal em tudo, desde o que é servido nas refeições aos arranjos da sala. Mas por que a pergunta?

– É que desde cedo fui acostumada a trabalhar e, agora, que tenho tudo, não sei se vou me acostumar a ficar parada sem ter o que fazer.

– Com o tempo você se acostuma.

– Acho que não. O trabalho é a melhor terapia para a alma. É no trabalho que o homem cresce e se desenvolve. Por essa razão, vou pedir ao Cássio que me arranje algo para fazer no escritório da usina.

Ana abaixou os olhos com tristeza.

– Pensei que apreciasse minha companhia. Poderíamos ocupar o tempo conversando.

– Eu adoro sua companhia, Ana. Mas quero trabalhar, sentir-me útil. Não estou condenando sua forma de viver, mas é diferente da minha. De qualquer maneira, vamos sempre conversar. – Sara fez uma pequena pausa, olhou para Ana, procurando algo escondido no fundo de sua alma, e disse: – Gostaria de lhe fazer uma pergunta. Sei que posso estar sendo indiscreta, e saberei compreender se não quiser falar sobre o assunto, mas me diga: o que você sente pelo Aurélio?

Ana sentiu-se gelar. De repente, seu coração disparou e ela levantou-se rapidamente dando as costas para Sara.

– Não entendo por que me pergunta isso.

Sara levantou-se também e, ficando diante dela, tornou:

– Como disse, posso compreender se não quiser falar do assunto, mas notei que sente algo por ele. Foi em fração de segundos, mas, pela manhã, na hora em que ele se aproximou de nós, percebi seu olhar, e eu diria que está apaixonada.

Ana deixou que lágrimas escorressem de seus olhos. Sara, sentindo que a amiga sofria, abraçou-a com ternura. Ana, sentindo-se acolhida, tomou coragem:

– Preciso me abrir com você, mas aqui na sala é perigoso. Vamos ao jardim.

As duas seguiram de mãos dadas, e quando sentiu-se segura de que ninguém as ouvia, Ana começou:

– O que vou lhe dizer jamais ninguém poderá saber. Sinto que posso confiar em você, Sara. Vejo pureza em seus olhos, em suas atitudes. Sei que não vai me condenar.

Sara aquiesceu e Ana começou a contar tudo, desde o começo quando vira Aurélio na piscina, passando pelo conselho do padre Sílvio, até aquele momento, quando já se mostrava disposta a conquistá-lo. Por fim disse:

– Não sei se estou apaixonada, se o amo, mas sinto por ele uma atração tão forte, que me faz passar mal. Tenho tentado me controlar, mas por vezes não consigo, nem sei ainda como ele não percebeu.

– Eu vi seus olhos em direção aos dele, posso garantir que está apaixonada e que não é apenas o desejo que a move. Vou ajudá-la a conquistá-lo.

Ana, sentindo muita alegria, tornou:

– Pensei que fosse me condenar pelos meus impulsos, e, em vez disso, vai me apoiar? Você é uma santa!

– Não sou santa coisa alguma e vou ajudar porque sinto que realmente o ama. Mas você precisa parar de considerar os seus desejos como sendo uma coisa impura. Isso não é verdade, e a está prejudicando, levando-a a sentir-se culpada.

– Mas meus desejos são impuros, pecaminosos. Só quando me casar com ele poderei desejá-lo sem estar pecando.

Sara olhou-a demoradamente e considerou:

– Ana, sei que é católica e segue com fidelidade os preceitos de sua religião, mas gostaria que soubesse que as religiões foram criadas por homens e, por essa razão, apesar de nelas existirem muitas verdades, há também muita coisa falsa e irreal.

– Não quero discutir religião. Você é liberal, não vai à igreja.

– O que não significa que não entenda de Deus e das leis da vida. Posso garantir a você que os desejos fazem parte da natureza humana e são absolutamente normais. A sexualidade faz parte de nossa vida e tudo é natural como Deus criou. Você é mulher, cheia de vida, vontade de amar, por essa razão é normal e desejável que queira fazer sexo.

Ana corou.

– Você quer me confundir.

– Não. Quero apenas que desperte para a realidade. Todas as coisas que existem no mundo foram criadas por Deus. O sexo é uma delas, faz parte da vida. Ninguém pode se sentir feliz e completo, sem vivenciar essa experiência, que faz parte do nosso amadurecimento como espíritos imortais. Você vem sufocando sua sexualidade, não se permitindo uma relação. A abstinência não é boa e pode causar problemas mentais e físicos.

– Você está enganada – rebateu Ana. – As freiras e os padres vivem muito bem e felizes sem sexo.

– Podem até viver, não nego, mas certamente se passassem pela experiência sexual, com certeza teriam mais harmonia.

Ana estava horrorizada. Ia falar alguma coisa quando Sara a interrompeu e continuou:

– O problema do sexo está no uso que se faz dele. Assim como a fortuna e tantas outras coisas que Deus deixou no mundo. A sexualidade vivida de maneira saudável, sem excessos, praticada de maneira lícita, sem ferir ninguém, é ferramenta de evolução abençoada por Deus.

– Você quer dizer que posso ter uma relação com Aurélio sem estar casada e que isso não é pecado?

– Sim, vocês dois são livres, independentes, o que impede que se amem?

– A Bíblia diz que o sexo antes do casamento é pecado.

A Bíblia foi escrita por homens e, por essa razão, não representa a verdade absoluta e está cheia de equívocos e preconceitos. Para Deus, não importa se o sexo é feito antes ou depois do casamento, o que importa no sexo é o respeito mútuo, o afeto sincero, o amor verdadeiro. Onde existe tudo isso, não pode haver pecado. Além de tudo, o sexo é uma manifestação natural, que aparece em todos os indivíduos despontando na adolescência. É aí onde entra a educação e o equilíbrio na hora de experimentá-lo.

– Você deu voltas em minha cabeça. Gostaria de acreditar em tudo o que me disse, mas minha religiosidade é muito forte. Decidi conquistar Aurélio, mas ao mesmo tempo tenho medo.

– Como disse, vou ajudá-la. Se ele se interessar por você será uma felicidade.

Ana ficou calada por alguns instantes, sem saber se dizia sim ou não. Olhando para Sara, que a fitava com olhos de sincera amizade, resolveu revelar.

– Há uma coisa que não lhe contei. Na verdade, é um segredo que não é meu, mas que diz respeito à minha vida. Se quero que me ajude, não posso omiti-lo.

– Pode falar, tenha confiança, somos amigas.

– Aurélio mantém um caso com minha mãe.

– Como? – perguntou Sara, pensando não ter entendido.

– É isso mesmo que ouviu. Minha mãe e Aurélio são amantes, e creio que já há algum tempo.

Sara estava realmente surpresa.

– Como descobriu isso?

Ana contou e ao final disse:

– Esse fato pode acabar me prejudicando e, às vezes, desencoraja-me. Tenho medo da mamãe.

– Você precisa saber até onde o relacionamento deles é verdadeiro.

– Mas é verdadeiro. Eu vi!

– Não me refiro a isso. O que quero dizer é que você precisa averiguar se eles realmente se gostam. Há pessoas que se envolvem apenas pela sensualidade, pode ser o caso deles.

– Como vou saber isso?

– A única maneira é se declarar a Aurélio, dizer tudo o que você sente. A forma que ele reagir a isso, vai dizer também sobre o que ele sente por sua mãe.

– Não tenho coragem de me declarar, isso é feio para as mulheres. Quem deve se declarar é o homem.

Sara sorriu.

– Isso são regras sociais que não servem para nada. Ainda bem que os tempos mudaram. As mulheres corajosas e que tem boa autoestima, sabem se aproximar de um homem, revelar o seu amor, sem ser vulgar ou parecer fácil. O homem percebe e acaba por admirá-las. É isso o que você vai fazer.

– Não sei se tenho coragem.

– Terá, eu vou ajudar.

As duas fizeram uma pausa. Perceberam que haviam se esquecido do tempo e que o sol já se punha no horizonte.

– Nossa conversa foi tão boa que já está anoitecendo! Nem notamos. Daqui a pouco, mamãe vai colocar todos os criados para nos procurar – disse Ana sorrindo.

– Então vamos entrar. Tenho de dar algumas medicações à mamãe e me preparar para esperar o Cássio chegar.

As duas saíram do jardim e entraram na casa. Daquele momento em diante fortalecia-se uma grande e verdadeira amizade.

14

Obsessão

Pouco tempo depois, Cássio chegou e todos ficaram na grande sala de estar, apreciando licores enquanto esperavam o jantar ser servido. Matilde continuava amável e cordata com Sara e o clima era de harmonia. O jantar transcorreu calmo, e logo depois Ana e Matilde retiraram-se para os seus quartos. Sozinhos na sala, Cássio e Sara aproveitaram para conversar e trocar carinhos. Algum tempo depois, ele disse, com suavidade:

– Vamos para o meu quarto?

– Sim, mas primeiro vou ver minha mãe, hoje ela está muito mal-humorada pela mudança de residência. Você me aguarda?

– Claro, meu amor.

Sara foi ao quarto da mãe e notou que ela dormia profundamente. Fazia um frio intenso e ela colocou outro cobertor sobre Leonora. Ao sair, Cássio já a esperava no corredor e, juntos, seguiram para o quarto dele.

Passavam das duas da madrugada quando Sara voltou para seu quarto. Após verificar que estava tudo bem com a mãe, foi ao banheiro, tomou uma ducha reconfortante e mergulhou nos lençóis macios. Nunca imaginara que um dia viveria num lugar daquele, com o homem amado, dormindo em uma cama tão boa. Após fazer sentida prece de agradecimento, adormeceu.

Meia hora depois, Sara acordou muito assustada, ouvindo gritos estridentes e fortes que ecoavam por toda a casa. Ligou o abajur e percebeu que Leonora também estava acordada e com medo. Os gritos cessavam e depois voltavam, após algum tempo, a mesma voz gritando alto começou a dizer:

– Satanás! Saia daqui, Satanás! Eu vou matar todos vocês!! Eu vou matar!!!!

A mesma frase era repetida diversas vezes, até que Leonora, assustada e com medo, disse:

– Tem algum espírito perturbado nesta casa, bem que eu não queria vir para cá.

– Isso não é espírito nenhum, mãe, é alguém que está muito vivo e com problemas.

– Parece a voz da Matilde.

– Mas não é. Essa voz é muito estridente e mais fina. Vou sair e ver o que é.

Leonora estava com muito medo.

– Não faça isso. Pode ser que alguma louca tenha invadido a casa. Vamos permanecer caladas e quietas.

– Eu não tenho medo, aqui tem muita gente e sei que não fomos só nós que escutamos. Todo mundo já deve ter acordado.

Sem titubear, Sara vestiu um penhoar, abriu a porta e deparou com o corredor escuro. Sentiu medo, mas resolveu seguir adiante. De repente, uma mão grossa segurou seu braço e ela ouviu:

– É melhor ficar onde está, Sara.

– Solte-me!

– É para o seu bem.

– Quem é você?

– Aurélio. Eu sabia que assim que os gritos começassem, você iria sair para ver do que se tratava. Por essa razão, fiquei de prontidão na tentativa de impedi-la.

– Não adianta, vou ver o que é.

Os gritos continuavam fortes e estridentes. Sara percebeu que vinham do andar superior. Tentou desvencilhar-se de Aurélio, mas não conseguiu.

– Por favor, solte-me. Não tenho nada contra você, mas se continuar me segurando assim, amanhã mesmo conto tudo ao Cássio.

– Eu posso explicar tudo sem a necessidade de a senhorita ir conferir.

– Então diga logo o que é.

– Nesta fazenda há uma alma atormentada que, de tempos em tempos, grita dessa forma para assustar as pessoas. Por essa razão, é melhor que fique aqui e não se envolva com essas forças malignas.

Sara percebeu que era mentira.

– Sei que não é verdade, há uma pessoa aqui, e essa pessoa ou está louca ou querendo nos assustar; e eu vou ver quem é.

Mesmo sem conhecer direito a casa, Sara, num gesto rápido, soltou-se das mãos de Aurélio e foi andando. Chegou à sala, ligou o abajur e pôde ver a escada. Subiu rapidamente e, com coragem, foi andando pelo imenso corredor e acendendo as luzes. Logo percebeu que os gritos vinham da pequena porta que ficava no fim do corredor, justamente aquela que Matilde se recusara a abrir para ela.

Chegou perto da porta e continuou a ouvir:

– Miseráveis, ordinários! Matarei todos vocês, beberei o sangue. Satanás! Satanás! Solte-me!

Sara sentiu um arrepio de terror. Quem estaria ali dentro gritando daquela maneira? Por que nem mesmo Cássio lhe dissera que havia uma pessoa louca e presa dentro daquele quarto? Com coragem, girou a maçaneta, mas percebeu que a porta continuava fechada. Surpresa, olhou para trás e percebeu que Aurélio e Cássio se aproximavam. Ela, olhando para Cássio, indagou:

– O que significa isso? Por que não me contou que existe uma pessoa aqui dentro em estado de loucura?

– Vamos descer. Foi um erro ter ocultado isso de você, mas é hora de saber a verdade. – Olhando para Aurélio, tornou: – Você já sabe o que fazer para ajudar minha mãe. Abra a porta e entre, não a deixe sozinha aí.

Sara estava cada vez mais confusa. Seria Matilde que estava naquele quarto gritando feito uma psicótica?

Cássio, com muito carinho, conduziu Sara até a sala e, quando se sentaram, ele começou:

– Eu nunca lhe disse nada por um pedido de minha mãe, mas morando aqui seria inevitável que você soubesse a verdade. – Cássio fez uma pequena pausa e, acariciando as mãos da amada, continuou: – Naquele quarto vive minha tia Marta. Faz muito tempo que está reclusa, desde que foi abandonada pela única filha, Fabíola, que foi embora para os Estados Unidos. Minha tia, irmã de minha mãe, sempre foi uma mulher muito fechada, pouco dada a conversas. Casou-se cedo e foi abandonada pelo marido anos depois. Ele a trocou por outra. Fabíola cresceu nesse ambiente doentio, mas, com a ajuda de meu pai e tio Mariano, pôde fazer seu curso de Psicologia em Cuiabá. A doença dela se manifestou assim que Fabíola nasceu. Ela começou a ficar estranha, dizia estar ouvindo vozes, passou a conversar e rir sozinha. Em poucas semanas, já estava completamente louca, quebrando os móveis da casa, tirando a roupa em plena rua, dizendo impropérios, para logo depois entrar em uma fase de prostração total, em que nem se levantava da cama. Minha mãe, que sempre amou muito a tia Marta e sofria com o que estava acontecendo, providenciou tudo e a levaram ao especialista. Após alguns exames, ele disse que ela sofria de uma doença mental crônica e incurável chamada psicose maníaco-depressiva. Disse também que ela poderia ficar relativamente bem, mas nunca mais iria se recuperar totalmente. Desde esse dia, vivemos um tormento. A medicação que o médico receitou parecia não fazer efeito algum, e Fabíola, depois de adulta, não se mostrava interessada em cuidar da mãe. Na primeira oportunidade foi fazer especialização e trabalhar nos Estados Unidos, deixando-a conosco, sem dar mais notícias. Minha mãe fechou a casa e a trouxe para cá, mas logo descobrimos que ela não poderia viver circulando pela fazenda, pois, nas crises de loucura, além de quebrar tudo, por vezes sumia pelos arredores sendo difícil encontrá-la. Então, resolvemos mantê-la trancada no quarto.

Sara ouvia tudo atentamente, já percebendo que se tratava de mais um caso de obsessão severa. Vendo que Cássio se calara, ela comentou:

– Posso imaginar o sofrimento da sua mãe vendo a irmã num estado desses. Mas ela não tentou outros médicos, outras formas de cura?

Minha mãe sempre que pode consulta médicos novos, mas o diagnóstico e a medicação é sempre a mesma. Tanto que temos tudo guardado aqui em casa. Quando ela entra em crises severas como esta, Aurélio aplica-lhe drogas fortes, que a fazem adormecer por algumas horas.

– Mas você disse que sua mãe estava no quarto sozinha. Não é perigoso para ela?

– Desde cedo minha mãe percebeu que ela estava agitada, falando além do normal; por essa razão pediu que alguns trabalhadores da fazenda entrassem na casa para amarrá-la assim que todos se recolhessem.

– Amarrá-la? – Sara estava assustada.

– É preciso amarrá-la, pois, do contrário, Aurélio não consegue medicá-la. Durante essas crises, ela se torna agressiva até mesmo com a mamãe, já chegou a bater nela algumas vezes.

Sara olhou para Cássio, levantou-se e pediu:

– Eu quero ver a sua tia.

– Eu peço que não faça isso. Minha mãe iria se sentir muito mal. Ela não gosta que a vejam nesse estado.

– Eu insisto, Cássio, leve-me até lá e faça dona Matilde abrir a porta.

Vencido pela insistência, Cássio pegou a mão de Sara e ambos se dirigiram até o quarto. Ele bateu na porta dizendo:

– Mamãe, a Sara está aqui. Ela já descobriu tudo e quer entrar para ver a tia Marta.

– Mande que saia daí, ela não tem nada a ver com minha irmã, peça que nos deixe em paz.

– Ela só quer ajudar.

– Ajudar em quê? Por acaso é médica? Diga que me respeite e não insista. Ela jurou que houvesse o que houvesse nunca entraria neste quarto, que cumpra com a palavra dada.

Sara tentou convencê-la:

– Abra, dona Matilde, sei que dona Marta está calma, apenas quero orar por ela.

– Orar? Faça-me o favor, nunca a vi um dia sequer na igreja. Dispenso suas orações e se você tiver algum amor a Deus vá dormir e me deixe em paz. Sei que a casa é sua, mas desde já comunico que está proibida de entrar aqui.

Sara calou-se e resolveu se retirar. Uma vez na sala ao lado de Cássio tornou:

– Sua mãe está sofrendo, vou respeitá-la. Mas vou encontrar uma maneira de entrar naquele quarto para orar por sua tia, sinto que o que ela tem é obsessão.

– Obsessão? O que é isso?

– A obsessão é uma influência persistente que um espírito ou vários espíritos maus exercem sobre uma pessoa. Pode acontecer desde os casos mais simples até os de subjugação como o da sua tia.

– Você sabe que não acredito nisso.

– Ainda assim vou orar por ela. Para se curar a obsessão é preciso oração e muita fé.

– Minha mãe não vai permitir que você entre lá para orar, muito menos sabendo que você é espírita, uma crença totalmente diferente da que ela professa.

Ana, que ouviu parte da conversa, entrou na sala dizendo:

– Pois eu acho que Sara deveria orar por tia Marta, sim. Sou católica, mas sei que não importa de onde venha a oração, ela sempre faz bem e depois...

Ana pareceu não querer continuar a conversa ao que Cássio insistiu:

– Depois o quê?

– Até mamãe já está acreditando que é o demônio quem ataca tia Marta. Inclusive, já pediu que o padre Sílvio viesse fazer uma sessão de exorcismo aqui. Isso é segredo, espero que não comentem.

Sara tornou:

– E como sua mãe chegou à conclusão de que é o demônio quem persegue Marta?

– Ela sente coisas estranhas naquele quarto, diz ver vultos negros, risadas sinistras, arrepios. E, depois, nenhum remédio que a tia usa faz efeito, eles só servem para dopá-la.

– Eu posso garantir que não é o demônio quem faz mal a sua tia, e sim espíritos obsessores, que por alguma razão a estão subjugando.

– Mas os espíritos malignos não são demônios? A igreja diz que sim.

– Os espíritos obsessores não são demônios, e sim seres iguais a nós, que já viveram na Terra e deixaram esse mundo com sentimentos de ódio, raiva, violência e vingança. Quando encontram aqueles pelos quais nutrem ódio, passam a envolvê-los na tentativa de desequilibrá-los, causando uma série de perturbações.

– Mas a Bíblia diz que quem morre não volta – disse Ana confusa.

– Outra hora conversaremos melhor sobre isso, e se você aceitar posso explicar-lhe o que sei dentro de minha crença. O que importa, agora, é orarmos por sua tia, que está precisando e muito.

Sara fechou os olhos, no que foi acompanhada por Ana. Iniciou sentida prece a Deus e aos espíritos protetores, rogando que eles amparassem aquela enferma da alma. Apenas Cássio ficou indiferente, achando tudo aquilo patético.

Quando terminaram, ficaram em silêncio até notarem Matilde descendo as escadas com o rosto inchado de tanto chorar. Naquele momento, Sara percebeu que se havia realmente alguma coisa que tocava as fibras mais íntimas daquela mulher, era o amor que tinha pela irmã. Cássio correu a abraçá-la.

– Mamãe, eu já lhe disse para não ficar trancada a sós com tia Marta naquele quarto. Não lhe faz bem.

Olhando para Sara de soslaio, ela comentou:

– Prefiro não falar sobre este assunto diante de estranhos.

– A senhora sabe muito bem que Sara não é nenhuma estranha, faz parte da família, será minha mulher e dona desta casa. Nada mais justo que saiba a verdade, coisa que já tratei de revelar.

Engolindo o ódio que sentia daquela que julgava intrusa, Matilde deixou-se cair no sofá desalentada.

– Se eu pudesse daria minha vida para curar minha irmã – tornou chorosa.

– Mas a senhora sabe que não é possível, os médicos já disseram.

Sara aproximou-se:

– Apesar do que os médicos disseram, eu acredito que dona Marta pode ser curada.

– Que brincadeira é essa? – rebateu Matilde, com chispas de ódio no olhar. – Você não é médica, não tem formação alguma em nada, vivia de vender doces, como pode afirmar uma coisa como essa? Não é hora para brincar com os sentimentos de uma irmã sofredora.

– Não sou médica, mas sou uma estudiosa da vida e da espiritualidade, e sei que o problema de sua irmã é espiritual. São os espíritos que a deixam assim.

Matilde ficou estática. Estaria ouvindo direito?

– Ora, não me venha com essa conversa de espíritos. Não sabia que além de barraqueira, você também era macumbeira.

– Vou fingir que a senhora não está me ofendendo, pois o caso aqui é a saúde de uma pessoa, que nada tem a ver com nossas diferenças. Acredite ou não, sua irmã está sendo alvo da perseguição de espíritos desencarnados, e só ficará boa quando eles forem afastados.

– Você nem viu minha irmã, no que se baseia para afirmar uma idiotice dessas? Marta já passou pelas mãos dos melhores psiquiatras, e todos afirmam que ela tem uma doença mental.

– Sei que a senhora ignora, mas quase todo problema mental grave tem como causa uma obsessão. Muitas vezes, até na chamada loucura clássica, em que se acha que o problema está apenas no corpo físico, a causa esconde-se atrás de uma perseguição espiritual, que só pode ser curada com os métodos certos.

Matilde estava impressionada. Sara falava com desenvoltura, de maneira fácil, como se entendesse bem do assunto. Não conteve a pergunta:

– Como você pode saber tudo isso?

– Eu sou espírita, e essa filosofia estuda esses problemas à luz da razão, pesquisando-os e procurando meios para erradicá-los. Um dos meios mais eficazes é a oração. Por essa razão, peço sua permissão para todos os dias entrar no quarto de Marta e orar por ela, principalmente nas horas em que ela estiver agitada.

– Era só o que me faltava! Uma espírita querendo fazer orações em minha casa. Jamais permitirei. Aqui somos todos católicos, a única religião verdadeira que existe. Não acredito em espíritos.

– Quero lembrá-la de que a casa não é mais sua, e que eu vou entrar naquele quarto quer a senhora queira ou não. Quer acredite em espíritos ou não.

Matilde percebeu que havia se excedido.

– Desculpe, sei que a casa é sua, mas você não pode se envolver num problema que é só meu e de minha família.

– Como Cássio disse, eu sou da família e, casando-me com ele, dona Marta passará a ser minha tia. Por tudo isso volto a dizer: a partir de amanhã, entrarei naquele quarto sempre que for necessário para orar.

Olhando-a com desprezo, Matilde rodou nos calcanhares e disse:

– Como quiser, dona Sara.

Cássio ainda tentou acompanhar a mãe até o quarto, mas Matilde rechaçou seu braço com violência e ele retornou à sala. Olhou para Sara e pediu:

– Minha querida, por favor, não se envolva nesse assunto. Minha mãe sofre muito.

– Eu estarei fazendo o bem, e se tudo melhorar dona Matilde ainda vai me agradecer.

– Você é teimosa, mesmo, já vi que saiu ao gênio do meu tio. – Cássio sorriu beijando-a.

– Agora, vamos todos dormir. Com as injeções aplicadas por Aurélio, tia Marta ficará quieta durante muito tempo.

Ana, ao ver o carinho com que o irmão tratava Sara, sentiu uma alegria imensa e pensou em como o amor era bonito. Assim seria em breve entre ela e Aurélio.

Todos foram para seus quartos e quando Sara entrou no seu, percebeu que Leonora estava ainda acordada e angustiada, sem saber o que havia acontecido. Sara colocou-a a par de toda a situação, deixando-a penalizada. Ainda antes de dormir, ambas fizeram outra prece pela enferma.

Pela manhã, à hora do café, todos estavam calados, mergulhados em seus próprios pensamentos. Notava-se que Matilde havia dormido muito pouco, pela face cansada e pelas grandes olheiras que lhe cobriam o rosto. Ninguém ousava fazer nenhum comentário sobre o que havia ocorrido na madrugada.

De repente, Aurélio entrou no recinto dirigindo-se a Matilde:

– Senhora, já tenho a informação que me pediu. Consegui hoje cedo.

– Muito bem, aguarde-nos na sala de estar.

Aurélio saiu, e, enquanto Ana estava trêmula pela sua presença, Cássio perguntou curioso:

– Que informação urgente foi essa que Aurélio conseguiu tão cedo?

– Vamos terminar de nos alimentar e na sala discutiremos o assunto.

Assim que o café terminou, todos se reuniram na sala. Aurélio entregou um pequeno cartão a Matilde, que leu em voz alta:

– Doutor Rafael Sampaio, médico psiquiatra e psicoterapeuta.

– Quem é esse médico? – tornou Ana curiosa.

– Fiquei sabendo que a prefeitura contratou um psiquiatra que está atendendo no Posto de Saúde. Depois da crise de sua tia, ontem à noite, pedi a Aurélio que fosse hoje cedo pegar mais informações. Deve ser um médico iniciante para ter aceitado vir morar neste fim de mundo, mas será mais um a quem irei recorrer. Você perguntou o preço da consulta, Aurélio?

– Sim, senhora. Casos particulares ele atende por 300 reais.

– É muito caro – disse Ana. – Por que a senhora não inscreve a tia Marta no programa de saúde da prefeitura?

– E você acha que vou expor sua tia assim? Não tem juízo, não? Vou chamá-lo aqui e arcarei com todas as despesas, mesmo sabendo que o diagnóstico será o mesmo e a medicação também.

– Então não é necessário que a senhora gaste nada – disse Cássio, prevendo que teria de gastar com a saúde da tia.

– Apesar de tudo, eu sempre tenho alguma esperança. Afinal, faz mais de cinco anos que Marta não é analisada por um psiquiatra, deve ter surgido alguma droga nova.

– Faça como quiser. Não precisa tirar do dinheiro que lhe dou para pagar ao médico, é só falar comigo, que, como sempre, farei retiradas da empresa para esse fim – beijando Sara, despediu-se e saiu.

Quando o filho bateu a porta, Matilde olhou para a nora com amargura:

– Está vendo como ele é quando o assunto é dinheiro? Vá se acostumando, ele só gosta de gastar para o luxo, no resto é mesquinho.

– Para com isso, mamãe! O Cássio sempre ajudou de boa vontade.

– Deixe de ser fingida, todos viram como ele se portou com frieza.

Sara havia notado, e não gostou do que viu. Saber que Cássio não era tão humano quanto ela imaginava, deixou-a um pouco frustrada, mas o amava assim mesmo e com o tempo o ensinaria os verdadeiros valores da vida.

Como Aurélio ainda continuava na sala, Matilde perguntou:

– Para que horas ficou marcada a consulta?

– Ele só poderá vir no fim da tarde. Hoje é dia de atendimento e ele fica o dia inteiro ocupado.

– Muito obrigada, Aurélio. Pode se retirar.

Ana não conseguia entender como a mãe, que era amante do mordomo, conseguia tratá-lo com tamanha frieza, como se nada se passasse entre os dois.

Matilde pediu licença e dirigiu-se à cozinha. Ana e Sara começaram a conversar banalidades quando, minutos depois, os gritos fortes e estridentes de Marta passaram a ecoar por toda a casa. Logo as mesmas frases ditas durante a noite começaram a ser repetidas. Olhando para Ana, Sara pediu:

– Procure sua mãe e peça a chave do quarto. Vou entrar lá agora.

– Ela não vai dar, não adianta insistir.

– Se você não for pedir, eu mesma vou.

– Não precisa – disse Matilde, que com os gritos voltou à sala correndo, já indo em direção a escada. – Já que insiste, não vou me opor. Só peço que não diga a ninguém o que vir naquele quarto.

Concordando com a cabeça, Sara seguiu a sogra e Ana, que também as acompanhava. Matilde abriu a pequena porta e entraram. O que Sara viu a assustou e cortou seu coração. Ali estava uma senhora de meia-idade, muito gorda, desdentada, cabelos desgrenhados, com o vestido rasgado e sujo de urina, amarrada com cordas fortes, que a prendiam a uma cama de madeira trabalhada. Os olhos da mulher pareciam estufados e do canto de sua boca escorria uma baba branca e fétida. Tomada pelo susto, só minutos depois foi que Sara começou a sentir o mau cheiro do quarto, que era insuportável. Ainda assim, enquanto ouvia xingamentos, começou a fazer uma prece profunda e sentida a Deus em favor daquela doente e de seus obsessores. Milagrosamente, Marta, como que acompanhando a prece, parou de gritar e começou a chorar baixinho. Em minutos, adormeceu.

Matilde, sem saber o que dizer, chorou sentida. Por mais que odiasse Sara, era inegável que sua oração tivera um efeito maravilhoso na irmã, coisa que ela não conseguia fazer por mais que rezasse terços e mais terços.

Quando tudo serenou, as três saíram do quarto e Matilde, envergonhada e sem querer olhar para Sara, voltou para a cozinha. Na sala, Ana disse:

– Sua oração foi maravilhosa! Quando ela tem esses ataques só as injeções que Aurélio aplica é que a fazem dormir.

– Vamos fazer assim até o médico chegar. Sempre que ela acordar gritando ou xingando voltaremos ao quarto e oraremos.

– Você é um anjo!

– Não. Não sou anjo. É dever de todos nós orar e amparar aqueles que sofrem.

As duas amigas passaram o dia nessa tarefa, até que, finalmente, o médico, Rafael, chegou à fazenda.

15

Esperança

Rafael observou Marta por alguns minutos enquanto ela dormia. Logo após, sem ter muito o que fazer no quarto, desceu e começou a interrogar:

– A senhora é irmã da paciente?

– Sim, queira se sentar, por favor – disse Matilde solícita e esperançosa. Pela primeira impressão havia gostado do médico.

Rafael era um jovem de 35 anos, que havia iniciado a carreira como psiquiatra fazia dez. Moreno claro, cabelos castanhos, olhos cor de mel, nariz aquilino e muito simpático. Fazia da profissão um apostolado, tratando todos os seus pacientes com carinho e amor, não importando suas condições financeiras ou sociais. Espírita desde o nascimento, cresceu estudando a doutrina consoladora ao lado dos pais e familiares. Quando passou a se interessar pelas enfermidades da mente humana, procurou pesquisar o assunto à luz da espiritualidade e uniu o conhecimento acadêmico com o que o Espiritismo lhe passava. Descobriu que a grande maioria das doenças mentais, na verdade, são obsessões severas, nascidas de ódios do passado, de culpas acumuladas no inconsciente e de mediunidade mal conduzida. Com essa descoberta, seu trabalho foi otimizado, pois sempre que podia e o paciente permitia, enviava-os para tratamentos desobsessivos, ou como coadjuvante do tratamento físico dava-lhes água fluidificada, que trazia do centro espírita que frequentava ou de suas reuniões do Evangelho no Lar.

Como de praxe, começou a perguntar a Matilde:

– O que ela sente? Qual é o problema?

– Bem... – Matilde estava sem querer falar no assunto diante de Sara, mas vendo que ela se mostrava interessada e não ia sair, resolveu continuar: – Minha irmã sempre foi diferente de mim e das outras moças da época. Já na adolescência mostrava-se por vezes muito calada, chorosa, outras falante demais, desobedecendo aos pais, saindo muito e sem destino. Ninguém suspeitava de doença mental, achávamos que era apenas um comportamento excêntrico. Nosso pai tratou logo de nos casar, eu com Guilherme Caldeiras e Marta com Juliano Abrantes. A família do marido dela não era muito rica, havia se metido em negócios escusos e passava por problemas financeiros. Apesar disso, Marta, como toda mulher casada, teve sua casa e foi viver sua vida. Logo ficou grávida e o problema começou assim que a criança nasceu. Fabíola veio ao mundo, deixando a mãe com uma depressão profunda, que hoje conhecemos como depressão pós-parto. Mas logo após a crise depressiva, minha irmã começou a falar demais, rir descontroladamente, sair de loja em loja comprando tudo o que via pela frente. Desse momento em diante, a cada crise, a situação ia ficando pior, até que, em estado de loucura total, tivemos de interná-la pela primeira vez em um sanatório.

"Foi muito difícil para todos nós, Marta tomava eletrochoques, drogas fortíssimas, que não surtiam efeito. Por outro lado, Fabíola era recém-nascida e, em meus braços, chorava de fome. Providenciamos uma ama de leite e só assim ela conseguiu sobreviver. Marta ficou bem, saiu do internamento, mas com o tempo outras crises vieram. Juliano foi paciente até demais, passou a cuidar da filha, que cresceu vendo a doença da mãe, mas depois de algum tempo começou a ter amantes e acabou abandonando-a sozinha com Fabíola. Nesse tempo ela já era adulta e formada em Psicologia. Contudo, ela nunca teve paciência com a mãe e também foi embora, deixando-a comigo. Trouxe-a para a fazenda e, como não há outro jeito, preciso amarrá-la para dar-lhe as medicações, que quase não surtem efeito. Quando não está altamente depressiva, chorando e quase sem conversar, está eufórica, gritando palavrões e impropérios, colocando em risco a própria vida e a nossa." – Matilde fez uma pausa e, com olhos lacrimosos, pediu: – Por favor, doutor, salve minha irmã. Desde que o senhor entrou, senti uma esperança. Não suporto mais ver Marta nesse sofrimento terrível sem que eu possa fazer nada.

Rafael percebeu que estava diante de mais um quadro obsessivo, e que pela medicina psiquiátrica era chamado de psicose maníaco-depressiva. Olhou para Matilde e disse com paciência:

– Minha senhora, a situação da sua irmã não é fácil. O diagnóstico não é bom, e creio que, pela medicina, não há muito o que fazer.

Matilde já esperava por aquela resposta, afinal, todos os psiquiatras que ela procurava diziam o mesmo. Continuou a ouvir.

– Sua irmã sofre de uma doença incurável pela medicina, chamada psicose maníaco-depressiva. Alguns pacientes conseguem ficar bem, muitos até levam uma vida normal usando medicação, mas, pelo que me conta, a doença de sua irmã mostra-se refratária ao uso da medicação. Quais os remédios que ela toma?

Matilde sabia de cor e, após dizer ao médico, finalizou:

– Sei que tenho agido errado em deixar o nosso mordomo aplicar as injeções, mas a fazenda é distante da cidade e não temos condições de buscar enfermeiros altas horas da madrugada ou em horários inusitados.

– A medicação que ela toma está correta e é a indicada para esse problema, o que posso fazer é aconselhar que a mantenha.

Matilde, agora, já estava chorando. Perguntou num fio de voz:

– Não há nenhuma droga nova?

– Existem algumas em teste na Europa e outras nos Estados Unidos, mas ainda não temos para comercialização. – Ele fez uma pausa e, percebendo que não tinha mais o que fazer, levantou-se e deu a mão a Matilde dizendo: – Não sei qual a sua religião, mas creio ser a Católica pelas imagens espalhadas pela casa, por essa razão, vendo que é uma pessoa religiosa, peço que ore muito. É o melhor remédio para sua irmã. Agora, preciso ir.

– Espere, preciso lhe pagar.

– Não vou lhe cobrar. Nada mais fiz do que avaliar e dizer tudo o que a senhora já sabia. Não considere isso como uma consulta.

– Faço questão, doutor.

– Se faz tanta questão, pegue o dinheiro da consulta, compre mantimentos e faça farnéis para pessoas carentes. Agora, preciso mesmo ir.

Matilde estava curiosa e não conteve a pergunta:

– Qual é a sua religião?

– Sou espírita, senhora, embora o Espiritismo não seja uma religião e sim uma doutrina de consequências morais e filosóficas.

Matilde fez um esgar de incredulidade. Ia dizer que não acreditava em nada daquilo, mas não era de bom tom discutir com um médico.

Quando ele foi embora, deixou-se cair no sofá, desalentada. Ana aproximou-se:

– Não fique assim, mamãe, todos nós já sabíamos que o caso da tia Marta é incurável.

– Mesmo assim, é duro mais uma vez ter de perder a esperança.

– Mas a senhora estava disposta a fazer uma sessão de exorcismo aqui com o padre Sílvio, ele até confirmou que viria. Creio que pode ajudar.

Matilde corou. Como Ana ousava falar aquilo diante de Sara?

Você está louca? Quem pensou em exorcismo aqui?

– Não se preocupe, mamãe, Sara já sabe de tudo.

Sara, que até aquele momento se manteve calada num canto do sofá, manifestou-se:

– Sei sim, dona Matilde, embora não acredite que exorcismo vai adiantar. Creio que o problema da sua irmã é espiritual e precisa de oração, dentre outras coisas. Também acredito que ela possa melhorar e que a senhora não deve perder a esperança.

Matilde sentiu ódio e já ia gritar com Sara quando viu Cássio entrar pela porta. Num tom que lutou para tornar doce, retorquiu:

– Sua crença é a mesma desse médico. Mas somos católicas fervorosas e peço que não interfira nisso. Já lhe pedi uma vez.

– Não quero interferir em nada, apenas peço para orar no quarto. Mas se a senhora deixasse que fizéssemos outras coisas, sua irmã poderia até se curar.

Cássio beijou Sara e, mesmo descrente, procurou não interromper aquela conversa, percebeu que sua mãe prestava atenção. Sentou-se ao seu lado no sofá, e ela continuou:

– Há métodos de cura para obsessões usados no Espiritismo e que a senhora poderia tentar. Sinto que ama sua irmã de verdade e me apiedo de seu sofrimento.

Matilde sentiu-se tocada, Sara era verdadeira. E se aquilo que ela estava dizendo funcionasse? Não estava ela própria querendo fazer exorcismo? A medicina já desenganara sua irmã, será que havia outra forma de cura? Vencendo o orgulho perguntou:

– Quais são esses métodos de cura? Não entendo nada de Espiritismo. Ouço até falar que vocês conversam com o diabo.

Sara não se perturbou.

– Sei que a senhora é inteligente o suficiente para não acreditar numa coisa dessas. O Espiritismo só faz o bem e o diabo não poderia fazer nada de bom. O Evangelho diz que o demônio não pode fazer nada que destrua o seu reino. Isso prova que tudo o que é bom, que faz bem, provém apenas de Deus.

– Desculpe, não quis ofendê-la, mas é o que dizem por aí.

– Eu também sempre pensei assim – disse Ana. – Mas conhecendo Sara como conheço, vendo sua bondade, tolerância, doçura e humildade, creio que estava enganada a respeito dessa doutrina. Uma pessoa como ela jamais poderia estar com o diabo.

– Agradeço pelas palavras, Ana – tornou Sara carinhosa. – Mas dona Matilde perguntou sobre os métodos de cura. Existem vários, mas o principal é a desobsessão.

– O que é isso? – perguntaram Ana e Matilde em uníssono.

– A desobsessão é um processo em que, por meio de reuniões com médiuns sérios, os espíritos obsessores que estão fazendo a pessoa sofrer são atraídos para conversar com uma pessoa experiente, com boa moral, à qual chamamos de doutrinador. À medida que o diálogo vai acontecendo, esses espíritos, envolvidos pelas energias físicas dos médiuns, vão tomando consciência dos seus erros e do tempo que estão perdendo ao perturbar uma pessoa. Quando auxiliados pelos espíritos de luz, convencem-se do mal que estão fazendo, deixam o encarnado em paz e este melhora imediatamente.

– Isso é fantástico. Nunca ninguém nos disse nada a respeito – tornou Matilde realmente admirada. – Mas como você sabe que minha irmã está com esse problema e não com uma doença como dizem os médicos?

– É nítido. Basta olhar para dona Marta e ver o quadro vivo da obsessão. Em quase todo problema mental, há uma obsessão. Por essa razão, peço para ajudá-la. Nossa cidade não possui centro espírita, mas dona Rosana, ex-patroa de minha mãe, é espírita há muitos anos e faz reuniões mediúnicas em sua casa. Ela atua como doutrinadora e trabalha com médiuns competentes e responsáveis. Posso conversar com ela e pedir que faça uma sessão aqui na fazenda.

Aqui na fazenda? Mas essas pessoas que virão acabarão por saber da história de minha irmã. Não posso concordar.

– Essas pessoas são discretas e nunca falam o que se passa nas reuniões, eu posso garantir para a senhora. Se me der autorização, posso procurá-la amanhã bem cedinho.

Matilde olhou para Sara e sentiu que de fato ela queria ajudar. Mas estava muito confusa, não podia dar uma resposta naquele momento.

– Sei que está sendo boa e quer ajudar de verdade, mas não posso dar uma resposta agora. Prometo pensar. Vou me retirar e não me chamem para jantar.

Matilde saiu indo em direção ao seu quarto, enquanto Cássio, beijando novamente a namorada, perguntou:

– Como foi o seu dia?

– Meu dia foi dedicado a sua tia, coisa que parece não ter importância para você.

Cássio notou que Sara estava magoada com seu pouco caso e procurou contemporizar:

– É que não costumo me meter nesse assunto, que é coisa só da minha mãe.

– Mas você está errado. Uma família deve ser unida, principalmente na hora da dor. Ela é sua tia e você precisa ajudá-la de alguma maneira.

– E de onde você pensa que sai o dinheiro que custeia os remédios caríssimos que ela toma? Eu respondo: do meu bolso.

– Ora, Cássio! E você pensa que ajudar é só dar o remédio? Ajudar é dar amor, carinho, compreensão, palavras de conforto, encorajamento. Sinto que não se importa nem um pouco com sua tia.

Cássio sabia que era verdade. Nunca havia feito mal a ninguém, considerava-se uma pessoa boa, mas era indiferente ao sofrimento humano. Só sofreu mesmo com a doença e a morte do tio, o resto para ele não importava. Mas, agora, teria de mudar, percebia que Sara era altruísta, preocupada com o semelhante, se ele se mostrasse frio, talvez ela pudesse se desinteressar, e o que ele menos queria era perder o seu amor e a fortuna que vinha junto. Por essa razão, resolveu contemporizar:

– Você está certa, amor, como sempre. Até hoje fui muito negligente com minha tia, mas você me tocou para a verdadeira ajuda. Prometo ser o melhor dos sobrinhos e tudo farei para ver tia Marta bem e curada.

– Se o que diz é verdade, quero que participe da reunião mediúnica que será feita aqui em prol de dona Marta. Sei que você fará de tudo para sair na hora ou ficar no quarto, já que afirma não acreditar em Deus e muito menos em espíritos.

Ele não gostaria de ficar em uma reunião espírita, pois achava que as pessoas fingiam-se de médiuns para enganar os outros. Não acreditava em nada do que diziam, pois para ele tudo terminava com a morte; no entanto, não poderia negar o pedido de Sara.

– Se esta é a condição para acreditar em mim, prometo ficar na reunião. Agora, vamos nos preparar para jantar – deu-lhe um beijo demorado e retirou-se.

Feliz com o fato de Cássio ter aceitado participar da reunião, Sara foi até o quarto ver a mãe. Encontrou Leonora conversando agradavelmente com Maria José, uma antiga empregada da fazenda. Vendo que a filha entrou no quarto, Leonora tornou:

– Maria José tem estado comigo muito mais que você. O que tanto fez nesta casa hoje?

– Orei pela dona Marta. E nem se queixe, pois sei que Maria José é uma excelente companhia e também sei que quase não sentiu dores hoje.

– Você está certa, tem de viver sua nova vida e ir se habituando a ela. Tenho notado que está muito interessada no caso da irmã da víbora.

– Sim, tenho me preocupado, e já achei a solução. Tenho certeza, convenci dona Matilde a fazer uma reunião mediúnica aqui na fazenda, atraindo os obsessores de Marta para um possível esclarecimento. Vou chamar a dona Rosana e sei que ela virá.

Leonora olhou para Maria José, que estava calada desde que Sara entrou no quarto, e disse:

– Será muito bom rever Rosana, mas, por coincidência, antes de você chegar, Maria José estava me contando que coisas muito estranhas acontecem aqui na fazenda.

– Coisas estranhas?

– Conte a ela, Maria José.

Maria José era uma negra simpática, gorda, já beirando os 60 anos. Olhou para Sara e com modos simples começou:

– Esta fazenda é mal-assombrada. Eu e mais outros empregados sempre dissemos isso a dona Matilde, mas ela nunca acreditou.

– Mal-assombrada? O que acontece por aqui além do problema de dona Marta? – Sara estava muito curiosa.

– Muita coisa ruim já aconteceu, principalmente no tempo da escravidão. O avô e o pai do senhor Mariano eram senhores de escravos e, pelo que dizia minha avó, tratavam os negros como animais. Muitos deles morreram no tronco de tanto apanhar. Os espíritos desses negros até hoje estão por aqui, rondando a fazenda e fazendo moradia na senzala abandonada.

Sara sentiu um arrepio. Nunca gostou muito de ir até os fundos da casa onde ficava a antiga senzala, não se sentia bem. Maria José continuou:

– Os quartos dos empregados ficam próximos à senzala, e, durante muitas noites, ouvimos gritos agudos de alguns negros clamando por liberdade, outros choram e dizem que vão se vingar. Ouvimos lamentos tristes, cantos estranhos falando sobre a nossa terra e som das correntes que os amarravam. Tem noites que não consigo dormir.

Sara impressionou-se. Seria possível que, após tanto tempo da abolição, os espíritos dos escravos continuavam ainda naquele lugar? Pela narrativa sincera de Maria José ela sentia que sim. Sendo assim, o caso da fazenda era pior do que ela imaginava.

Maria José se despediu dizendo ir buscar o jantar de Leonora e quando mãe e filha ficaram a sós no quarto começaram a conversar sobre o assunto. Leonora disse:

– Desde que cheguei aqui senti uma coisa estranha, sufocante. Apesar de linda e majestosa, esta fazenda tem algo de assustador. Agora sei o que é, são os espíritos. Primeiro, os obsessores de Marta, depois, os dos escravos. Tenho orado muito a todo instante.

– Temos de orar muito sim, mãe, mas não podemos ter medo. Se existem espíritos que durante a vida foram escravos e ainda se mantêm no mesmo lugar, querendo vingança, devemos ter piedade e enviar-lhes vibrações de muito amor.

Leonora mudou de assunto:

– Estou sentindo que você está muito feliz. Vejo brilho em seus olhos.

– Sim, mãe. Para minha felicidade ser completa só era mesmo preciso que a senhora se curasse totalmente.

– Você sabe que isso não é possível. Qualquer dia desses estarei partindo para a pátria espiritual. E não considere isso um mal. Quero estar liberta para poder prosseguir. Meu corpo está cansado, velho e doente, enquanto meu espírito, ao sair deste mundo, vai estar radioso, saudável, belo. Quer alegria maior?

Sara abraçou a mãe, beijando-a com muito amor.

– Esse será o dia mais triste de minha vida, mas, assim como a senhora, aprendi que a vida continua e sei que nossa separação será apenas temporária.

– Vamos deixar esse assunto de lado. Conte-me como anda sua relação com o Cássio.

Os olhos de Sara cintilaram.

– Eu o amo e sei que sou amada. Mas estou descobrindo o quanto Cássio é materialista e por vezes frio. Confesso que tenho medo de me decepcionar com ele.

– Não diga isso. Você o ama de verdade, e embora o amor nos faça ver os defeitos da pessoa amada, ele também faz com que possamos sempre passar por cima de tudo e amar essa pessoa como é. O amor verdadeiro entende, compreende, espera, suporta. Tenho certeza de que por mais que você descubra pontos fracos em Cássio nunca deixará de amá-lo.

– As pessoas dizem que o amor se acaba com as decepções.

– Nada mais errado. Quem ama com a alma, nunca esquece do ser amado. Muitas vezes, julgamos os outros, cobramos perfeição, criticamos, condenamos, esquecidos de que nós também temos muitas imperfeições e pontos fracos que nos impedem de alcançar a paz e a felicidade. É como disse Jesus: "Por que olhar o argueiro no olho do vosso próximo e não enxergar a trave que há nos nossos?". Quando cobramos e exigimos da pessoa amada, quando nos sentimos decepcionados e desiludidos, é porque longe estamos do amor incondicional, aquele amor pregado pelo apóstolo Paulo em sua primeira carta aos Coríntios.

A senhora tem razão, mãe. Não vou cometer esse erro. Quantos casais que se amam estão separados porque não souberam compreender um ao outro? Não sou perfeita, mas também não quero ser egoísta. Amo demais o Cássio para deixar que pequenas coisas venham a nos separar. Aprendi que as diferenças não separam, muito pelo contrário, é na diferença que há a troca de experiência, que enriquece, enobrece, eleva.

Sara ainda permaneceu muito tempo conversando com Leonora, até que Maria José entrou com a bandeja levando o jantar. Após medicar a mãe, Sara foi para sala de jantar onde se encontrou com os outros. Marta havia se acalmado e deixado de gritar, por essa razão a refeição transcorreu tranquila.

Matilde não saiu do quarto, e Ana logo se retirou para suas orações, deixando Cássio e Sara sozinhos aproveitando o amor que os unia.

16

Lei de Ação e Reação

No dia seguinte, a fazenda amanheceu agitada. Pela madrugada, Marta recomeçou a gritar. Nem mesmo as orações de Sara, Ana e Matilde fizeram com que ela se acalmasse. Aurélio não podia aplicar o forte sedativo antes da hora; portanto, todos passaram a noite acordados, indo dormir quando o dia começou a clarear. Ainda assim, antes das oito, não havia mais ninguém na cama. Nunca se viu Marta em tão forte crise.

Cássio foi para o escritório, mas antes deixou Sara na casa de Rosana, que a recebeu com carinho. Após contar o motivo de sua visita, finalizou:

– Gostaria que a senhora fosse realizar uma reunião de desobsessão na fazenda. Não vejo outra maneira de ajudar.

Rosana pensou um pouco e explicou:

– Nós já fazemos as reuniões de desobsessão aqui e não é necessário irmos para outros lugares, porquanto para o espírito não existem barreiras nem distâncias. Por outro lado, sinto que essa sessão não será apenas para esclarecimento dos desencarnados, mas para toda a família. Nesse caso, podemos e devemos fazer na fazenda.

– Eu lhe agradeço, dona Rosana. Sei que sua equipe vai a algumas casas realizar socorros, e lá é o que mais precisa: um socorro urgente para dona Marta. Caso isso não aconteça nem sei o que será daquela pobre senhora.

– Imagino o sofrimento. Infelizmente, a obsessão hoje em dia ganhou caráter de epidemia. É raro o lar onde não se encontram obsessores causando toda sorte de problemas.

– Por que isso acontece? Sempre li que são as pessoas que abrem as portas para os espíritos obsessores.

– Isso mesmo – afirmou Rosana com segurança. – Nesta época de transição pela qual passa a Terra, as pessoas tornaram-se demasiadamente materialistas. Já não se fala mais em amor ao próximo, em respeito a si e ao semelhante, os valores sociais estão completamente invertidos. Nossa sociedade está doente, valorizando o material, o *status*, a aparência. As pessoas perderam o contato com a própria alma, não sabem lidar com suas emoções nem disciplinam os pensamentos. Estas são as causas das obsessões. O dia em que o homem se espiritualizar, ficará livre não apenas deste mal, mas de todos os outros.

Rosana marcou a reunião para o mesmo dia, à noite.

Foi com expectativa que Matilde, Cássio, Ana e até Aurélio esperaram que chegasse as oito como combinado. Matilde já não estava tão descrente, e Ana, mesmo ainda agarrada ao catolicismo, acreditava que aquilo tinha alguma espécie de valor. No entanto, estavam com medo, nunca haviam lidado com espíritos. Até mesmo Cássio, que se dizia ateu, começou a sentir grande inquietação e uma vontade louca de sair correndo e não participar de nada.

Estavam na sala quando Rosana e sua equipe chegaram. Surpresos, perceberam que o médico Rafael Sampaio também estava entre eles. Ele mesmo explicou:

– Conheci Rosana poucos dias depois que aqui cheguei quando ela acompanhava uma doente ao meu consultório. Estendemos a conversa e ela me revelou ser espírita. Fiquei muito feliz, pois quando deixei Cuiabá para aqui trabalhar senti-me vazio sem os estudos e as reuniões espíritas das quais participava. Na casa de Rosana encontrei o local perfeito para continuar meus estudos e entrar em contato com a espiritualidade elevada. – Ele fez uma pausa e continuou: – Não se preocupem, assim como tenho ética como profissional da medicina, tenho também como espírita, e tudo o que se passar aqui, aqui mesmo ficará.

Matilde pediu que todos se sentassem e procurou ser solícita. Logo percebeu que aquelas pessoas, longe se serem desequilibradas como ela pensava, eram alegres, conversavam tranquilamente e tinham o semblante sereno. Começou a pensar que o Espiritismo deveria mesmo ser uma coisa boa e seria melhor ainda se curasse sua irmã.

Assim que Rosana regressou do quarto onde fora visitar sua amiga Leonora pediu:

– Precisamos de uma mesa. Nesta reunião, os médiuns precisam ficar sentados, concentrados e em prece. Não podemos ficar aqui nestas poltronas.

– Vamos para a sala de jantar, lá a mesa é grande e o ambiente confortável – tornou Matilde.

Quando todos sentaram, Matilde pediu:

– Acredito que todos vocês sabem que a família Caldeiras é tradicionalmente católica. Se estamos recorrendo a esta seita é porque chegamos ao limite dos nossos sofrimentos com minha querida irmã Marta. Por essa razão, peço que ninguém comente na cidade o que vieram fazer aqui. O padre Sílvio pode saber e não queremos nos indispor com ele, muito menos com falatório e mexerico nas ruas.

Ana corou de vergonha. Nem ela tinha tanto preconceito como a mãe. Rosana, após ouvir, meditou e disse:

– Fique despreocupada, senhora, todos estamos aqui na intenção de ajudar sua irmã e sua família. Não temos nenhum interesse em divulgar nada que se passa neste ambiente. Só gostaria de frisar que o Espiritismo não é uma seita, e que não precisam ficar apreensivos quanto aos espíritos que aqui vão se comunicar. Eles são seres iguais a nós, apenas perderam o corpo de carne e vivem em outra dimensão.

Em seguida, Rosana pediu que apagassem as luzes, deixando acesa apenas uma pequena lâmpada branca num abajur. Antes de fazer a prece inicial, ela ainda elucidou:

– A penumbra é necessária, pois facilita a concentração dos médiuns e de todos os presentes. Peço que ninguém interrompa nenhuma comunicação e que fiquem sempre em prece, pedindo ao Criador que nos ampare e auxilie os irmãos sofredores.

A reunião começou com Rosana proferindo a Prece de Cáritas e pedindo auxílio aos amigos espirituais para Marta e seus obsessores. A doente, que estava dormindo sob o efeito de fortes sedativos, de repente acordou e reiniciou os gritos, ao que Rosana explicou:

– Não se preocupem. Os espíritos que a estão assediando, sentindo a presença dos irmãos de luz, ficaram ainda mais raivosos e a acordaram, na tentativa de atrapalhar o trabalho. Logo ela ficará calma quando eles forem atraídos para os médiuns.

Minutos depois, os gritos de Marta cessaram e logo um médium começou a falar demonstrando muito ódio:

– O que vocês vieram fazer aqui? Perder tempo? Nada vai me impedir de concretizar a vingança que planejo há tantas décadas. Façam o favor de ir embora – o médium falava com voz forte e altiva.

Rosana, com paciência e amor, iniciou o diálogo:

– O amigo sabe que estamos aqui em nome de Deus e Jesus, e, quando estamos em nome Deles, nunca perdemos tempo. O amigo é quem perde tempo, pois a vingança nunca trouxe felicidade para ninguém.

– Você diz isso porque não sofreu o tanto que sofri. A mulher que vocês tentam ajudar é uma assassina cruel e implacável. Matou minha filha inocente num incêndio apenas por ciúme. Ela não se comoveu com os gritos de minha adorada Ludmila enquanto seu corpo queimava nas chamas. Naquela época, nada pudemos fazer, pois éramos pobres camponeses e ela uma rica senhora de terras, cuja família também está aqui hoje e a protegeu de ser presa. Eram amigos do czar, aquele miserável! Mas hoje eu posso tudo e jamais vou descansar se não a vir morta. Já conseguimos enlouquecê-la. Agora, só falta ela se suicidar como estamos pretendendo.

Matilde, Ana e Cássio ouviam tudo com atenção enquanto estranho fenômeno se passava. À medida que a entidade falava, eles pareciam conhecer toda aquela história. Estavam impressionados.

A voz de Rosana era doce e não se perturbava com as ondas de ódio emanadas daquele irmão sofredor.

– Nós sabemos que você clama por justiça, mas nesta vida ninguém é inocente e Deus está no comando de tudo. Não é melhor entregar a justiça nas mãos Dele e perdoar? Todo julgamento que fizermos sempre será errado, pois parte de nossa visão parcial e limitada. A origem dos acontecimentos de nossa vida se perde na noite dos tempos e, como não sabemos das coisas, devemos entregar tudo nas mãos da Justiça Divina, que dá a cada um de acordo com suas obras.

A entidade continuava nervosa e bradava:

– Não venha querer me enrolar com esse papo de Justiça Divina. Deus não está se importando com nada e se eu não fizer justiça com minhas próprias mãos, nada vai acontecer, e essa mulher horrorosa, ciumenta e assassina, passará impune. Deixem-me em paz, saibam que não estou sozinho, comigo está toda a minha família, moramos aqui nesta casa e sabemos tudo o que acontece. A família Caldeiras, antiga família Gorky, sempre foi movida pela usura e ambição. Aqui estão todos, posso reconhecê-los. Há aquela que roubou tudo e os matou, há o traidor da família, há a principal vítima, que tudo sofreu, e há a antiga dançarina do balé imperial, essa foi a única que escapou. Estou vendo também o marido dela, que era rico e agora não passa de um reles mordomo. Vou me vingar de todos vocês. Nunca vou deixá-los em paz.

O espírito gargalhou muito e logo depois deixou o médium. Rosana pediu que todos elevassem o pensamento a Deus e rogassem por aquela alma enferma, que na ilusão penetrara pelos caminhos da vingança e do ódio.

Passados alguns minutos de silêncio, uma médium estremeceu levemente e, com voz pausada e suave, começou a falar:

– Bendito seja Deus, que me permitiu estar aqui esta noite podendo falar certas coisas àqueles a quem muito devo. – Fez uma pequena pausa e continuou: – Enquanto vivi na Terra, deixei-me levar pelo egoísmo, pela ambição desmedida e pela covardia. Perdi a oportunidade de conviver com a mulher que mais amei por medo de enfrentar a sociedade e mostrar que eu podia ser dono de minha vida. Por essa razão, amarguei um casamento de aparência e fui muito infeliz. Apenas amei e devotei minha vida a você, querido filho Cássio.

Nessa hora, Cássio, envolvido pela emoção gritou:

– Tio Mariano? É o senhor?

A médium continuou sem se perturbar, enquanto Rosana pedia que Cássio se calasse e se acalmasse:

– Sim, Cássio. A vida continua e a morte é uma ilusão. Meu filho, só existe vida, vida e vida em todas as partes do Universo. Por essa razão venho pedir que deixe o materialismo de lado e procure amar a espiritualidade. Aqui deste lado, compreendi que o ódio que nutri por sua mãe, por meu irmão Guilherme e por sua irmã Ana, foi a pior coisa que cultivei, pois envenenou meu coração e, aliado à tristeza que tinha na alma, fez surgir em mim o terrível câncer que me vitimou. Peço a você, querido filhinho, volte-se para Deus. Sim, ele existe, por mais que não queira acreditar. Só em Deus você encontrará forças para reparar o mal que fez à Fabíola. Esse mal foi uma semente plantada e voltará até suas mãos para o devido reajuste. Descobri aqui com minha querida Melânia, que até o menor mal que fizermos a nosso próximo terá de ser reparado um dia. Finalizo pedindo que todos da família se unam. Os laços que os unem são antigos e fortes. Matilde e Sara precisam se perdoar. Um dia retornarei e, se tiver permissão, contarei toda a história que deu origem aos fatos que todos vivenciam no presente. Quero pedir desculpas a minha sobrinha Ana por não ter tido boa vontade em amá-la, e a meu filhinho Cássio por não tê-lo ensinado a amar mais as coisas do espírito do que as da matéria. Até breve.

A médium voltou ao normal e, após alguns minutos de silêncio, onde só se ouvia o pranto abafado de Cássio, Rosana proferiu a prece de encerramento, agradecendo a todos os espíritos amigos pelas bênçãos obtidas naquela noite.

Quando as luzes foram acesas, as pessoas olharam para Cássio, que, com o rosto banhado de lágrimas, disse:

– Não pode ser, isso não pode ser verdade. Isso é um engano!

Sara, chegando perto dele e alisando seus cabelos lisos, disse calmamente:

– Isso vai de encontro ao materialismo e a tudo o que você acredita, mas é real e tenho certeza de que você sabe disso.

– Essa mulher, essa médium nem me conhece. Como poderia saber o que se passou entre mim e Fabíola? Como acertou me chamar de "meu filhinho", coisa que só tio Mariano fazia?

Rosana, percebendo que todos da família precisavam de esclarecimentos, convidou-os à sala de estar. Quando estavam sentados começou:

– Sei que para vocês tudo está confuso, principalmente porque ainda não possuem conhecimento da espiritualidade e do Espiritismo. Estou aqui para esclarecer as dúvidas dentro do que me for possível.

Matilde, ainda impressionada por tudo o que vivenciara e certa de que fora mesmo o espírito de Mariano que ali aparecera, questionou:

– A primeira manifestação foi do espírito que perturba minha irmã, estou certa?

– Sim – disse Rosana.

– Mas não adiantou ele ter vindo aqui falar. Só demonstrou querer vingança por um passado que nem sei se existiu e não está disposto a deixar Marta em paz. Como fazer para afastar esse espírito terrível de uma vez por todas?

– Sua irmã sofre de uma obsessão por subjugação. Como foi dito, há nesta casa uma equipe de obsessores, que fazem parte da mesma família e cobram por um erro grave que Marta cometeu no passado. Espíritos assim não deixam seus objetivos com facilidade. É preciso muito diálogo, não só de doutrinadores encarnados como também de espíritos evoluídos que os façam desistir de prejudicá-la.

– Eu pensei que minha irmã iria ficar curada hoje. Afinal, não foi para isso que vocês vieram aqui? Para curar minha irmã? – questionou Matilde com arrogância.

Rosana não se impacientou.

– Não viemos curar ninguém, não temos esse poder. A cura de um processo obsessivo grave depende de vários fatores: os espíritos precisam ser esclarecidos, a família do obsediado necessita se evangelizar, melhorar a conduta e o teor dos pensamentos, e o principal: o próprio obsediado precisa fazer uma mudança radical nos pensamentos, nas atitudes e no comportamento. Sem isso, nem Deus vai curar sua irmã.

Matilde se indignou:

– Então minha irmã é vítima de uma coisa horrorosa dessas e Deus não quer curá-la?

– Sua irmã não é vítima. Na Terra não existem vítimas, apenas pessoas colhendo o que plantaram. Sua irmã assassinou uma pessoa na vida anterior e pelo visto ficou impune pelas leis humanas. Provavelmente, quando chegou ao mundo espiritual, percebendo a gravidade da falta cometida, entrou num processo doloroso de autopunição e culpa. Essa culpa ficou guardada no inconsciente e, quando ela reencarnou, esse sentimento continuou a infelicitá-la, fazendo-a ser uma pessoa fechada, isolada das demais, com tendência à depressão. Essas energias negativas que ela emanava abriram as portas para que seus inimigos do Além a atacassem e ela entrasse num processo de desequilíbrio mental. Se tivesse aprendido a dominar seus pensamentos negativos por meio da prece e da educação mental, esses espíritos nunca conseguiriam atingi-la, por mais que tentassem. Se as pessoas soubessem, fariam todo o esforço possível para evitar qualquer pensamento negativo. São eles os responsáveis por todos os sofrimentos do mundo.

Matilde pareceu entender. De fato, Marta, desde a mais tenra idade, era muito calada, triste, diferente das moças de sua época. Por coisas simples e banais, sempre se culpava, entrava em depressão, chorava.

– E como fazer para ela se curar?

– É como já disse. Se querem ver Marta bem e com saúde, todos devem colaborar. A família precisa estar unida, espiritualizada e em prece. Este lar necessita ficar em paz, sem brigas, discussões, desuniões. Sugiro que se reúnam uma vez por semana e estudem o Evangelho de Jesus. E quando Marta estiver em sua fase de calma, leiam o Evangelho para ela, plantem a semente, ensinem que a culpa e o pessimismo não servem para nada e que ela ainda pode ser muito feliz. É um trabalho árduo. De um lado a família faz sua parte e do outro, nós faremos a nossa nas reuniões mediúnicas. Se todos aqui mantiverem o pensamento elevado, nenhum espírito inferior conseguirá entrar na casa.

Foi a vez de Cássio:

– Estou sendo forçado a crer que existe vida além da morte. Essa moça que falou como se fosse meu tio disse coisas que só minha família sabia. Só meu tio Mariano me chamava de filhinho. Como isso pode acontecer?

– Os espíritos, quando aparecem espontaneamente, fazem questão de deixar provas de sua identidade. Seu tio obteve permissão dos espíritos evoluídos para se comunicar; por essa razão, sabendo que você é descrente, procurou mostrar que era realmente ele que estava aqui.

Cássio ouvia calado, enquanto Rosana continuou:

– No entanto, o que mais importa na comunicação de um espírito seja superior, seja inferior, é a mensagem que ele passa. Seu tio veio pedir que você se ligue ao espiritual, pois chegará a hora da reparação de um erro e só com a ajuda de Deus você conseguirá se sair bem.

– Entendi. Mas a senhora fala que podemos tirar lições de espíritos inferiores. Isso eu discordo. Pelo pouco que entendo quem é inferior não pode ensinar nada a ninguém.

– Engana-se. Os espíritos inferiores nos alertam para nossos defeitos e para as coisas que não devemos fazer. Por exemplo: o espírito que quer prejudicar sua tia, faz-nos meditar sobre como é inútil a vingança e o ódio. Faz-nos perceber que quem não perdoa vive num inferno de tristeza e dor. Por essa razão, devemos aproveitar e aprender com esse irmão a sermos bons, pacientes, caridosos e indulgentes com todos aqueles que de uma forma ou de outra tentam nos prejudicar. São essas pessoas que nos testam em nossa capacidade de amar, tolerar, compreender, perdoar e não julgar.

Vendo que ninguém mais queria falar, Rosana se despediu, prometendo continuar a orar pela família e colocar o nome de Marta no caderno de preces da reunião de desobsessão.

Marta continuou em silêncio, dormindo. Aquela noite foi de forte emoção para todos e logo estavam em seu quarto, tentando conciliar o sono sem conseguir. Enquanto o perseguidor de Marta falava sobre o passado, todos se sentiram dentro daquela história. Cássio sentiu-se o traidor da família; Ana teve a certeza de que foi a bailarina do balé imperial; Matilde, sem saber explicar como, sentiu-se a vítima; Sara viu-se naquela que roubou a todos e Aurélio sentiu que fora o homem rico que, agora, virara mordomo. Com esses pensamentos, só muito tarde é que conseguiram adormecer.

17

Mudanças

Nos dias que se seguiram Marta foi melhorando e, em pouco tempo, encontrava-se refeita da violenta crise que tivera. Por entrar na fase de depressão, seus gritos não mais eram ouvidos pela fazenda e ela permanecia quieta, deitada, olhos perdidos num ponto indefinido.

Apenas por pequenos comentários referentes à melhora de Marta, a reunião de desobsessão era mencionada. Fora isso, ninguém ousava comentar nada. No entanto, Sara notara mudança em Cássio, que se havia tornado mais atencioso com a família, e em Matilde, que já não a olhava com desdém e sim com certa gratidão.

Aproximava-se o dia do casamento entre Cássio e Sara. A data havia sido marcada e, por grande insistência de Matilde, o casal resolveu abrir as portas da fazenda para uma grande festa.

Com ajuda da sogra, ela havia escolhido um lindo vestido de noiva e era com empolgação que esperava o momento de ser a esposa do homem amado. Leonora mantinha-se em um quadro estável, sua doença pareceu estacionar, o que deixava Sara ainda mais feliz, pois no fundo temia que a mãe não pudesse estar presente em seu casamento. Contudo, por mais que tentasse esquecer a história entre Cássio e Fabíola, ela não conseguia. No dia imediato à reunião onde o espírito de Mariano havia mencionado a história, Sara procurou saber de Cássio o que de fato havia ocorrido, porém, ele, com meias palavras, apenas dissera que namorara Fabíola e quando pôs um fim na relação ela entrara em depressão e abandonara a mãe, indo embora do país. Sara não acreditou e resolveu ter paciência. Com o tempo certamente saberia a verdade.

Naquela manhã em particular, faltando apenas uma semana para o casamento, ela estava pensando naquela história no grande sofá da sala quando Ana chegou.

– Posso saber em que tanto pensa?

– Penso numa forma de descobrir a verdade sobre Fabíola e Cássio.

Ana sentiu-se desconfortável. Sara havia lhe perguntado, mas ela apenas havia confirmado a mesma versão que o irmão pedira que dissesse.

– Não sei por que você quer remexer o passado. A verdade você já sabe, Cássio namorou nossa prima e ela pensou que iriam se casar, quando meu irmão terminou tudo, entrou em depressão e sumiu. Tempos depois, ficamos sabendo seu paradeiro.

– Ana, não minta, pois não é do seu feitio. Dona Matilde também me disse a mesma coisa, mas sei que todos nesta casa, inclusive Aurélio, estão instruídos a me contar sempre a mesma versão.

Ana corou.

– Se sabe que estamos mentindo, então vamos esquecer esse assunto. Você sabe que amo meu irmão e não o trairia jamais. Mas como sua amiga, posso garantir que a verdade não é nada de mais e que você não deve se preocupar com ela.

– Não queria começar minha vida com Cássio sem saber quem ele é de verdade.

– Mas você sabe quem ele é. Cássio é esse homem amoroso, cordial, cavalheiro, bonito e que a ama. Isso não é o bastante?

Sara olhou no fundo dos olhos de Ana e percebeu que não adiantava conversar, ela não diria nada, e talvez fosse tolice de sua parte saber algo que se passara quando ela nem conhecia Cássio.

– Você tem razão, vamos esquecer o assunto. Agora, vamos falar de você e Aurélio.

Ana aproximou-se nervosa dizendo:

– Aqui não, vamos para o córrego. Lá falaremos mais à vontade.

As duas saíram em direção ao pequeno córrego, que ficava nos fundos da grande construção. Sara nunca tinha ido àquele lugar e, durante a caminhada, ia observando tudo, encantada com as árvores que encontrava, o olho d'água e a nascente. A paisagem da fazenda era encantadora.

Ana sentou-se numa grande pedra, tirou os sapatos e colocou os pés na água. Sara fez o mesmo, depois, olhou para a amiga e disse:

– Precisamos começar a agir, senão você perderá Aurélio.

– Você acha que ele pode assumir o romance com minha mãe? – perguntou Ana com o coração aos saltos.

– Acho pouco provável, mas Aurélio é jovem e bonito. Você acha que ele vai querer ficar sozinho a vida inteira?

– Nunca pensei nisso. O que devo fazer?

– Você deve se declarar a ele.

– Já disse que acho isso feio para uma mulher.

– E eu já disse que o feio e o bonito dependem dos olhos de quem vê. Você não precisa ser vulgar, apenas fale de seus sentimentos. Que mal há nisso?

– Tenho medo.

– Ora, Ana, se você não o fizer, farei eu! – disse Sara resoluta.

– Não, por favor! Dê-me um tempo.

– Já lhe dei tempo demais. Faz mais de um mês que você me contou sua história e nada aconteceu. – Sara fez uma pausa, pegou as mãos geladas de Ana e, olhando-a com carinho, tornou: – Você é uma moça bonita, jovem, inteligente, não pode deixar a vida passar em branco. Precisa viver e ninguém vive plenamente sem amar, sem se doar, sem receber amor. Não deixe essa chance passar por medo.

Ela encheu os olhos de lágrimas.

– Temo por tudo. Temo não ser correspondida, temo que Aurélio zombe de mim e conte tudo a mamãe, o que tornará minha vida um verdadeiro inferno. Por outro lado, meu sentimento por ele é voluptuoso, forte, violento. Não sei como agir.

– Você precisa experimentar. Seu coração descobriu o amor por meio de Aurélio, coisa que você nunca havia vivenciado. Sinto que seu espírito já sofreu muito pelas paixões e ilusões terrestres. Por essa razão, tudo em você é muito intenso. Contudo, com um marido que ama, você terá a chance de se harmonizar. Vou lhe dar um ultimato: se até o dia de meu casamento você não tomar nenhuma atitude, eu o farei.

Ana abraçou a amiga com muito amor.

– Sara, você é um anjo que Deus colocou em nossa vida. Quero que você e meu irmão sejam muito felizes.

– Não sou anjo coisa alguma, sou apenas uma pessoa que quer seu bem e sua felicidade. Vamos? Daqui a pouco Cássio chega e quero ultimar alguns preparativos com ele. Ele quer convidar a região inteira e eu, além da Letícia e da dona Rosana, não tenho ninguém mais para convidar.

– Deixe com meu irmão, ele é muito bem relacionado e com uma mulher linda como você com certeza fará questão de trazer toda a sociedade para admirá-la.

Sara sorriu com a simplicidade de Ana ao falar e, abraçadas, ambas retomaram o caminho.

***

Dentro da casa, Matilde havia chamado Aurélio ao seu quarto. Após certificar-se de que ninguém os vira, ela trancou a porta e foi seduzindo-o, procurando tirar sua roupa. Aurélio, no entanto, empurrou-a de leve dizendo:

– Agora, não! Seu filho está para chegar. Perdeu o juízo?

Matilde se recompôs dizendo:

– É que estou muito carente e faz dias que não nos amamos.

– Temos de ter todo o cuidado agora que Sara e a mãe estão morando aqui.

Uma onda de ódio perpassou pelo rosto de Matilde.

– Ainda bem que você tocou no assunto, afinal, foi para isso que o chamei aqui. Fez o que lhe pedi?

– É claro que fiz, Matilde. Quando é que deixaria de cumprir uma ordem sua? – disse irônico.

– É que tenho de ter certeza de que as coisas vão sair como planejei. Sara e Cássio podem até se casar, mas não terão nem um dia sequer de felicidade.

– Não acha que está sendo dura demais com a moça? Afinal, é por causa dela que você conseguiu continuar nesta casa e ter a vida de luxo que sempre possuiu. Além de tudo, todos os dias ela faz orações no quarto da sua irmã e, coincidência ou não, dona Marta está bem melhor.

Matilde olhou com ódio para Aurélio.

– Afinal, de que lado você está, seu patife?

Aurélio, sentindo o ódio subir-lhe à cabeça, segurou os braços dela com força bradando:

– Estou do lado de quem eu quiser. Lembre-se de que a qualquer hora posso destruir sua vida contando a seu adorado filho que temos um caso. Contente-se com o que posso lhe oferecer e nunca mais me chame de patife.

Matilde estava estarrecida, jamais esperava aquela reação de Aurélio o qual julgava seu cúmplice fiel.

– Solte-me, está me machucando.

Aurélio soltou-a dizendo:

– Fiz o que me pediu e tudo vai ocorrer na hora certa, mas saiba que não vou mais colaborar com seus planos diabólicos e só irei até seu quarto ou a receberei no meu o dia que quiser. Agora, quem manda sou eu.

– Não o estou reconhecendo – tornou Matilde nervosa.

– Então, trate de me conhecer de agora em diante.

Aurélio saiu batendo a porta com estrondo, deixando-a absorta em pensamentos contraditórios. Fosse o que fosse que Aurélio estivesse aprontando, ela iria descobrir e reverter a situação. O que não podia era perdê-lo ou perder o domínio sobre ele.

***

Cássio chegou para o almoço com o amigo Rodrigo. Fazia tempos que não se viam e como Cássio não iria para o escritório à tarde, convidou-o para banharem-se na piscina.

Sara gostava muito de Rodrigo, percebia nele uma pessoa honesta, fiel, respeitosa e verdadeiro amigo de Cássio, talvez o único.

Quando o almoço terminou, Cássio convidou Sara e Ana para irem à piscina com eles. Ambas aceitaram e, embora não fossem entrar na água, ficariam trocando ideias. Rodrigo era inteligente, conversava sobre tudo, o que facilitava a comunicação entre eles.

A tarde era de muito calor e logo Matilde chegou avisando que iria ao cabeleireiro na cidade. A conversa seguia descontraída quando Cássio pediu a Ana:

– Mana, vá lá dentro e peça ao Aurélio que nos traga aquela cerveja bem gelada que reservei para hoje.

Ana corou levemente e olhou para Sara, que com o olhar a encorajou a ir. Evitava ao máximo ficar sozinha com Aurélio temendo se descontrolar, contudo, encorajada pela amiga, saiu em direção à casa. Chamou pelo mordomo, que logo veio em sua direção. Seu coração descompassou e ela começou a tremer. Aurélio percebeu e, chegando mais perto, perguntou:

– Sente-se mal senhorita?

– Só uma ligeira tontura, vai passar.

– Sente-se aqui – tornou Aurélio solícito, indicando uma poltrona.

Ana sentou-se e ele disse:

– Vou trazer um copo com água.

– Não precisa, já estou melhor, deve ser esse calor.

Sem perceber, Ana havia pegado nas mãos de Aurélio e uma energia de amor muito grande a envolveu. Foi muito rápido, mas o mordomo percebeu o seu olhar amoroso e foi como se um véu tivesse sido arrancado de sua visão. Ana gostava dele! Vira em seu olhar. Com o coração também em descompasso, Aurélio pediu licença e saiu, sem saber como agir naquela situação.

Sara entrou na sala e, vendo Ana sentada com o rosto pálido, perguntou:

– O que aconteceu? Cássio está reclamando da demora.

– Aconteceu que mais uma vez me descontrolei quando fiquei perto de Aurélio. O pior é que nossas mãos se tocaram e notei que ele percebeu meu olhar amoroso em sua direção. Meu Deus, que vergonha!

– Você precisa se acalmar. Vá para o quarto, deite-se e faça uma prece. Peça a Deus que a ajude a encontrar o equilíbrio.

– Sara, sei que você acredita em espíritos, por essa razão quero lhe fazer uma pergunta.

– Pode fazer, tentarei responder dentro do meu limitado conhecimento.

– Sinto que meus desejos não são só meus. Às vezes, sinto que existem demônios ao meu lado colocando-me em tentação a todo instante. Esse descontrole ao me aproximar de Aurélio não pode ser normal.

Sara pensou um pouco e, intuída, disse:

– Os desencarnados podem fazer com que nossos desejos para certas coisas aumentem. Mas eles não são demônios, são espíritos de pessoas que já viveram na Terra e que, ao morrer, não deixaram seus maus hábitos, seus vícios, seus pontos fracos. Para satisfazerem-se melhor eles buscam os encarnados que têm as mesmas imperfeições que eles, para que se unindo possam experimentar as mais diversas sensações. Acontece com quem fuma, bebe, se droga, fala da vida alheia, come exageradamente, pensa negativo, julga os outros, e com o sexo não é diferente. As aberrações sexuais, os estupros, a promiscuidade, a pedofilia e a prostituição são todas induzidas pelos espíritos das trevas, que encontram a receptividade nas pessoas que não controlam suas emoções e pensamentos.

– Quer dizer que esse meu desejo por Aurélio pode ser uma indução de um espírito inferior? No outro dia você me disse que era normal.

– Sentir atração por alguém é normal, desejável e saudável, mas quando esse desejo nos desequilibra, tira-nos o controle dos pensamentos e ações, torna-se um sentimento compulsivo, que certamente tem origem em uma obsessão. Pode ser que você tenha abusado do sexo em vidas anteriores e essa seja a porta aberta que os obsessores encontram para desequilibrá-la. Por essa razão eu digo que além de orar, você precisa vivenciar a sexualidade sadia e com amor, e isso você só vai conseguir casando-se com quem ama.

Ana tinha os olhos cheios de lágrimas.

– Eu amo Aurélio, mas tenho medo...

– Por essa razão eu lhe dei o prazo até o dia do meu casamento, e espero que você cumpra.

– Reunirei todas as minhas forças e vou cumprir, sim. Mas, agora, quero me recolher, meditar. Diga a meu irmão e ao Rodrigo que não me senti bem e fui para o meu quarto.

– Direi, sim. Vá descansar.

Enquanto Ana seguia em direção ao seu quarto, e Sara ia para a cozinha pegar as cervejas, um vulto se esgueirou por trás de um grande móvel e saiu pelo corredor entrando em uma das portas. Era Aurélio que, sem querer, ouvira toda a conversa. Sentado em sua cama simples, ele estava muito feliz. Pensava: "Então Ana me ama! Como uma senhorita tão fina e delicada como ela pôde se interessar por um serviçal rude como eu?". Ele se perguntava enquanto sentia brotar em seu coração um sentimento nunca antes experimentado. Ele estava amando também. Agora entendia a diferença desse sentimento para o que sentia por Matilde. Ao pensar nela sentiu um asco e jurou para si mesmo que jamais voltariam a fazer sexo. Principalmente depois que ouvira o que Sara havia dito sobre os espíritos obsessores.

Aurélio deitou na cama e com amor no peito ficou durante longos minutos imaginando Ana em seus braços. A vida em sua trama sempre perfeita iria mais uma vez unir duas almas afins. Ivan e Kira, agora vivendo como Aurélio e Ana, teriam a chance de encontrar a verdadeira felicidade, embora tivessem que tirar muitas pedras do caminho.

***

Sara levou a cerveja e sentou-se na beirada da piscina. De repente, fixou a atenção no que Rodrigo dizia:

– Cássio, sua irmã Ana é uma moça linda. Sabe que eu nunca tinha parado para observar?

Cássio sorriu.

– E quem vai parar para observar uma moça que quase não sai de casa e quando sai é para ficar na barra da batina do padre?

– Eu penso que Ana ainda não gostou de ninguém. Quem sabe quando se apaixonar não mude esse estilo de vida?

– Não creio, ela sempre foi muito retraída e grudada em mamãe. O destino dela é ficar solteirona.

– Não se depender de mim... – tornou Rodrigo reticente.

– Será que meu amigo Rodrigo está se interessando pela beata Ana Caldeiras? – disse num gracejo. – Logo você, esse pilantra que sempre gostou das devassas? Deixe de brincadeira.

– Não estou brincando, Cássio. Hoje pude observar melhor sua irmã. Tem um rosto muito bonito, pele delicada, gestos sutis, até mudou a forma de se vestir. As mulheres estão ficando muito fáceis, talvez por essa razão eu nunca tenha me interessado em levar nenhum namoro a sério. Mas Ana é diferente. Se você me ajudar a conquistá-la, prometo fazê-la a mulher mais feliz do mundo.

– Espero que você esteja falando sério. Amo minha irmã e não quero vê-la sofrer.

– Nunca falei tão sério em toda a minha vida.

– Então prometo que Ana será sua.

Sara, a esse ponto da conversa, aproximou-se dizendo:

– Como você pode prometer Ana ao Rodrigo sem nem saber o que ela quer?

– Ora, amor, e o que poderia ser melhor para minha irmã do que um bom partido como Rodrigo?

– Acho que o melhor para sua irmã é ela escolher com quem deseja namorar. Ana já é bem grandinha para fazer suas próprias escolhas.

Rodrigo notou que Sara falava num tom sério.

– Por acaso é contra que eu namore sua cunhada? – perguntou encarando-a.

– Não tenho nada contra você, Rodrigo, pelo contrário, admiro-o muito. Mas o que estou estranhando é essa sua atração repentina por Ana e esse desejo de fazê-la a mulher mais feliz do mundo. Você a conhece há tempos e nunca demonstrou interesse.

Rodrigo corou. Na verdade, ele observara Ana como mulher apenas naquele dia e gostou da observação. Claro que não a amava, mas podia vir a amá-la se conseguisse mais intimidade e um namoro. Por essa razão disse:

– Sei que é amiga de Ana e deve estar preocupada com seu futuro. De fato eu nunca tinha parado para observá-la como mulher, mas hoje, aqui na piscina, enquanto vocês conversavam, pude perceber como ela é meiga, bonita, recatada. Tenho o direito de tentar me aproximar.

– Tem razão... – Sara resolveu encerrar o assunto antes que falasse demais. Ia pedindo licença quando ouviu Cássio dizer:

– Vou torcer para que minha irmã o aceite, pois você é único homem que aprovo para ela. Aqui nesta cidade só tem borra-botas, jamais iria deixar Ana se envolver com esses aproveitadores.

Sara ia discutir com Cássio, mas pediu licença e entrou na casa. Mais uma vez percebeu como ele era materialista. Se os advogados não tivessem afirmado que ele não sabia de nada sobre a herança, ela começaria a duvidar de seu amor.

A sala estava calma e ela resolveu deitar um pouco no sofá tentando pensar em uma maneira de ajudar Ana a se livrar daquela situação. Com certeza Cássio não iria aprovar que a irmã tivesse algum envolvimento com Aurélio. Iria causar empecilhos, expulsar o mordomo da fazenda, o que não seria nada bom. Com esses pensamentos, resolveu fazer uma prece pedindo auxílio do Alto.

O que Sara não sabia é que Rodrigo havia sido envolvido pelos espíritos trevosos, que trabalhavam para Drômio na Cidade Pervertida. Percebendo que Ana e Aurélio estavam prestes a se entender e que ela iria optar por um matrimônio harmonioso, os espíritos resolveram agir e impulsionar Rodrigo a envolvê-la nas tramas do comportamento desregrado para que ela voltasse a se prostituir como antes. Além de Rodrigo, os espíritos também tentariam envolver outros homens a conquistá-la para o sexo fácil. O que eles não poderiam permitir de forma alguma era que Ana tivesse uma vida amorosa saudável e equilibrada. Tudo fariam para que a antiga bailarina do balé imperial russo voltasse a dar prazer aos diversos espíritos que viviam viciados vagando pela Cidade Pervertida.

18

O casamento

O dia do casamento de Sara e Cássio finalmente chegou. A fazenda estava agitada por conta dos preparativos coordenados por Matilde, que fazia questão de mostrar interesse e bom gosto em tudo, desde a decoração da capela, a escolha do bufê, até a arrumação do grande pátio da grande casa, onde os noivos receberiam os cumprimentos.

Matilde fizera questão de contratar uma banda de música jovem para tocar enquanto cada convidado era servido e logo após embalar a festa que terminaria com o dia claro. O casal preferiu adiar a viagem de lua de mel, porquanto a saúde de Leonora havia piorado bastante e Sara não queria que a mãe morresse sem a sua presença. Mesmo assim, comprou-lhe uma cadeira de rodas e um lindo vestido para que ela pudesse participar da cerimônia e dos cumprimentos.

Aurélio, assim como todos os empregados da fazenda, estava envolvido com os afazeres, mas nem assim conseguia esquecer Ana e a descoberta de seu amor. No entanto, disfarçava de tal modo que ela nada percebeu. Depois daquela descoberta nunca mais tinha tido qualquer tipo de relação com Matilde, o que a deixou nervosa e inquieta.

A noite estava linda e a aragem do outono, banhada pela luz da lua cheia, entrava pelas janelas do quarto onde Sara se preparava. Maquiadores, estilistas e esteticistas vieram de Cuiabá, convocados por Matilde, para transformarem Sara na noiva mais bonita que todos ali tinham visto.

Quando ela ficou pronta e olhou-se no espelho, sentiu uma terna emoção. Afinal, estava tão linda assim para o homem de sua vida! Ana aproximou-se:

– Você vai ser muito feliz, minha querida.

– Sei disso. Estou tão emocionada e alegre que não tenho palavras. Mas não pense que me esqueci de você. Hoje é seu último dia. Se não se declarar ao Aurélio, amanhã eu vou chamá-lo e contarei sobre seus sentimentos.

– Como você é boa! No dia mais importante de sua vida ainda consegue pensar nos outros!

– Deixe de bobagem, não estou pensando nos outros, estou pensando em você, que, além de minha cunhada, é minha amiga a quem muito amo. – Fez pequena pausa e perguntou: – Criou coragem ou será preciso minha intervenção?

– Criei coragem, sim. Seja como for que Aurélio venha a reagir, preciso dizer que o amo e o desejo mais que tudo nesta vida.

– É assim que se fala.

A porta abriu-se com rapidez e Matilde apareceu elegantemente vestida dizendo:

– Vamos, Sara, só estamos esperando você, tudo já está pronto, inclusive Cássio à sua espera, ansioso como qualquer noivo.

Sara emocionou-se ainda mais.

– Não o vi hoje. Como a senhora conseguiu afastar-nos para que não nos víssemos?

– Coisas de uma boa sogra, afinal, não é bom o noivo ver a noiva antes do casamento. Agora, vamos. Você não pode se atrasar mais.

Matilde conduziu Sara até a porta da fazenda onde um carro a esperava para conduzi-la até a capela.

Quando a marcha nupcial começou a ser tocada, ela entrou deslumbrante, caminhando pelo tapete de veludo vermelho, de braços dados com Alceu, que, por exigência de Mariano, iria levá-la até o altar.

Quando Cássio tocou a mão de Sara, sentiu uma onda de amor envolvê-lo de maneira tão grandiosa, que jurou para si que nada no mundo seria capaz de separá-lo daquela mulher.[1]

Assim que padre Sílvio terminou a cerimônia que os uniu definitivamente, e o beijo amoroso selou o verdadeiro compromisso, uma salva de palmas ecoou no ambiente. Os espíritos de Mariano e Melânia estavam ali, radiantes de felicidade.

– Quando os uni na Terra pelo testamento nunca imaginei que estava fazendo algo tão certo. Como estou feliz! – comentou Mariano.

– Os encarnados não sabem, mas nenhuma ação praticada por eles é em vão ou por acaso. O livre-arbítrio das criaturas coexiste com as leis universais. Por essa razão afirmamos que tudo sempre está certo como está e ninguém age errado como pensamos a princípio. Cada ser sempre age de acordo com seu nível de evolução, impulsionando o progresso de outros seres e assim por diante. A vida é uma sinfonia perfeita.

– Como é bom saber disso, Melânia. Seria melhor ainda se todos pudessem partilhar desse conhecimento.

– Um dia a humanidade entenderá; por hora é preciso esperar fazendo a nossa parte. Vamos continuar pela fazenda; afinal, o desencarne de Leonora está próximo e, mesmo depois que

---

1 Estamos narrando a história de uma união entre almas afins, coisa rara de acontecer no planeta Terra devido aos valores falsos da sociedade, a hipocrisia, a sensualidade e as ilusões da vida material, que a maioria dos encarnados ainda carrega tão fortemente em sua alma pouco avançada. Em uma união desse tipo é natural e nada fantasioso os sentimentos que descrevemos. (Nota do Autor Espiritual)

isso acontecer, deveremos permanecer para auxiliar Cássio e Sara nos desafios que terão de enfrentar.

– Gostaria de poder evitar isso.

– Mas ninguém tem esse poder. Cássio é muito materialista e Sara ainda guarda resquícios negativos de sua personalidade passada. É natural que a vida os empurre por meio do sofrimento, para que aprendam os verdadeiros valores da alma.

Mariano calou-se e com os outros espíritos continuou a lançar energias de paz sobre o casal.

***

Disfarçadamente, Matilde desapareceu entre os convidados e entrou na casa. Foi até um dos quartos, girou a maçaneta, e entrou. Olhou para a mulher que a esperava e com sorriso diabólico disse:

– Finalmente chegou a hora, eles já estão recebendo os cumprimentos.

– Já não aguentava mais esperar, fiquei com ódio por não ter visto a cerimônia.

– Perdeu de ver como aquela pobre miserável se comportou. Parecia dona de meu filho.

A mulher pareceu se impacientar com a conversa.

– Não vamos ficar falando sobre isso agora, preciso cumprimentar o casal.

– Vá, querida, boa sorte!

Enquanto ela saía do quarto, Matilde soltou uma gargalhada estridente. Sara não sabia o que a aguardava.

***

Extremamente felizes, o casal recebia os cumprimentos. A fila era longa, mas eles estavam tão satisfeitos que nem percebiam o tempo passar. De repente, Cássio sentiu-se gelar e o coração descompassar. Não podia ser quem ele estava pensando. Diante deles estava uma jovem morena, cabelos lisos, lábios carnudos, com aparência de 30 anos, elegantemente vestida, que sorria cinicamente. Sara, a princípio, não estranhou, mas a moça demorou demais observando sem dar os cumprimentos, o que a fez achar que ali tinha algo diferente. Olhou para Cássio, que, parado e pálido, nada dizia.

Fabíola abriu os braços para ele e o abraçou forte dizendo:

– Eu não poderia jamais deixar de cumprimentá-lo, meu amor. Feliz casamento! – dizendo isso, sem que Cássio pudesse esboçar qualquer reação, ela o beijou forçadamente na boca, causando *frisson* entre os convidados, que se aglomeraram para ver a cena.

Sara, sem entender o que estava acontecendo, esperou que Cássio se desvencilhasse daquela mulher, e perguntou nervosa:

– Cássio, pode me dizer o que é isso?

Ele estava completamente envergonhado, desconcertado, sem saber o que falar. Por fim disse:

– Esta é minha prima, Fabíola.

– Sim, sou a prima predileta dele. Deu para notar, não é?

Sara começou a se sentir humilhada e com ciúmes. De repente, veio-lhe à mente o que o espírito de Mariano dissera naquela noite. Lembrou que houve um envolvimento maior entre Cássio e aquela prima, tudo confirmado por ele mesmo. Completamente descontrolada, Sara bradou:

– Deu para notar que você é uma mulherzinha cínica e vulgar. Saia de nossa frente.

– Calma, querida. Um beijinho não tira pedaço nem vai roubá-lo de você. Cássio é todo seu. O que quero é aproveitar esta festa maravilhosa. Sejam felizes.

Fabíola ia se afastando quando Cássio a segurou fortemente pelo braço.

– O que pensa que está fazendo? Quem a chamou aqui?

– Não preciso ser chamada, minha mãe mora aqui e eu posso vir vê-la quantas vezes quiser.

– Você sabe que sua presença não é bem-vinda em nossa casa.

– Não era assim que você pensava antes, quando nos deitávamos sobre os montes de feno.

Algumas pessoas começaram a rir, outras a cochichar, e outras a apontar para eles.

Sara, completamente humilhada, soltou a mão de Cássio e saiu correndo em direção a casa. Ana foi atrás dela, enquanto Cássio sacudia Fabíola com muita raiva.

– Quero que vá embora daqui o quanto antes.

Matilde chegou e se interpôs entre os dois.

– Ela não vai embora. Se você não gosta de sua prima eu gosto, e sei que Marta ficará muito feliz por vê-la.

– Mãe, quantas vezes devo lembrá-la de que a casa não é sua, e sim minha e de Sara! Essa mulherzinha não ficará aqui nem mais um segundo.

Rodrigo aproximou-se de Cássio e o chamou à razão.

– Melhor aceitar a presença de sua prima. Você já se esqueceu do passado?

Cássio parecia haver caído em si. Se Fabíola revelasse a Sara o que havia acontecido entre eles fazia alguns anos, sabia que sua mulher jamais o perdoaria. Resolveu contemporizar.

– Se quiser ficar que fique, mas passe longe de mim e de minha mulher.

– Sim, querido, fique despreocupado.

Fabíola jogou um beijo com a ponta dos dedos para Cássio e desapareceu com Matilde em meio aos convidados.

Como a noiva havia saído correndo, a fila dos cumprimentos se desfez rapidamente e todos passaram a comentar o ocorrido.

Logo a banda começou o *show* e os mais jovens passaram a aproveitar a festa.

Leonora, que estava com Rosana, não havia entendido nada, mas como presenciara a cena, ficou com dó da filha e a seguiu para tentar ajudá-la. Sara estava trancada em seu antigo quarto e por mais que a mãe, Rosana e Ana chamassem, ela não abria a porta. Cássio chegou com o coração oprimido, pediu licença e começou a gritar pela esposa.

– Sara, eu a amo, abra esta porta. – Fez uma pausa, acalmou-se e continuou: – Nós juramos um dia que não deixaríamos nada nos separar. Não se deixe levar por uma coisa tão pequena.

Os soluços de Sara pararam e, minutos depois, ela abriu a porta. Cássio entrou, abraçou-a fortemente e ambos se beijaram com amor. Sentaram-se na cama e ele tornou:

– Tenho certeza de que foi minha mãe quem chamou Fabíola aqui só para nos importunar, e conseguiu. Veja o estado em que você está.

– Como você acha que eu ficaria depois de tudo o que ela fez e disse?

– Compreendo, meu amor, mas sei que você é madura o suficiente para não deixar que nossa primeira noite como casados termine mal.

– Tem razão, Cássio. Aprendi que não devemos nos deixar levar pela maldade dos outros. No entanto, não quero mais voltar para a festa.

– Eu também não quero, vamos para nosso quarto. – Dizendo isso, pegou Sara no colo com extremo carinho, abriu a porta e deparou com Rosana, Leonora e Ana que, com sorrisos de felicidade, bateram palmas. Eles também sorriram e foram para seus aposentos.

Lá chegando, Cássio e Sara, aos poucos, foram se entregando ao sentimento que os unia e logo se esqueceram de todo o resto.

Ao ver que o casal voltara a ficar em paz, Leonora sorriu e olhou para Rosana:

– É, minha amiga, creio que realmente nada separa esses dois. Nem essa tal de Fabíola.

– Sim, concordo. Eles são almas afins e quando almas afins se unem não há separação. No entanto, sinto que eles enfrentarão muitos problemas. Esta fazenda, as pessoas e os espíritos que moram aqui, estão envolvidos em energias escuras de cobiça, usura e ambição. Temos de orar muito por eles.

Ana, que estava presente, questionou:

– A senhora acha que tenho energia ruim?

– Oh, desculpe querida, não quis me referir a você. Sinto que sua alma é boa, nobre e anseia ser feliz. Mas eu sei que você também percebe que o ambiente nesta casa não é dos melhores. Muitos perigos rondam Cássio e Sara, e você, como amiga, deve estar sempre por perto os ajudando.

– Conto com sua ajuda para amparar minha filha quando eu não estiver mais aqui – disse Leonora com carinho.

– Não se preocupe, dona Leonora. Sara conquistou meu coração e o do meu irmão também. Eu nunca pensei que um dia Cássio fosse gostar de alguém de verdade, mas Sara veio mostrar que eu estava enganada. Mesmo que eu não estivesse aqui, sei que meu irmão faria de tudo para protegê-la e deixá-la bem.

– Quem é essa moça que quis estragar a felicidade de minha filha?

A pergunta direta de Leonora pegou Ana de surpresa; no entanto, ela não podia contar a verdade.

– É nossa prima. Uma doidivanas quando o assunto é amor. Namorou o Cássio algum tempo atrás e não se conformou quando ele terminou tudo. Foi embora para outro país, mas sei que ainda alimenta o desejo de reconquistá-lo.

– Ela vai querer atrapalhar a vida deles. Tem muita maldade, percebi no olhar.

– Mas não vai conseguir, eu lhe garanto. Cássio é um homem forte, decidido, sei que vai conseguir colocar nossa prima no devido lugar.

– Assim espero.

A conversa foi encerrada e Leonora pediu que Rosana a levasse ao quarto, onde iria repousar e tomar seus medicamentos. As dores fortes haviam aumentado muito nos últimos dias. Foi com dificuldade que ela pôde acompanhar a cerimônia.

Ana saiu em direção ao pátio, onde a festa acontecia. Ficou observando as pessoas para evitar encontrar a mãe e tentar achar Aurélio. Percebeu quando Matilde e Fabíola aproximavam-se e escondeu-se por entre as palmeiras. As duas passaram gargalhando alto e não notaram sua presença.

De repente, viu que Aurélio ia subindo os degraus que levavam à casa. Era sua hora, tinha de ter coragem. Apressou o passo e, antes que ele entrasse, chamou-o:

– Aurélio. Precisamos conversar.

Ele, surpreso e com coração aos saltos, perguntou:

– O que deseja, senhorita?

– Preciso conversar com você, mas não pode ser aqui, acompanhe-me até o meu quarto.

Aurélio corou.

– Ao seu quarto, senhorita?

– Sim. Ninguém está na casa, além de dona Leonora, Cássio e Sara. E cada um está em seu quarto, ninguém vai nos ver.

Num ato de coragem, Ana puxou o braço de Aurélio e praticamente o arrastou até o quarto. Os dois estavam envergonhados e sem saber como agir.

– O que quer, senhorita?

– Eu... Eu... – Ana sentiu que não ia ter coragem, não conseguiu mais falar.

Aurélio, percebendo o que ela ia dizer, pegou em sua mão e disse:

– Não precisa dizer nada. Sei que me deseja tanto quanto eu a desejo.

– Eu não apenas o desejo, Aurélio, eu o amo.

Movido por grande emoção, Aurélio tomou-a nos braços e a beijou com intensidade. Envolvidos pela onda de amor, amaram-se.

Ana nunca sentira na vida uma emoção como aquela. Depois de algum tempo, continuaram fazendo carinho um no outro, numa intimidade daqueles que já se conhecem há muito tempo. Ele virou-se:

– Não sei como será de agora em diante, mas sei que a amo, e a partir de hoje, não saberei viver sem você.

– Eu também. Não sei como vivendo com você durante tanto tempo nunca o havia observado como homem.

– Digo o mesmo. Achava-a muito mimada e dependente da Matilde. Hoje vejo que é uma mulher completa. Tenha certeza de que a farei muito feliz.

– Vamos fazer como Cássio e Sara e jurar que nada neste mundo vai nos separar.

– Vamos, sim.

Ambos fizeram o juramento e logo depois se vestiram, voltando para a festa como se nada tivesse acontecido. Ana sabia que teria de enfrentar a mãe e o irmão. A mãe por não querer perder o amante, e Cássio por não desejar ver a irmã casada com um homem sem posses. Mas ela agora era uma nova Ana e com a força do amor iria lutar contra tudo e todos.

Próximo à senzala abandonada, dois espíritos inferiores esbravejavam. Um dizia entre os dentes:

– Não é possível que tenhamos perdido essa batalha. Drômio avisou que se ela se deitasse com o mordomo não conseguiríamos mais atingi-la.

– E é verdade. Quando eles começaram a se amar, uma capa de luz azul os envolveu e nos arremessou para longe. Isso acontece porque existe amor entre os dois. Há muitos anos manipulamos a sexualidade das pessoas e sabemos que quando um casal tem respeito e amor não conseguimos interferir, fazer sexo com eles ou sugar suas energias.

– Sei disso, mas do que nos adianta ficarmos nesse papo furado? Ficamos encarregados de influenciar os homens para que seduzissem Ana e, no entanto, não conseguimos. Drômio vai nos castigar.

Nessa hora, uma voz cavernosa se fez ouvir:

– Servos inúteis, serão levados às profundezas do abismo para aprenderem a não brincar em serviço. Malditos sejam!

Sombras escuras envolveram aquelas duas entidades, que, em fração de segundos, desapareceram chão adentro.

19

Misericórdia

Passavam das dez quando, na manhã seguinte, o café foi servido. A festa havia terminado ao raiar do dia e Matilde fez questão de esperar o último convidado ir embora. Todos comiam em silêncio quando Fabíola, com ar de deboche, perguntou:

– Os pombinhos não vêm para o café?

– O senhor Cássio chamou-me mais cedo e pediu-me que levasse o café dos dois ao quarto – respondeu Aurélio polidamente.

– Que romântico, hein?

– Meu filho sempre foi um romântico inveterado, principalmente quando inicia uma relação – tornou Matilde com voz afetada e fingida. – Torço muito por este casamento, mas temo que, com o tempo, Cássio venha a enjoar da esposa, como aconteceu com todas as outras.

– Eu que o diga – disse Fabíola revirando os olhos.

– Isso não vai acontecer, podem ter certeza – disse Ana com firmeza na voz. – Conheço muito bem meu irmão e sei que está amando de verdade. Quando amamos assim, nunca perdemos o encanto pela pessoa amada. Esse casamento vai ser eterno.

Fabíola sentiu um ódio surdo brotar dentro de si ao ouvir as palavras da prima.

– Você não pode ter certeza de nada. Quem pensa que é? Até onde sei não passa de uma solteirona amargurada que vive para rezar. Como pode entender de amor? Ora, cale-se.

– Não vou aceitar suas provocações, Fabíola. Na verdade, eu sinto muita pena de você. Estudou, formou-se em Psicologia, foi embora do país, mas não passa de uma criatura infeliz por não ter conseguido o amor de meu irmão. Além de tudo, não tem coração, não deu a mínima importância para a própria mãe, abandonando-a no momento em que ela mais precisou.

Fabíola, usando o que aprendera no curso de Psicologia, passou a observar Ana. Ela estava muito mudada e não era mais aquela moça boba e apagada de tempos atrás. Falava com firmeza e altivez, além de demonstrar um brilho radiante de felicidade no olhar. Havia algo acontecendo na vida de Ana e ela iria descobrir o que era. Contudo, não ia deixar que ela a ofendesse.

– Não preciso da sua compaixão, querida. Noto que está muito saidinha, querendo ser gente, mas não passa de uma mulherzinha qualquer perdida num fim de mundo e que nem sequer estudou. – Fez uma pausa e continuou: – Noto que está diferente, parecendo apaixonada. Quem será, hein? Algum cortador de cana?

Matilde a interrompeu:

– Chega, Fabíola. Por mais que goste de você, não posso permitir que ofenda assim a minha filha. Está certo que Ana não quis estudar e é muito apegada a mim e à religião, mas isso não lhe dá o direito de ofendê-la. Peça desculpas.

Fabíola levantou-se da mesa dizendo:

– Só disse a verdade e não pedirei desculpas! Vou lhe dar um aviso, minha tia: Ana está realmente com um brilho diferente no olhar, sei porque sou psicóloga e conheço quando alguém está apaixonado. Procure saber quem é o infeliz, pois certamente não passa de um aproveitadorzinho barato.

Ana também se levantou com raiva.

– Como ousa interferir em minha vida? Nunca lhe dei essa liberdade, e também nunca interferi quando se relacionou com meu irmão e toda aquela desgraça aconteceu. Não tenho culpa se é uma mulher infeliz e amarga. Procure me esquecer.

– Impossível, você é uma criatura insignificante e problemática. Esqueceu que estudei justamente para lidar com pessoas desequilibradas como você?

Movida por intensa raiva, Ana girou o braço e esbofeteou Fabíola com tanta força que ela rodou e foi levada ao chão.

– Isso é para você aprender quem eu sou. E aproveito para avisá-la: não tente atrapalhar a felicidade de Sara e Cássio, pois terá em mim uma grande inimiga, daquelas que não tem pena de suas vítimas. Passe bem, querida.

Matilde, atrapalhada e completamente espantada pela reação intempestiva de Ana, ficou sem saber o que fazer, até que, vendo Fabíola tentando se levantar sem conseguir por causa de súbita tontura, deu-lhe as mãos, ajudando-a a sentar-se novamente na cadeira.

Quando se recompôs disse entre dentes:

– Sua filha vai pagar caro por essa bofetada.

– Acalme-se, Fabíola. Não concordo com o que Ana fez, mas você foi longe demais, não a respeitou.

– Se for para ficar do lado deles, para que me trouxe aqui?

– Não estou do lado deles, mas discutir com Ana não vai levar a nada. Contenha seu gênio.

– Sua filha está do lado do casalzinho, percebi desde ontem, pois nem sequer veio dar-me boas-vindas. Além de tudo, está muito diferente. Algo está acontecendo debaixo do seu nariz e a senhora não está percebendo.

– Ao que você se refere?

– Não ouviu o que eu disse? Sua filha está apaixonada.

Aurélio, que havia se retirado do recinto, acabava de voltar a tempo de ouvir aquelas últimas palavras. Enquanto retirava as louças da mesa, fingindo nada perceber, aproveitou para ouvir a conversa.

– Faz-me rir, Fabíola. Ana pode estar mudada, sim, isso eu concordo, pois Sara é daquelas mulheres independentes, com ideias avançadas e tem influenciado minha filha. Mas por quem Ana iria de apaixonar? Ela mal sai de casa.

– Como você é ingênua para certas coisas! Esta fazenda vive cheia de trabalhadores, posseiros, cortadores de cana. Pode ser um desses.

– Não acredito. Ana não tem contato com essa gente, a não ser...

– A não ser?

– Só pode ser o Rodrigo. Tenho certeza de que é ele.

– Tem certeza?

– Acredito que sim. O único homem que Ana tem contato é Rodrigo, que vem, frequentemente, aqui. Outro dia ele estava na piscina com Cássio, enquanto ela e Sara conversavam ali. Fui avisar que ia sair e passei rapidamente por eles, o suficiente para perceber que Rodrigo olhava minha filha de maneira diferente.

– Mas Rodrigo é um rapaz qualquer. Vai deixar que um homem sem nome à altura dos Caldeiras faça parte da família?

– Rodrigo não é tão pobre assim. Os pais são de famílias tradicionais da cidade, tem *status*, melhor que nada.

Fabíola riu.

– Se ele tiver estômago para aturar a sem graça da sua filha, sorte sua, que não vai amargar-se com os chiliques de uma solteirona dentro de casa.

– Vamos dar uma volta pela fazenda. Está fazendo um sol lindo lá fora. Depois penso melhor nesse assunto.

– E quando devo colocar em execução o resto do plano?

– Deve esperar. Depois do que você fez ontem, Sara vai passar um tempo desconfiada, olhando-a com raiva e ciúme. Precisa ganhar a confiança dela e de Cássio. Para isso, terá de se fazer de amiga e boa filha, não se esquecendo de estar sempre com sua mãe, fingindo preocupação.

– Vai ser difícil. Mas para não deixar Cássio ser feliz com outra mulher valerá a pena o esforço.

Matilde sentiu uma ponta de tristeza, não gostava de saber que Fabíola não gostava da mãe. Contudo, resolveu não tocar naquele assunto. Logo depois, ambas saíram para o passeio matinal.

Aurélio, que a tudo ouvira, ficou bastante aliviado. Fabíola era esperta, havia percebido que Ana estava gostando de alguém, mas ao mesmo tempo acharam que era de Rodrigo. Tanto melhor. Até que eles resolvessem tomar coragem e assumir o que sentiam um pelo outro, era bom que ninguém suspeitasse de nada. Aurélio só não gostou de tomar conhecimento da trama diabólica que Matilde e a sobrinha estavam preparando para separar Cássio e Sara. Ele jurara a Mariano que ficaria o tempo que fosse preciso na fazenda até o casal firmar-se no amor que sentiam, protegendo-os da ira de Matilde e de quem quer que fosse. E assim o faria. Resoluto, terminou de recolher as louças saindo em direção à cozinha.

Passava do meio-dia quando Cássio e Sara, felizes, saíram do quarto. Eles haviam conversado muito e ela resolveu aceitar a presença de Fabíola na fazenda, porquanto ela tinha direito de ver a mãe, principalmente agora, que Marta havia melhorado. Cássio havia lhe detalhado a personalidade cruel e vingativa da prima de forma a fazer Sara não entrar em seus jogos cínicos e vulgares.

Após certificar-se de que Leonora estava bem, com as dores bastante aliviadas, chamou o esposo e foram passear pela fazenda. O sol estava quente e eles pararam embaixo de frondosa árvore. Sentaram-se na grama e passaram a observar o vaivém das pequenas ondas do grande lago que se formava às suas vistas.

Poucos minutos depois, sentiram a presença de Fabíola e Matilde, que se aproximavam.

– Gostaria de pedir desculpas a você, Sara – disse Fabíola com fingimento na voz.

– Não há do que se desculpar. Percebi que você se deixou levar pelas emoções, o que é natural. Eu é que me comportei como uma criança quando saí chorando e correndo. Não tenho o que temer, Cássio me ama e só a certeza disso me deixa segura.

Mordendo os lábios de raiva, Fabíola falou com voz que se esforçava para tornar doce:

– Ainda assim quero me desculpar, principalmente com você, Cássio. Comportei-me muito mal e, por pouco, não estraguei a linda festa de vocês.

– Faço minhas as palavras de Sara. Não há do que se desculpar. Conheço-a bem e sei como, apesar de ser psicóloga, continua a se comportar como uma adolescente.

Fabíola sentia o ódio aumentar, mas disfarçava bem.

– Agora que já pedi desculpas, gostaria que fôssemos amigos. Afinal, estou na casa de vocês porque preciso estar um pouco com minha mãe. Fiquei muito feliz quando tia Matilde ligou-me falando de sua recuperação. E já que preciso estar aqui, que possamos conviver em paz.

– Por mim, tudo bem – disse Cássio.

– Eu não vejo também nenhum problema, Fabíola – completou Sara. – O episódio de ontem já está esquecido e fico feliz que tenha vindo visitar sua mãe. Ela melhorou bastante e ultimamente só falava em seu nome.

Fabíola continuou fingindo, dizendo ter se arrependido por haver deixado Marta sozinha e até conseguiu fazer uma lágrima rolar do seu olho.

De repente, e sem que pudesse prever, Sara viu um espírito de aspecto deformado agarrado ao corpo de Fabíola. Foi por poucos segundos, mas ela enxergou nitidamente a figura de um homem com a cabeça de adulto e o corpo de bebê, com o braço esquerdo avantajado e o direito muito pequeno. O espírito expelia chispas de ódio em direção à Fabíola, que se transformavam em raios ígneos envolvendo todo o seu corpo e concentrando-se no baixo ventre e cerebelo.

Aquela visão deixou Sara perturbada e ela sentiu uma grande tontura. Todos perceberam sua palidez e Cássio a sacudiu com força.

– O que está acontecendo, Sara? De repente, ficou pálida. Está se sentindo mal?

– Um pouco tonta. Quero voltar para casa.

– Sua pressão pode ter caído – tornou Matilde solícita.

– Não tenho problemas de queda de pressão.

– Mas às vezes acontece, ou será que já vai me dar um netinho?

Sara não respondeu e, apoiando-se em Cássio, foi andando lentamente de volta a casa. Fabíola e Matilde os seguiram, caladas.

Após tomar um pouco de água que Aurélio lhe trouxe, Sara foi melhorando e, em pouco tempo, estava novamente bem. Como não podia falar da visão que havia tido, resolveu contemporizar.

– Deve ter sido mesmo uma queda de pressão.

– É que as energias desta casa de repente ficaram péssimas – disse Ana, olhando de soslaio para Fabíola.

– Deixe disso, Ana. Tonturas acontecem com qualquer um e como disse dona Matilde, se não for a pressão posso realmente estar grávida.

Os olhos de Ana brilharam alegres.

– Tomara que seja verdade. Esse bebê viria para completar a felicidade de vocês.

A conversa foi interrompida por Aurélio anunciando que o almoço estava sendo servido. Todos foram almoçar, conversando amenidades. Fabíola e Matilde se mostravam muito simpáticas com o casal, sem, contudo, conseguir enganar Ana, que sabia com quem estava lidando. De todos daquela mesa, a única que não estava prestando atenção à conversa era Sara, impressionada com a visão de um espírito tão sofredor. Na primeira oportunidade iria perguntar a Rosana do que se tratava e de como ajudá-lo.

O resto do dia passou rápido. Cássio e Sara voltaram ao quarto, onde permaneceram trocando juras de amor e tecendo planos para o futuro. Quando saíram para o jantar, encontraram todos à mesa. Quando iam terminando a refeição, Sara olhou para Fabíola com firmeza e perguntou:

– Como está dona Marta hoje? Suponho que tenha passado a tarde com ela.

– Ah, mamãe dormiu a tarde inteira de forma que não pudemos conversar como gostaria – mentiu Fabíola, que passara a tarde maquinando planos com Matilde com o intuito de atrapalhar a felicidade do casal.

– Quando dona Marta dorme durante a tarde, geralmente passa boa parte da noite acordada, pois seu sono é bastante irregular. Dessa forma, gostaria que me acompanhasse nas orações que faço com Ana em seu quarto todas as noites.

– Orações? – questionou Fabíola com desdém. – Posso saber por que reza no quarto de mamãe?

– Você não sabe de muitas coisas, Fabíola – disse Sara amável. – A doença de sua mãe na verdade é uma perseguição de espíritos desencarnados. É o que chamamos de obsessão. Para que ela se cure, uma das coisas que precisamos fazer com constância é a oração a seu favor e a favor dos irmãos ignorantes que a fazem sofrer. Desde que começamos a fazer isso, sua mãe obteve grande melhora.

– Desculpe, mas não acredito nessas coisas. A ciência tem explicações suficientes para os problemas mentais. Eu estudei Psicologia e sei que os problemas mentais são causados por deficiências de substâncias químicas e lesões cerebrais. Para mim, o que você diz são crenças de pessoas simplórias e ignorantes.

– Respeito sua opinião, mas acredito que deveria rever seus conceitos. Embora a medicina tenha levantado hipóteses sobre as causas da loucura, ainda não chegou a nenhuma conclusão. Acredito também que exista a loucura puramente física, com causas orgânicas, mas, nesse caso, o uso da medicação melhora os sintomas significativamente, e na maioria dos casos os pacientes passam a levar vida normal com reintegração social. Mas quando a medicação falha e nenhum método de cura dá certo, é hora de levarmos em conta outros fatores, e esses fatores são espirituais. Dona Marta nunca obteve melhora com os remédios, mas bastou começarmos o tratamento de desobsessão para que ela melhorasse. Você mesma pôde comprovar.

– Você fala com segurança, onde estudou tudo isso? Como pode provar que o que diz é verdade?

– Eu estudo a doutrina espírita e como ela também é ciência, contamos com a ajuda de pesquisadores sérios, cientistas de renome, que estudaram a esquizofrenia e chegaram a conclusões surpreendentes. Também conversei bastante com o doutor Rafael, psiquiatra espírita que trabalha nesta cidade, e ele ajudou-me a entender um pouco mais. Quanto às provas, creio que a melhora de sua mãe é mais que suficiente, não acha?

Fabíola não respondeu. No telefonema que Matilde lhe fizera apenas havia mencionado que sua mãe estava submetendo-se a um novo tratamento e estava se recuperando rapidamente. Ela imaginava que se tratava de algum medicamento novo. Olhou para a tia e perguntou:

– Então é esse o tratamento que a senhora disse que minha mãe vem fazendo? Não pensei que, como católica, pudesse acreditar nessas coisas.

– Eu tive de me render aos fatos – tornou Matilde, um tanto envergonhada. – Não suportava mais ver o sofrimento de minha irmã, sempre estática como uma múmia ou toda amarrada na cama feito um animal. Amo Marta profundamente e nessas horas não podemos nos deixar levar por preconceitos religiosos. Pelo menos, tento não me deixar levar. É claro que jamais serei espírita ou compactuarei com uma doutrina dessas, mas, de certa forma, está ajudando minha irmã, isso não posso negar.

– Então, acompanha-nos nas orações? – inquiriu novamente Sara.

– Claro que sim. Peço desculpas por ter dito que os espíritas são ignorantes. Vendo-a expressar-se dessa maneira, creio que estava enganada.

O jantar terminou e, enquanto Cássio dirigia-se para a sala de televisão, as mulheres foram em direção ao quarto de Marta. Fabíola estava se sentindo incomodada. O que ela menos queria era orar. Acreditava que Deus existia, mas não perdia tempo com rezas, igrejas e coisas do tipo; nem se lembrava mais qual havia sido a última vez que fizera uma oração. Contudo, tinha de agradar à Sara ao máximo, pois conquistar sua amizade fazia parte do plano.

Quando entraram no quarto, encontraram Marta sentada na cama, olhando-se num pequeno espelho. Todos podiam notar sua mudança física e mental. Estava limpa, com um vestido novo estampado, cabelos arrumados e olhar alegre. Não havia voltado de todo ao normal, mas já conversava algumas frases com sentido, ora pedindo coisas, ora falando que amava Matilde e Fabíola.

Quando viu a filha e foi abraçada por ela, Marta deixou que lágrimas grossas caíssem em profusão sobre seu rosto. Com a voz um tanto embolada balbuciou:

– Minha querida Fabíola, minha pequena. Pensei que nunca mais fosse vê-la. Eu a amo, minha bonequinha.

Fingindo uma emoção que estava longe de sentir, Fabíola disse:

– Eu também a amo, mamãe. Muito. Tive de ir embora forçada pela vida, mas agora estou de volta e prometo nunca mais abandoná-la.

Matilde chorava de emoção e, vendo aquele momento de comoção, Sara percebeu o que já tinha certeza: Matilde tinha um lado bom, aquele lado divino, que todo ser humano possui, por pior que seja.

Quando o abraço terminou, Sara pediu que todos se sentassem para que fosse iniciada a leitura do Evangelho. Abriu, ao acaso, *O Evangelho Segundo o Espiritismo* na mensagem "Honrai vosso pai e vossa mãe". Como sempre fazia, Sara leu e dissertou sobre o tema com emoção. Falou que os filhos têm uma eterna dívida para com os pais: a dívida da vida e, por essa razão, tudo devem fazer para amá-los, respeitá-los e ajudá-los em todos os momentos. Salientou que toda ofensa que um filho faz aos pais e toda falta de caridade que tem com eles serão cobradas inadiavelmente pela vida, geralmente por meio de muita dor e sofrimento. Completou dizendo que aqueles que desprezam seus pais verão suas mais caras afeições serem destruídas ainda na existência presente, explicando que a vida de muitos filhos, às vezes, é repleta de sofrimento, decepções e angústias, justamente por não terem dado valor àqueles que Deus os presenteou como genitores para toda a existência.

Fabíola sentiu-se tocada nas fibras mais íntimas de seu ser. Nunca fora boa filha nem gostava da mãe. Mas como iria fingir um sentimento que não possuía? Será que havia sofrido tanto no passado por ter sido sempre tão áspera e desrespeitosa com Marta? Contudo, as reflexões daquela mulher insensível e egoísta não duraram mais que poucos minutos. Logo, já as havia esquecido e tentava acompanhar a prece final proferida por Sara, que deu por encerrado o culto daquela noite.

Fingindo estar "matando as saudades", Fabíola resolveu ficar no quarto com Marta depois que todos saíram.

O sofrimento do homem, seja como for, sempre pode ser evitado. Ninguém na Terra nasceu para sofrer. O homem só é infeliz quando se distancia das leis cósmicas que regem o universo, enveredando-se pelos caminhos dos valores invertidos, das crenças negativas, dos pensamentos tóxicos e das atitudes vis.

Fabíola não teria passado pelas dores que vivenciou no passado se tivesse outra forma de pensar e ver a vida. Não aproveitou a lição do sofrimento e continuou na mesma faixa energética, o que certamente atrairia provas mais duras e dores mais profundas.

"Misericórdia quero, não o sacrifício", disse Jesus. Lamentável que muitos não entendam nem pratiquem esse ensinamento.

20

O desencarne de Leonora

Os dias foram passando e a vida na fazenda voltou à rotina. Como a lua de mel havia sido adiada, Cássio voltou aos seus afazeres na usina e Sara, percebendo o agravamento do estado de saúde da mãe, passou a dedicar-se exclusivamente a ela. Os medicamentos não mais aliviavam as dores com a mesma eficácia de antes e Leonora havia perdido o apetite, comia apenas o necessário para manter o fio de vida que ainda lhe restava no corpo.

Embora com todo o conhecimento do Espiritismo que possuía, e amparada por Rosana, estava sendo extremamente difícil para Sara o momento da separação. Tentando consolá-la a amiga disse:

– O corpo morre, mas o espírito é eterno. Leonora deixou-se levar pela mágoa, agasalhou o sofrimento no coração, por essa razão criou energias negativas e pesadas que culminaram com a doença no corpo. No entanto, sua mãe aceitou a enfermidade com resignação, sem reclamar. Durante todo esse tempo em que ficou doente procurou aprender o que a vida lhe estava ensinando e tenho certeza de que, a partir de agora, nunca mais vai cultivar nenhum sentimento depressivo. O corpo de Leonora está cansado, sem condições de continuar vivo, mas sua alma libertou-se e assim que se desligar da matéria estará brilhante, sadia, renovada. O que você quer? Ver sua mãe doente ou saber que ela está viva e com muita saúde na outra dimensão?

– Tem razão, Rosana, mas ainda assim é difícil a separação. Minha mãe, além de meu pai, foi a única pessoa da família que conheci, pois pouco depois que nasci meus avós morreram. Como poderei viver sem sua alegria, seus conselhos sábios, seus carinhos?

– A separação é difícil, mas se torna menos dolorosa quando temos certeza de que ela é temporária. Você está casada com o homem que ama, herdou uma imensa fortuna, está com uma grande responsabilidade nas mãos. A vida de Leonora na Terra está terminando, mas a sua está apenas começando. A vida precisa continuar. Além disso, Deus é sabedoria e bondade, preenche os nossos vazios com outras oportunidades de progresso, luz e felicidade. Sinto que seu apego está dificultando o processo de desencarne de sua mãe, por essa razão, peço-lhe que ore com todo o coração e peça a Deus que a liberte. É o melhor que pode fazer por ela neste momento.

Elas estavam conversando aos pés do leito de Leonora, que não mais falava nem ouvia o mundo externo, apenas respirava fracamente. Sara então fechou os olhos e fez sincera prece a Deus e aos espíritos superiores, pedindo que o desencarne de sua mãe fosse suave e que ela fosse conduzida com amor aos planos de luz.

Minutos depois, Leonora exalou o último suspiro e, enquanto Sara chorava baixinho abraçada a Cássio e Ana, uma grande luz, que não podia ser vista pelos olhos humanos, inundou o quarto. Eram os espíritos radiosos de abnegados enfermeiros do plano espiritual, que, unidos a Melânia e Mariano, desataram os últimos laços que prendiam aquela enferma ao corpo.

O espírito de Leonora despertou perturbado e não conseguiu de pronto reconhecer quem estava ali. Começou a andar lentamente pelo quarto, amparada amorosamente por Mariano, que a fez se deitar numa maca. Passados alguns minutos, ela o reconheceu e, sorrindo, disse:

– Mariano! Você veio me buscar! Será que mereço tanta felicidade?

– Sim, Leonora. Você soube suportar com coragem o sofrimento que atraiu para si e por essa razão está liberta. Agora, poderemos nos unir para sermos felizes para sempre.

Os dois se abraçaram demoradamente, trocando beijos e abraços, até que Leonora percebeu a presença de Melânia, que a olhava com amor. Sentiu-se constrangida e automaticamente separou-se de Mariano. Melânia aproximou-se, abraçando-a.

– Não precisa ter receio, Leonora. Meu casamento com Mariano foi só na Terra, aqui nos amamos apenas como irmãos e amigos.

– Desculpe, é que pensei... bem, eu pensei que estava cometendo uma traição.

Melânia sorriu ternamente.

– De forma alguma. Este lado da vida é o lado da verdade. Se na Terra as pessoas costumam fingir, seguir regras e mentir, aqui não podem mais fazê-lo, pois tudo é mostrado exatamente como é. Você e Mariano sempre se amaram, mas nunca conseguiram ficar juntos ao longo das encarnações por causa de orgulho, vaidade e egoísmo. Quando não era ele quem errava, era você a responsável. Nessa última vida, antes de reencarnarem você sabia que iria para a Terra numa condição humilde e encontraria Mariano numa posição superior segundo os moldes do mundo. Ele precisava dessa posição para, dentre outras coisas, reparar erros do passado e ter a coragem suficiente para vencer o orgulho e assumi-la como mulher.

Mariano ouvia calado e Leonora protestou:

– Mas ele não se casou comigo por medo e em obediência ao pai. Não foi por orgulho, mas por temor.

– Isso não é verdade. Embora Mariano tenha usado essa desculpa para diminuir a cobrança de sua consciência, na verdade, ele se sentia superior a você e não a queria como esposa, pois julgava que para um homem com seu *status* um casamento com uma pessoa simples e de condição humilde era degradante. Por essa razão, pagou um preço muito alto. Viveu sem amor, amargando comigo uma união de aparência em que ninguém foi feliz.

Leonora estava indignada.

– Como pôde fazer isso comigo, Mariano?

– Não o condene – interrompeu Melânia. – Sei que é madura o suficiente para aceitar a verdade. Se nessa vida foi ele quem a rejeitou, na vida anterior foi você quem o trocou por um conde muito rico, deixando-o no abandono.

– Mas e você? Por que teve de viver um casamento infeliz? Estava destinado?

– As únicas uniões que estão destinadas na Terra são as das almas afins. Todas as pessoas quando estão no mundo se encontram com quem realmente amam ou se combinam afetivamente, mas a maioria deixa passar a chance dessa convivência por estar envolvida em preconceito, orgulho, medo, vaidade e egoísmo. Assim, deixa o amor verdadeiro e busca o envolvimento com pessoas que melhorem suas condições sociais, financeiras ou, ainda, se ilude com beleza, fama e até mesmo o sexo. É daí que se originam os casamentos infelizes, que são a maioria na Terra. Deus não destina ninguém a se unir sem que seja por amor. A crença de que devemos estar juntos de pessoas que nos fazem sofrer e às quais teremos de suportar até o fim da vida é errada e perniciosa. Existem inúmeras formas de aprendizado, e quando uma relação dá errado o melhor a fazer é optarmos pela separação, de modo que cada um terá o direito de refazer sua vida e ser realmente feliz. Eu não estava destinada para ser esposa de Mariano, mas a minha forma equivocada de pensar e ver a vida me atraiu para isso. É claro que nos conhecemos do passado, mas não tínhamos programação para ser marido e mulher. Foi nosso livre-arbítrio quem assim o fez. Na verdade, a programação era para que você e ele se casassem.

Leonora refletia e percebia que tudo fazia sentido.

– O que fez você ser atraída para Mariano?

– Durante várias encarnações eu alimentei a baixa autoestima, a falta de opinião própria, e acreditei que não nasci para ser feliz. Antes de reencarnar como Melânia, fiz cursos aqui no astral e descobri que precisamos mudar de crenças e atitudes para que nossa vida melhore e nosso espírito evolua. Confiante, mais uma vez de volta ao mundo, porém, sentindo as energias deste planeta, voltei a acreditar nas mesmas coisas. Em pouco tempo, tornei-me uma mulher apagada, que não sabia o que realmente queria. Deixei-me levar pela educação que recebi, que preconiza que a mulher deve obedecer ao marido e fazer-lhe todas as vontades. As nossas crenças criam energias equivalentes e são elas que movem os fatos em nossa existência e fazem o nosso destino. Por essa razão, atraí um homem que não me amava, machista, e com isso fechei-me ainda mais. Como pode ver, tudo foi de minha inteira responsabilidade.

Leonora estava ainda atordoada, mas havia entendido tudo o que Melânia lhe havia dito. Olhou para Mariano com muito amor e, sem pensar, correu a abraçá-lo dizendo:

– Não quero mais errar, o que quero, agora, é ser feliz e só posso ser feliz ao seu lado.

– Eu digo o mesmo – tornou Mariano com olhos vibrantes de alegria. – A partir de agora, libertos dos compromissos do mundo, podemos finalmente encontrar a paz.

Ambos foram interrompidos por Melânia, que disse:

– Ainda estamos na Terra, no quarto onde Leonora desencarnou. Sara ainda chora, mas logo mais o serviço funerário chegará para aprontar seu antigo corpo para o sepultamento. É melhor irmos e deixar que os espíritos amigos fiquem aqui acompanhando os encarnados.

– Preciso despedir-me de minha filha.

– Mas faça sem drama, não passe angústias para Sara. Você sabe que a morte é uma ilusão e que a separação é temporária.

Leonora aproximou-se da filha, abraçando-a com ternura, enquanto dizia-lhe ao ouvido:

– Não chore, querida, eu sempre estarei ao seu lado como foi a vida inteira. Meu corpo está sadio, não sinto mais dores nem incômodo, Deus me curou. Por essa razão, embora o momento seja triste, conserve em seu coração a certeza da eternidade e que um dia novamente estaremos juntas.

Leonora beijou-a com carinho e Sara sentiu uma grande emoção que fez seu corpo estremecer. Pôde ouvir claramente as últimas palavras da mãe "um dia novamente estaremos juntas" e disse em pensamento:

– Com certeza, mamãe, vá com Deus!

Em poucos instantes, os espíritos de Melânia, Mariano e Leonora desapareceram, deixando no quarto um delicado aroma de rosas.

***

Uma semana havia se passado desde a morte de Leonora. Sara, fortalecida pela fé espírita e amparada por Rosana, foi aos poucos deixando a dor da ausência. E continuamente enviava vibrações para que a mãe pudesse prosseguir sua jornada. Por vezes, chorava ao entrar no quarto e ver o leito vazio, ou ao mexer em seus pertences, contudo, nessas horas, pedia a Deus que a fortalecesse e se refazia na certeza da imortalidade da alma.

Entardecia quando Matilde chamou Fabíola ao seu quarto cerrando a porta com cuidado para que ninguém percebesse o que iriam conversar.

– Já passou tempo demais. Uma semana foi tempo suficiente para que ela esteja preparada para um novo choque. Chegou a hora, Fabíola – disse Matilde com olhar rancoroso, apertando com força as mãos da sobrinha.

– Creio que devemos ter cuidado e esperar mais um pouco. Sara é esperta e pode não cair na minha conversa. Estou ansiosa para destruir a felicidade dessa miserável, mas não quero que nada dê errado.

– Mas você não vai contar a ela nenhuma mentira. Sei o quanto sofreu com tudo o que aconteceu e por isso mesmo, confio que quando for contar a história, será de maneira tão verídica que será impossível para Sara não se abalar e ficar um bom tempo longe de meu filho.

Fabíola sentiu uma grande tristeza. Recordar os piores instantes de sua vida causava-lhe grande angústia e mal-estar. Mas Cássio merecia pagar por tudo o quanto lhe fizera. Viera para o Brasil com a intenção de não deixá-lo ser feliz de forma alguma. Mesmo que não tivesse mais nenhuma chance com ele, não iria deixá-lo em paz para desfrutar um casamento harmonioso com outra. Enquanto fosse viva isso não iria acontecer. Olhou para Matilde e tornou:

– Sara ainda está abalada pela morte da mãe. Nesses instantes a pessoa fica mais vulnerável à manipulação das outras. Este é o momento. Se deixarmos passar, talvez minha revelação não tenha o impacto necessário e ela pode até perdoá-lo. Não é metida a boa samaritana?

– Então faça isso. Aproveite hoje, antes de Cássio voltar do escritório. Sempre às seis da tarde Sara fica sozinha lendo na sala íntima, pois, nesse horário, Ana se recolhe às orações. – Fez pequena pausa e continuou: – Mas, por favor, não vá exagerar. O que desejo é que eles não sejam felizes, mas em hipótese alguma pode haver separação. Não quero perder o que é meu.

– Pode deixar. Pelo que tenho analisado, eles se gostam muito. O que vou dizer vai separá-los por um bom tempo, o suficiente para que a senhora me pague pelo serviço feito e pense em outra maneira de mantê-los afastados.

As duas riram cinicamente e, em seguida, Fabíola foi para seu quarto esperar a hora certa de aproximar-se de Sara com fingida benevolência. Matilde não queria a separação, mas ela sim. Iria contar tudo com riqueza de detalhes e pagaria para ver Sara perdoar Cássio.

Quando percebeu que Ana saíra em direção ao oratório, Fabíola entrou na sala e, vendo Sara com um livro aberto lendo atentamente, falou baixinho:

– Desculpe se a interrompo.

– Não tenha receios, tenho muito tempo para ler aqui na fazenda. Deseja falar comigo?

– Sim. É um assunto muito delicado, e pensei bastante se falaria ou não. Mas minha consciência vem me perseguindo e sinto que você precisa saber.

Sara sentiu uma energia negativa envolvendo-a, mas procurou ignorar e encorajou Fabíola:

– Se eu preciso saber, creio mesmo que deva me contar, embora tenha intuição do que seja.

– Como assim? – perguntou Fabíola temerosa. De repente, imaginou que Cássio podia ter se adiantado e contado tudo antes e da maneira dele.

– Sei que vai falar sobre sua relação com Cássio tempos atrás. Se quer se abrir comigo sobre isso, não vejo problemas, embora não ache necessário. O passado está morto e Cássio, agora, é casado comigo. Sinceramente não tenho interesse algum no que se passou com ele antes de mim, a não ser para ouvi-la como amiga.

Fabíola sentiu um ódio surdo. Conteve as expressões e, com voz pausada, começou:

– Sei que você é uma pessoa boa, sincera e só tenho a lhe agradecer o que faz por minha mãe. Mas sua bondade é tanta que chega a ser ingênua às vezes e não percebeu quem Cássio é de verdade.

– Estou percebendo que sua intenção é causar intriga entre mim e ele, por essa razão, não quero ouvi-la. Queira se retirar.

– Por favor, Sara, escute-me. Não quero causar intriga, pois sei que sua bondade vai fazê-la perdoar Cássio. Mas é uma questão de consciência. Não posso ver uma pessoa como você, envolvida com outra capaz de cometer atos os mais hediondos possíveis. Você ama Cássio, mas não sabe quem ele é nem do que é capaz.

Fabíola falava com tanta sinceridade e aparente bondade que Sara acabou por dar-lhe crédito.

– O que existe nele de tão grave que eu ainda não sei? Sei que é ateu, ambicioso e materialista, mas esses defeitos são compreensíveis e perdoáveis em qualquer ser humano.

– Mas você não sabe que Cássio é um assassino! Um assassino cruel, frio e calculista.

– O que me diz? – gritou Sara aterrada.

Fabíola começou a chorar e, dessa vez, seu pranto era sincero. Começou a recordar:

– Há alguns anos, Cássio e eu começamos um envolvimento. Entreguei-me a ele consciente do que estava fazendo. Logo me vi apaixonada e, mesmo conhecendo-o bem e sabendo que provavelmente nunca se casaria comigo, fui deixando-me envolver. Alguns meses depois, descobri que estava grávida. Ao contar que estava esperando um bebê, Cássio teve uma reação violenta, olhou para mim com olhos injetados de fúria e bradou:

“Você é uma meretriz! A mulher que faz o que você faz comigo deve sair por aí com outros homens fazendo o mesmo. Tenho certeza de que esse filho não é meu. A partir de agora, nosso envolvimento acabou. Nunca mais me procure e trate de tirar essa criança."

Fabíola narrava a história como realmente havia acontecido e Sara sentia seu coração se dilacerar a cada palavra ouvida. Ela continuou:

– Fiquei desesperada, pois, apesar de tudo, não queria abortar, desejava meu filho. Eu nunca havia feito sexo com outros homens e me senti muito ofendida com as palavras dele. No dia seguinte, procurei tia Matilde e lhe contei toda a história. Ela ficou feliz pela gravidez, sempre me quis como nora e prometeu conversar com Cássio e Mariano. Assim o fez. Primeiro, contou a Mariano sobre o que havia acontecido. Quando Cássio chegou, o tio o chamou para conversar, cobrando-lhe a responsabilidade pelo que tinha feito, dizendo que ele deveria casar-se comigo e assumir a criança.

"Mesmo tendo muito respeito por Mariano, a quem considerava um pai, Cássio relutou, disse que assumiria o filho, mas casamento estava fora de cogitação. Assim foi. Cássio procurou-me dizendo que aceitava ser pai, mas que nunca mais nos encontraríamos. Senti-me desprezada e rejeitada, chorei muito. Vivia com minha mãe doente, havia acabado de concluir o curso universitário, estava difícil de encontrar emprego... Cássio proibiu minha entrada na fazenda e nas vezes em que fui procurá-lo no escritório da usina recusou-se a falar comigo, pedindo que fosse embora. Mesmo com tudo isso acontecendo eu queria ser mãe. Sentia dentro de mim a força da maternidade e já amava aquele ser com todas as forças de meu coração. Quatro meses depois, quando minha barriga já estava um tanto volumosa por causa do quinto mês de gestação, Cássio me procurou com o rosto sereno, pedindo-me perdão. Durante a conversa disse:

"'Fabíola, pensei melhor e resolvi me casar com você. Sei que é a mulher mais certa para minha vida, mas não estou preparado para ser pai nem sei se estarei um dia. Por essa razão, peço que tire essa criança e logo depois nos casaremos. Viveremos em paz, amando-nos, mas sem filhos por perto.'

"Completamente iludida pela paixão, fiquei muito feliz, mas ainda insisti:

"'Eu quero muito ter esse filho. Amo-o como se já estivesse em meus braços sorrindo para mim, claro que quero ser sua esposa, mas também quero o meu filho.'

"'Você terá de optar: ou eu ou essa criança.'

"'Como vi que essa era sua última palavra, resolvi ceder, pensando que poderia tirar aquele filho, mas que, com o tempo de casamento, conseguiria convencê-lo a ter outro. Por essa razão, disse:

"'Aceito o que me pede, mas já estou no quinto mês e um aborto nesse período é muito perigoso.'

"'Não se for feito por um profissional competente. Tenho um amigo médico em Cuiabá que fará isso por nós e nem vai me cobrar tão caro. Mas ninguém pode saber que você abortou planejadamente. Fingiremos uma viagem para comemorar a reconciliação e, quando voltarmos, diremos que você passou mal, sentiu dores e abortou espontaneamente.'

"'Tudo bem – respondi.'

"Eu concordei pela paixão, mas no fundo estava com o coração apertado, sentindo muita tristeza. Parecia ouvir a vozinha do meu filho chorando dentro do meu ventre.

"A notícia da reconciliação e do futuro casamento alegrou a todos na fazenda. Houve até jantar em comemoração. Cássio fingia muito bem e estava bastante carinhoso, até voltamos a nos amar. No dia marcado, fomos para Cuiabá e esperamos alguns dias num luxuoso hotel. Até que, em um sábado pela manhã, Cássio disse:

"'É hoje. Vamos nos livrar desse problema para que possamos viver em paz em nosso casamento.'

"'Mas você poderia ter me avisando ontem. Por que me pegou de surpresa?'

"'Não a avisei para que você não pensasse em desistir. Agora, vista-se que doutor Fagundes nos espera.'

"Chegamos a um grande hospital particular e nos dirigimos ao consultório, que estava inteiramente vazio. Percebi que o médico estava ali apenas me esperando. Ele me examinou, olhou para Cássio e disse:

"'É perigoso. Vão arriscar?'

"'Sim, doutor. Fabíola é forte, sei que vai resistir.'

"Meu coração estava aos saltos, mas não tinha mais como voltar atrás. Fomos encaminhados para a sala de cirurgia e sem nenhum constrangimento o doutor Fagundes, ajudado pela enfermeira Mercedes, começou a enfiar ferros em meu útero, revolvendo a criança que parecia se debater, tentando defender-se. Senti muita dor e logo passei a ter contrações. O médico olhou para Cássio e afirmou:

"'Agora ela vai expulsar o feto naturalmente como se estivesse em trabalho de parto, esse método que uso não falha, vamos aguardar.'

"Mercedes segurava minha mão e percebi que ela orava baixinho. Em poucos minutos, a criança saiu de dentro de mim ainda com vida. O doutor Fagundes a pegou e olhou para Cássio exclamando:

"'Ainda está vivo! Seria um belo menino.'

"Cássio apenas disse friamente:

"'Mate-o, doutor. Acabe logo com isso, mate essa criança.'

"Enquanto o médico estrangulava o bebê, a fim de retirar o fio de vida ainda existente em seu corpo, eu desmaiei. Quando acordei dias depois, estava sozinha em um quarto muito limpo. Mercedes veio me ver e, percebendo minha fraqueza, aconselhou:

"'Descanse mais, minha filha. Você sofreu muito.'

"'O que houve comigo?'

"'Você teve uma hemorragia muito grande e só conseguiu se salvar por estar num hospital muito bom, com muitos recursos.'

"Não consegui mais conversar e entrei em pranto. Logo adormeci para acordar mais tarde com mais força. Mercedes estava ao meu lado e perguntei-lhe:

"'Onde está o Cássio?'

"'Foi buscar a mãe em Boa Esperança. A notícia do que lhe aconteceu chocou a todos, embora não saibam do ato criminoso que cometeram.'

"'Eu não queria...'

"'Mas ele queria e eu nunca vi tanta frieza e maldade num homem.' – Fez uma pausa, olhou-me com carinho e continuou: 'Esse rapaz não serve para você, se ama sua vida, deixe-o, ele é um assassino.'

"Eu chorava sem parar. Quando serenei, olhei para Mercedes e perguntei curiosa:

"'A senhora parece ser contra esse tipo de coisa, por que continua trabalhando aqui?'

"'Esta foi a última vez que participei de um aborto. No começo, trabalhava por necessidade, mas aos poucos minha consciência foi me cobrando e comecei a ter muito remorso. Orava a Deus para me livrar desse trabalho, mas não tinha forças, porque ele é meu único sustento. Contudo, depois do que vi fazerem com você e seu filho jurei para mim mesma que seria a última vez. Assim que você tiver alta, pedirei demissão e posso vir até a passar fome, mas nunca mais ajudarei médico nenhum a realizar abortos. Sinto que isso é um crime terrível perante as Leis de Deus e rogo a Jesus que um dia possa me perdoar.'

"A conversa foi interrompida pela chegada de tia Matilde e Cássio, que a acompanhava com ares de felicidade. Tentei me controlar ao máximo para não contar a verdade, principalmente vendo que ela estava sinceramente sofrendo pela perda do neto. Dois dias depois, o doutor Fagundes chegou e antes de me dar alta, olhou para Cássio, depois olhou para mim, e resumiu secamente:

"'Seu aborto foi muito grave, lesou bastante seu útero, de forma que a senhorita nunca mais poderá ter outros filhos.'

"Eu não acreditava no que ouvia e não entendia o porquê daquele médico me dar aquela informação de uma maneira tão pouco formal. Tempos depois, descobri que ele havia feito a mando de Cássio, para deixar-me ciente da minha nova situação.

"Chorei muito e foi com tristeza que voltei para cá. Fiquei na fazenda ainda algum tempo, até que um dia Cássio me procurou com ar grave:

"'Fabíola, precisamos conversar. Quero lhe dizer que não vai mais haver casamento. Pensei muito e descobri que não a amo como imaginava e nunca seríamos felizes juntos. Espero que me compreenda.'

"'Como? O que me diz é verdade ou está brincando?'

"'Nunca falei tão sério em toda a minha vida. Espero que guarde nosso segredo para sempre assim como combinamos. Pensei em tudo. Aqui, depois do que se passou, você não iria se sentir bem, por essa razão, providenciei uma boa soma em dinheiro e entrei em contato com um antigo professor que mora nos Estados Unidos pedindo que encontrasse para você um trabalho onde possa se ocupar por lá e fazer uma especialização na universidade que desejar. Como viu, pensei em você e na sua felicidade.'

"Ouvindo tudo aquilo, entrei numa onda de ódio nunca experimentada antes, principalmente por perceber como ele me usara, enganando-me num plano sórdido apenas para matar o meu filho e ver-se livre da responsabilidade. Saí como louca correndo por esta casa, bradando aos quatro ventos tudo o que tinha acontecido. Mariano, Ana e até tia Matilde ficaram chocados com a frieza e crueldade de Cássio, mas, para evitar o escândalo e não comprometer o nome da família, praticamente me obrigaram a ir para os Estados Unidos. Não tendo outra saída, embarquei com muito ódio no coração, principalmente de Mariano, que pouco depois colocou Cássio debaixo de suas asas e o apoiou.

"Como vê, o seu marido, a quem você tanto ama e venera, é um assassino, talvez o pior de todos: que mata pessoas inocentes e sem defesa."

Sara chorava muito, de cabeça baixa. Chorava de decepção e também por pena de Fabíola e daquele espírito que não pudera vir ao mundo por causa de uma atitude tão torpe e desumana como a de Cássio. Agora havia compreendido que o espírito deformado que vira colado ao corpo de Fabíola era o abortado, que certamente estava perto da mãe cobrando o seu ato.

Quando levantou a cabeça, percebeu que Fabíola não estava mais na sala. Seu mundo havia ruído. Ali sozinha, mergulhada em profundos pensamentos, concluiu que depois de saber tudo aquilo não mais poderia estar unida a Cássio. Ana entrou e, percebendo seu estado, correu a abraçá-la. Havia escutado boa parte da conversa, mas resolveu não intervir, pois sabia que uma hora Sara teria de saber a verdade. Por essa razão, ficou apenas calada, alisando os cabelos da amiga com carinho e orando para que tudo terminasse em paz.

21

A revelação

Fabíola apressou o passou, limpou os olhos úmidos com as costas das mãos e dirigiu-se ao quarto de Matilde, que a esperava ansiosa.

– Está feito. Duvido que Sara perdoe seu filho.

– Não vá me dizer que exagerou! Apenas quero que ela fique muito tempo longe dele, sofrendo. Nada de separação.

– Não exagerei. Contei tudo como realmente aconteceu. Só que a pobre moça é cheia de pudores, duvido que um dia possa perdoar uma coisa como essa.

– Eu saberei fazê-la perdoar meu filho. Eles viverão num inferno. Depois do perdão, após alguns dias de felicidade, volto a encontrar outra maneira de semear a discórdia entre os dois. – Matilde falava com os olhos brilhantes de satisfação.

– Não a entendo. Devia estar feliz por Cássio ter se casado justamente com a dona de tudo.

– E você acha que essa miserável tem o direito de roubar o que é meu? A herança era para ser minha, somente minha e de meus filhos. Tenho motivos de sobra para odiá-la e, além de tudo, existe algo em Sara que não sei explicar exatamente o que é, mas que faz com que eu a odeie muito mais.

– Tudo bem. Mas, agora, vamos a assuntos mais práticos. Preciso sair da fazenda o mais rápido possível, antes que Cássio chegue. Como ficará meu pagamento?

Matilde tentou disfarçar o incômodo que aquela pergunta lhe causou. Prometera muito dinheiro a Fabíola para que ela voltasse ao Brasil e ajudasse a destruir a felicidade de Sara, mas, na verdade, não tinha nenhuma intenção de pagá-la. Ela vivia da pensão do marido e do dinheiro que Cássio lhe dava todos os meses para suas futilidades. Tinha muito dinheiro guardado, mas não queria cumprir a promessa. Contudo, a sobrinha não podia desconfiar, por essa razão, disse:

– Você sai logo daqui e se instala no hotel que eu reservei. Aurélio já arrumou suas malas, colocou no carro e a está esperando. Tenho de inventar uma boa desculpa para conseguir a quantia que lhe prometi e convencer meu filho. Ele é muito rígido quando o assunto é dinheiro, mas saberei manejá-lo. Não se preocupe, antes de sua viagem pagarei o que lhe devo.

– Assim espero.

Fabíola saiu apressada pela porta dos fundos e seguiu até o carro onde Aurélio a aguardava. Quando o veículo foi se distanciando da casa, ela lançou um olhar maldoso para a majestosa construção e pensou:

– Que sejam infelizes para sempre!

Por sorte o carro de Cássio e Aurélio não se encontraram e Fabíola pôde chegar ao hotel instalando-se sem mais problemas.

Justamente naquele dia, Cássio teve problemas no escritório só chegando em casa mais tarde que o habitual. Encontrou a sala em penumbra e a mesa do jantar posta apenas para uma pessoa. Estranhou o fato e chamou por Aurélio, que ainda não havia retornado.

Matilde, que esperava sorrateira a chegada do filho, apareceu e disse:

– Aurélio foi levar Fabíola para a cidade.

– Por quê? O que aconteceu para ela ter nos deixado finalmente em paz?

– Não sei ao certo. – fingiu. – Mas parece-me que Fabíola e Sara conversaram e ela contou tudo sobre o aborto. Sua mulher está no quarto com Ana chorando muito.

Cássio sentiu-se gelar.

– Maldita! Por que foi abrir a boca? Fez bem em ter ido embora, pois não sei qual seria minha reação se a encontrasse aqui.

– Iria matá-la como fez ao seu filho?

– Não me irrite, mãe. Posso perder a cabeça até mesmo com a senhora. Até acho que foi uma armação sua. Se confirmar isso, mando-a embora desta casa sem pestanejar e a deixo sem nenhum centavo.

– Como você é cruel! Nunca me olhou como mãe, nunca me obedeceu. Acusa-me de algo que não tenho culpa – tornou Matilde fingindo chorar.

– Descobrirei se a senhora não é realmente a culpada.

– Mesmo que fosse, você acha que Sara iria passar a vida inteira sem saber do que você foi capaz?

– Ela iria saber, por mim, do meu jeito.

– Você iria torcer os fatos e ainda se colocar como vítima.

Cássio fuzilou a mãe com um olhar e saiu em busca de Sara. Se continuasse ali ouvindo as provocações de Matilde acabaria por esbofeteá-la.

Ao entrar no quarto, viu a mulher sentada na cama tendo a irmã ao lado. Ana, percebendo que o momento seria apenas para os dois, pediu licença e se retirou.

Cássio aproximou-se da mulher, ajoelhou-se e pediu com sinceridade:

– Perdoe-me, Sara. É a única coisa que posso lhe pedir neste momento.

Sara, intuída pelos espíritos de Melânia, Mariano e Leonora, sentiu-se condoída. No fundo, Cássio era uma alma materialista, envolvida pelas ilusões do mundo. Naquele momento, pediu a Deus que a orientasse no que fazer. Seria mesmo justo se separar daquele a quem tanto amava por um erro do passado?

Leonora, cheia de luz, intuía a filha:

– Querida, perdoe-o! O perdão é o ato mais sublime que um ser humano pode praticar na Terra. Você, agora, está esquecida do passado, mas um dia também foi materialista e criminosa. Quem é você para negar o perdão a alguém? Jesus perdoou a todos aqueles que lhe quiseram mal, mostrando que não estamos na condição de julgar nenhum dos nossos semelhantes, mas, acima de tudo, soerguê-los no caminho do bem, compreendendo suas fraquezas e orando a Deus para que possam se redimir. Você ama Cássio incondicionalmente. Se não perdoá-lo agora, viverá infeliz e cheia de remorsos.

Por sua vez, Melânia dizia-lhe aos ouvidos:

– Os erros que os homens cometem provêm da ignorância das Leis de Deus. Cássio não é mau. Não existe ser humano mau: ou são doentes ou ignorantes, pois se Deus tivesse criado alguém mau, Ele não seria Deus. Chegou a hora de mostrar que não foi à toa todo o seu arrependimento do passado criminoso e não foi perdido o tempo que estudou conosco a fim de vencer seus desafios nesta encarnação. Lembre-se de que somos todos almas ainda ignorantes; nem por isso Deus deixa de derramar sua misericórdia todos os dias sobre nós. Você é uma fração de Deus, é centelha divina, por essa razão, tem condições de perdoar todo o mal que venham a lhe fazer.

Essas intuições foram passadas a Sara em questão de segundos, mas ela as captou na íntegra. Com os braços fez com que Cássio se levantasse, olhou-o nos olhos e o abraçou com muito amor. Naquele momento, ele chorou sentidamente. Só de imaginar que poderia perder Sara, seu pensamento paralisava no medo e na angústia. Sentia que depois de tê-la encontrado não mais poderia viver sem sua companhia. Quando o abraço terminou, ele encarou-a e pediu:

– Eu preciso ouvir dos seus lábios que me perdoa. Sem isso, não encontrarei novamente a paz.

– Eu não tenho do que perdoá-lo. Sou tão imperfeita quanto você ou qualquer outra criatura da Terra. Mas se faz questão, eu digo: está perdoado.

Cássio cobriu-a de beijos. Quando a emoção serenou, Sara olhou-o séria:

– Sente-se aqui. Precisamos conversar.

– Pode me dizer tudo o que quiser. Que sou assassino, mau, egoísta e frio. Sei que mereço.

– Não vou lhe dizer nada disso. Se o fizesse, de nada teria valido o meu conhecimento espiritual. Pensei em me separar de você, de mandá-lo embora. Não vou negar que minha impressão foi horrível, parecia que estava casada com um monstro, mas Ana me fez pensar melhor e lembrar o que mamãe nos pediu: "haja o que houver nunca se separem".

Ele sorriu:

– Lembro-me desse dia. Dona Leonora me falou de Deus, da vida espiritual e fez esse pedido. Sua mãe foi uma grande pessoa.

– Agora que já sei de tudo, não vamos mais falar no assunto. Apenas quero dizer que com o aborto você se comprometeu seriamente com as Leis de Deus e um dia terá de reparar esse erro para que possa ficar em paz com a própria consciência. Apenas lhe peço que tenha a coragem de assumir que cometeu um erro gravíssimo e que vai pensar seriamente no assunto e se arrepender.

– Você sabe que não acredito em nada disso.

– Não vou forçá-lo a acreditar, mas o mínimo que você pode fazer é se arrepender sinceramente, procurar Fabíola e lhe pedir perdão.

– O que você me pede é impossível. Posso até me arrepender e até confesso que se fosse hoje não faria novamente, mas pedir perdão à Fabíola, jamais. Ela era uma interesseira, que só queria minha beleza e meu dinheiro.

– Nada disso. Fabíola o amava de verdade. Entregou-se porque estava apaixonada.

– Vocês mulheres acreditam em tudo... – zombou.

– Quero que saiba que, apesar de tê-lo perdoado, se você não pedir perdão à sua prima, posso voltar atrás e pedir a separação. Não vou guardar mágoas, mas não quero viver ao lado de uma pessoa tão vaidosa e orgulhosa a ponto de não ter coragem de pedir perdão quando necessário.

Vendo que Sara falava sério, ele resolveu:

– Tudo bem, vou procurá-la e pedirei perdão.

– Faço questão de ir com você para comprovar.

– Não confia em mim?

– Vou confiar ainda mais depois de vê-lo pedir perdão a alguém que muito prejudicou.

Cássio novamente a abraçou e cobriu-a de beijos. Depois, foi tomar um banho e, mais tarde, ambos foram jantar. Matilde quase desmaiou ao perceber que seu plano dera errado; mas fingiu bem e demonstrou falsa felicidade dizendo ter torcido para que o casal se entendesse. Quando entrou no quarto, teve um acesso de fúria e rasgou as próprias roupas, ficando seminua. Com os olhos injetados de ódio bradou:

– Isso não ficará assim, amanhã mesmo procurarei Fabíola e já que a horrorosa da Sara a perdoou, farei com que volte a esta casa e planejarei para que ela seduza meu filho. Não vou permitir que essa barraqueira seja feliz.

Dizendo isso, deitou-se na cama, desfazendo-se em lágrimas de rancor.

A um canto do quarto, os espíritos radiosos de Melânia, Mariano e Leonora a observavam com sentimento de compaixão. Melânia comentou:

– Foi mais fácil fazer Sara perdoar. Difícil será atingirmos o coração de Matilde para que também perdoe.

– Queira Deus que possamos cumprir com essa missão que os irmãos maiores nos confiaram. Matilde carrega todo o ódio no inconsciente. Sua alma sabe que na última encarnação foi lesada em todos os seus bens, tanto materiais quanto afetivos. Na verdade, Matilde foi quem mais sofreu com o que Sara e Cássio fizeram no passado, foi a grande vítima que, agora, cobra inconscientemente seus algozes – disse Mariano com entonação triste na voz, sentindo-se também culpado por tudo o que Matilde passara.

Leonora o corrigiu:

– Matilde sofreu grande maldade, não nego, todavia, ninguém é vítima. Tudo o que ela passou naqueles tempos foi atraído por ela mesma para que aprendesse as verdades do espírito. É claro que Sara e Cássio assumiram grave compromisso de reajuste pelo que cometeram, mas Matilde também mostrou com a prova que sofreu que não era tão boa quanto aparentava. O que precisa ocorrer entre os três é o perdão recíproco. Sem isso, mais uma reencarnação de dores e sofrimentos será necessária.

Os três passaram a envolver aquela pobre mulher em energias de paz. Passados alguns minutos, vendo que Matilde melhorara sensivelmente, deixaram a fazenda indo buscar refazimento na colônia em que viviam.

***

Apesar de o ódio haver diminuído e sentir-se mais calma, Matilde não conseguia dormir. Rolava pela cama tentando encontrar uma maneira mais efetiva de fazer Sara sofrer. Não importava se o filho sofria junto. Cássio havia se tornado um verdadeiro estranho, sentia que ele não a amava como mãe e, talvez, ela fosse um peso para ele. Então que sofresse também.

Percebendo que não iria conseguir conciliar o sono, resolveu procurar Aurélio. Havia algum tempo que ambos estavam afastados, porém ela sabia o quanto o mordomo a desejava. Não conseguia entender o porquê de sua rejeição nos últimos tempos. Iria procurá-lo e colocar tudo em pratos limpos. Sabia que tinha poder de sedução sobre ele, que, com certeza, não resistiria.

Vestiu uma roupa provocante e saiu silenciosa em direção ao quarto. Girou a maçaneta e, como sempre, percebeu que a porta estava aberta. Para sua surpresa, Aurélio não estava lá. Sua curiosidade aumentou ao notar que a cama nem havia sido desfeita. Onde estaria? O inverno havia chegado e com o frio certamente ele não iria para a piscina banhar-se de madrugada como era seu costume. A casa estava toda às escuras e ela já ia voltando para o quarto quando ouviu um barulho estranho. Apurou melhor os ouvidos e percebeu que aqueles sons vinham do quarto de Ana. O que estaria acontecendo lá? Movida pela curiosidade, Matilde foi andando lentamente e, ao aproximar-se, pôde ouvir claramente Aurélio e Ana se amando. O ódio e o ciúme foram tomando conta de seu peito e ela começou a sentir falta de ar. Começou a pensar:

"Como não pude perceber isso antes? Como fui idiota! Fabíola me avisou que Ana estava apaixonada e eu, como uma imbecil, não liguei os fatos. Nunca pensei que minha filha, tão recatada e religiosa, fosse se entregar a um homem dessa maneira. Mas ela não perde por esperar. Será mais uma a quem terei de destruir. Aurélio é meu e não será uma debiloide quem vai me roubá-lo. Agora sei o porquê da rejeição dele. Mais do que nunca, preciso conversar com Fabíola para que me ajude a separar esses dois para sempre."

Atraído pelos pensamentos negativos de Matilde, um espírito de aspecto deformado aproximou-se dela e disse com altivez.

– É isso mesmo, Matilde! Destrua quem destruiu sua felicidade. Antes de Ivan casar com Kira e tirá-la da prostituição era a você que ele estava prometido. Vai permitir mais uma vez ser passada para trás?

Matilde sentiu o ódio aumentar a tal ponto, que seu coração começou a doer. Continuou a pensar:

"Não posso deixar que ela me passe para trás. Mas, agora, preciso me acalmar."

Foi em direção à cozinha e tomou um copo com água. Como que para ter certeza de que era Aurélio quem estava realmente com sua filha no quarto, Matilde ficou escondida atrás de um móvel e esperou. Ao vê-lo sair com semblante feliz, ela sentiu-se humilhada e destruída.

Foi graças a calmantes que conseguiu dormir aquela noite. Quando conseguiu, devido ao teor de seus pensamentos, foi levada ao umbral onde conversou com Drômio, que a orientou em como se vingar de Ana. Ao amanhecer estava cheia de intuições.

22

Liberto das amarras do sofrimento

Quando, na manhã seguinte, Cássio e Sara desceram para o café, encontraram Ana sozinha à mesa esperando-os.

– Posso saber onde está a mamãe?

– Acabou de sair, e pela expressão não foi fazer coisa boa.

– Mamãe saiu assim tão cedo? – questionou Cássio, intrigado com as palavras da irmã. – Pelo menos disse aonde foi?

– É claro que não. Mal falou comigo, dispensou o motorista e foi dirigindo sozinha.

– Bem, tenho coisas importantes a resolver hoje e o que dona Matilde foi fazer, sei lá onde, não me interessa – tornou Cássio com firmeza.

– Cássio está certo, vamos deixar dona Matilde em paz, afinal, ela precisa ter sua liberdade – disse Sara.

– Desde que essa liberdade não prejudique os outros – finalizou Ana, que, observando-os melhor, perguntou curiosa: – Posso saber por que Sara está tão arrumada? Pretendem sair juntos?

– Sim. Ontem quando Cássio chegou e eu o perdoei, fiz questão que começasse a reparar seu erro. Para isso, exigi que fosse hoje pedir perdão a Fabíola por tudo o que lhe fez. E para garantir que ele fará isso mesmo, vou acompanhá-lo.

– E você aceitou, meu irmão? Logo você, tão orgulhoso?

– Vi que o orgulho não vale a pena quando está em jogo um amor como o que eu sinto por Sara.

Ana, vendo que o irmão estava superando aos poucos as ilusões do orgulho, sentiu uma grande alegria, levantou-se e, com um gesto espontâneo, beijou-lhe os cabelos.

O café transcorreu calmo e, pouco tempo depois, os dois se dirigiram para a cidade. Ao chegarem ao hotel onde Fabíola estava hospedada, pediram informação sobre o número do quarto e dirigiram-se para lá. Fabíola os recebeu com espanto:

– O que fazem aqui? Saibam que não são bem-vindos.

– Vim para conversar com você. Talvez o assunto mais sério que vou tratar em toda a minha vida – a voz de Cássio estava vacilante.

– O assunto mais sério de sua vida foi o assassinato de meu filho. Fora isso, não temos mais nada a conversar. Agora, vão embora, não o suporto, nem a sua mulherzinha – Fabíola falava com aspereza.

– Fabíola, dê uma chance ao Cássio. Sei que, ao me contar toda a história, seu intuito era nos separar, mas pude compreender algumas coisas e também quero que você compreenda – tornou Sara com delicadeza.

– Compreendeu porque não foi com você e provavelmente nunca será. Você é herdeira de uma grande fortuna, certamente Cássio vai querer ter muitos filhos com quem possui tanto. Mas queria ver se continuasse sendo aquela barraqueira miserável de tempos atrás. Tudo seria muito diferente.

Cássio, vendo que não ia conseguir conversar facilmente com a prima e, percebendo que a sua paciência já estava se esgotando, empurrou-a com força para dentro e fez Sara entrar. Trancou a porta escondendo a chave no bolso da calça.

Fabíola bradou colérica:

– Farei um escândalo se vocês não saírem de meu quarto agora.

– Eu vim aqui lhe pedir perdão – disse Cássio com profundidade na voz.

Fabíola parou um pouco e pensou não ter escutado direito.

– Você o quê?

– Eu quero lhe pedir perdão por tudo o que a fiz sofrer. Sei que nada mais posso fazer para devolver nosso filho aos seus braços, muito menos sua fertilidade, mas uma coisa eu quero: o seu perdão.

Fabíola ouvia calada e, vendo que ele ia continuar, procurou prestar mais atenção:

– Eu fui leviano, mau, egoísta. Acho mesmo que fui um monstro. Mas se estou aqui lhe pedindo perdão é porque estou sinceramente arrependido. Hoje jamais faria o que fiz. Além do perdão, quero dizer que você pode contar comigo e Sara no que precisar em sua vida. Então, perdoa-me?

Fabíola pôde sentir sinceridade nas palavras de Cássio, mas foi por poucos segundos. Lembrando repentinamente a maneira vil como ele a enganou e o ato criminoso de aborto e de assassinato da criança de forma tão fria, ela começou a rir ironicamente, e disse:

– Nunca! Nunca vou lhe perdoar. Se o inferno existir e você depender do meu perdão para livrar-se dele, saiba que passará a eternidade queimando com o demônio. Você não passa de um canalha, um monstro frio, cruel e interesseiro. Sinto muita pena de Sara por estar ao lado de um ser degradante como você. Eu poderia ser mãe, ter meu filho como minha companhia, mas você tirou-me esse direito e nunca mais saberei o que é carregar uma vida em meu ventre. Você acha que tudo isso pode se resolver num simples pedido de perdão?

Cássio estava envergonhado e não tinha palavras. Tudo o que ela dizia penetrava-lhe o coração como punhais. Vendo que não tinha mais o que fazer, olhou para Sara e apertou sua mão:

– Pelo menos tentei. Vamos embora.

– Não. Antes quero dizer algumas coisas a Fabíola – fez pequena pausa e, olhando-a nos olhos, começou: – Você está muito doente, Fabíola. Doente de ódio, de sede de vingança, de rancor. Só você tem a sofrer com isso. Vim com Cássio para ver se estaria sendo sincero no pedido de perdão que ia lhe fazer, e comprovei que ele está realmente arrependido e sentido por tudo o que aconteceu. Tenho certeza de que se fosse hoje ele faria tudo diferente e você estaria com seu filhinho nos braços. Mas o tempo não volta e se você sofreu não foi apenas por responsabilidade do Cássio, mas sua também. Deveria ter resistido ao máximo e não ter aceitado fazer o aborto. Portanto, se ele conseguiu foi com a sua conivência. Sinto muito por ter negado o perdão a alguém que vem humildemente lhe pedir. Quem perdoa se liberta das amarras do sofrimento. Esse perdão seria muito melhor para você do que para Cássio, que passará ainda muito tempo, talvez a vida inteira, com esse remorso na consciência. Queira Deus que você nunca precise do perdão de alguém, pois se precisar e tiver seu pedido negado vai sentir na pele o que está fazendo Cássio sentir.

– Eu sinto muita pena de você. Não quero ouvir mais nada. O que desejo e sei é que vocês nunca serão felizes. O peso do crime de seu maridinho vai ser o fantasma a rondar eternamente a relação dos dois. Agora, ponham-se daqui para fora.

Fabíola falava com olhos injetados de ódio e quase gritando. Vencido, Cássio tirou a chave do bolso, abriu a porta e saiu. Ao chegar no carro, antes de dar partida, sentiu uma enorme tontura. Sara, percebendo que o marido estava pálido e suando abundantemente, correu a afrouxar sua gravata, abrindo as portas do carro e massageando-lhe os pulsos. Aos poucos, Cássio melhorou

O espírito abortado, que seria filho de Cássio e Fabíola, reconhecendo nele o verdadeiro responsável por sua infelicidade, deslocou-se do perispírito daquela que seria sua mãe, ao qual havia muito tempo estava preso, e grudou-se com muito ódio ao corpo de Cássio. Agora, sim, ele iria se vingar. Por esse motivo, o mal súbito, a partir daquele momento, acompanharia Cássio num difícil processo obsessivo.

O reconhecimento do erro e o peso da culpa, abriram o campo para que o espírito em estado de rebeldia o atacasse. Cássio iria sentir os resultados concretos da Lei de Ação e Reação, numa obsessão severa, que não aconteceria para puni-lo ou para que "pagasse pelo erro", mas para seu amadurecimento como espírito imortal no conhecimento das leis cósmicas que regem a vida.

Vendo que o marido estava melhor e que a cor já havia voltado ao seu rosto, Sara tornou:

– Foi a emoção. No fundo, você esperava que ela o perdoasse.

– Sim. Fabíola foi muito dura comigo. Suas palavras entraram como flechas em meu coração. Estou me sentindo um monstro.

– Você não precisa se culpar. Deve aprender que a culpa nunca resolve problema algum, só atrai sofrimento e dor. Devemos tomar consciência dos nossos erros e repará-los no bem, nunca por meio da dor ou da culpa desnecessária.

– Mas é muito difícil. Preferia não ter reconhecido que errei, assim não estaria neste estado.

– Você reconheceu porque evoluiu, deu um passo a mais na senda do progresso. Enquanto estamos mergulhados no oceano das ilusões, achamo-nos sempre certos; no entanto, quando Deus nos toca a consciência, é impossível continuarmos sendo os mesmos que éramos antes. Contudo, as Leis Divinas que o criador plantou em nossa alma não servem para nos punir ou impingir sofrimentos, mas sim para que possamos reparar o mal com atos de amor. Tenho certeza de que você vai conseguir.

– Mas como? Fabíola nunca me dará a chance da reparação.

– Arrepender-se foi o primeiro passo. Creio que até ontem você não estava totalmente arrependido. Mas hoje, ouvindo o que Fabíola disse, seu coração foi tocado. Não é preciso que a reparação seja feita exatamente com as pessoas às quais fizemos mal. Muitas vezes, aqueles a quem prejudicamos já avançaram tanto que não precisam mais de nossa reparação. Então, é hora de fazermos o bem em prol de outras pessoas que passam pelos mesmos problemas. Sabemos que a humanidade é uma só e que todos são nossos irmãos, filhos do mesmo pai. Fabíola se recusa a perdoar, mas você pode ter outros filhos, ser um pai dedicado, amoroso, responsável, pode até mesmo adotar crianças carentes de carinho, de lar, de proteção. A dor do ser humano que vive na ilusão é muito grande e se você quiser reparar o mal que fez, precisa aprender a ser humilde e ajudar a todos os que passam pelas provas da dor que eles mesmos criaram.

– Suas palavras me aliviaram. Creio que já estou bem para dirigir, levá-la à fazenda e voltar para o escritório. Eu a amo!

Sara deu leve beijo nos lábios de Cássio e já iam partindo quando viram o carro de Matilde estacionar diante do hotel. Curioso, Cássio tornou:

– O que mamãe veio fazer aqui?

– Ainda pergunta? Visitar a sobrinha, ora. Elas são muito apegadas.

– Isso está estranho. Mamãe não costuma sair tão cedo nem é tão apegada à Fabíola como você imagina. Só pode ser alguma armação que as duas estão tramando.

– Deixe disso, Cássio. Vamos embora. Sua mãe é livre para visitar quem quiser.

– Não. Algo me diz que minha mãe e Fabíola estão aprontando. Vou verificar.

Uma leve intuição fez Sara achar que Cássio estava certo.

– Se elas estiverem mesmo aprontando e você aparecer, é claro que vão fingir que nada está acontecendo.

– Ficarei atrás da porta e ouvirei o que conversam.

– Nesse caso, irei com você. É feio escutar a conversa alheia, mas se for realmente algo que estão planejando contra nós, precisamos saber.

Os dois voltaram ao hotel e Cássio pagou razoável quantia ao gerente para deixá-los escutar o que as duas conversavam.

Assim que Matilde entrou, eles puseram o ouvido na porta e aguardaram. O hotel, apesar de muito limpo e organizado, era um tanto velho e as portas tinham algumas frestas, suficientes para que o som passasse à vontade.

Dentro do quarto, Fabíola estava irritada:

– Quer dizer que não veio me pagar? A senhora prometeu que só ia me procurar quando estivesse com o dinheiro em mãos.

– Tenha um pouco mais de paciência, Fabíola. Eu vim fazer-lhe outra proposta, e se você aceitar poderá ganhar muito mais.

Os olhos de Fabíola brilharam de cobiça. Tinha dinheiro o suficiente para voltar aos Estados Unidos, contudo, queria mais, muito mais. Por essa razão, interessou-se:

– Qual seria essa outra proposta? Depois do que fiz, sabe que jamais poderei voltar àquela casa. Muito pior agora, que Cássio e Sara estão reconciliados e ele veio até aqui me pedir perdão pelo que fez. Acabaram de sair.

Matilde ficou rubra.

– Isso não pode estar acontecendo. Cássio só pode estar enfeitiçado por aquela miserável. Conheço como meu filho é orgulhoso e sei que se veio lhe pedir perdão só pode ter sido induzido por ela, que posa de boa samaritana. Ainda bem que demorei a chegar. Antes passei na igreja para me confessar com padre Sílvio. – Fez uma pausa e prosseguiu colérica: – Mas isso não ficará assim, eu tenho outros planos.

– Então me diga logo. Se for para duplicar o que prometeu me pagar é claro que aceitarei.

– Você precisa voltar para a fazenda e seduzir meu filho. Fazendo isso, darei um jeito para que Sara os flagre juntos.

– Mas isso é impossível. Cássio mudou muito, está gostando mesmo daquela sem graça, dificilmente cairá numa armadilha.

– Não tenho tanta certeza. Cássio sempre teve uma queda grande pelo sexo, e você sabe ser sensual e provocante. Duvido que ele resista. E se não conseguir, usaremos o truque mais velho do mundo. Faremos Cássio ingerir uma bebida com forte sonífero, tiramos sua roupa e você deita-se com ele.

– Esse truque pode dar certo para mulheres bobas, mas Sara não é nem um pouco. Certamente descobrirá.

Matilde irritou-se:

– Afinal, de que lado você está? Quer ou não ganhar dinheiro?

– Não se trata disso. Trata-se de sermos práticas. Revelei o aborto que Cássio me fez fazer; contei os requintes de crueldade e como me enganou e nada aconteceu. Quero que a senhora pense melhor, crie um plano infalível e depois me chame. Além de tudo, ele veio aqui me pedir perdão, só faltou se ajoelhar aos meus pés e eu neguei. Acha que me aceitarão de volta na fazenda com facilidade?

Matilde foi sentindo-se impotente e grossas lágrimas de ódio rolaram por sua face. Não queria a separação do filho e sabia que isso jamais iria acontecer. Ela era mulher experiente e sabia reconhecer um amor sincero. O que queria era apenas que Sara fosse infeliz. Secou as lágrimas com um lenço de seda, olhou para a sobrinha, e disse:

– Preciso revelar a você o que descobri esta noite.

– O que foi? Pelo visto a descoberta a desagradou muito.

– Sim. Você estava certa. Ana está apaixonada.

– Quer dizer que a senhora descobriu o cortador de cana com quem ela está namorando?

– Muito pior. Descobri que Ana está tendo um caso com Aurélio, dentro de minha própria casa.

Fabíola não conseguia acreditar.

– A senhora tem certeza?

– Absoluta! Ontem ouvi quando faziam amor e vi quando ele deixou o quarto dela com ares de felicidade.

– Espertinha sua filha, hein? Aurélio é muito atraente e tem um ar viril.

– Eu sei disso! Eu fui traída! – disse Matilde aos berros.

– Traída? Não me diga que...

– É isso mesmo. Eu e Aurélio éramos amantes desde que o Guilherme morreu.

Fabíola ouvia surpresa, enquanto Matilde continuava:

– Eu amava o meu marido, mas nos últimos tempos já não tínhamos mais vida sexual. Quando ele morreu, senti-me extremamente solitária naquela fazenda enorme com Mariano a me perseguir. Até que Aurélio foi chegando devagar, seduzindo-me, e eu não resisti. O pior de tudo é que com o tempo acabei por me apaixonar; no entanto, ocultava esse sentimento. Sempre deixei claro para ele que nosso envolvimento era apenas sexual. Faz algum tempo, ele deixou de me procurar, e sempre que eu tomava a iniciativa recebia uma recusa. Agora sei por quê. Ele e Ana são amantes. Deus sabe desde quando!

– A senhora foi corajosa em manter um caso com o mordomo sendo que a qualquer momento Cássio poderia descobrir. Além de tudo, ele tem idade para ser seu filho.

Fingindo não ouvir a crítica, Matilde prosseguiu:

– Sempre fizemos tudo muito bem feito. Cássio nunca prestou muita atenção nessas coisas, sempre viveu voltado para a usina e suas diversões. Mas, agora, minha própria filha atravessa-me o caminho. Vim hoje aqui nao apenas para desarmonizar a relação de Cássio e Sara, mas para destruir Ana. Eu amo Aurélio, ele me pertence, nem vou considerar que Ana é minha filha. Acabo com ela sem piedade.

– Pensa em matá-la?

– Claro que não, apesar de tudo ela saiu de mim. Mas posso destruí-la de outra maneira e estou aqui para que possamos pensar na melhor maneira de fazermos isso.

Naquele momento, as duas ouviram um grande estrondo e perceberam que a porta do quarto havia sido arrombada com um pontapé. Cássio surgiu com olhos rancorosos, acompanhado por Sara. Olhando a mãe, bradou:

– A senhora nunca mais vai conseguir fazer mal a ninguém. Acabou.

– Filho, você está enganado. Não sabe o que diz – falou Matilde assustada, percebendo que fora pega em flagrante.

– Não adianta. Ouvi toda a conversa. Você é uma decepção, dona Matilde. A partir de hoje não é mais minha mãe. Como ousou tentar acabar com minha felicidade? Como ousou se deitar com o mordomo debaixo do meu nariz? Como posso respeitar uma mulher feito a senhora?

Matilde chorava pela vergonha em ver-se descoberta. Não havia saída para ela. Tentou contemporizar.

– Eu sou sua mãe, Cássio. Você nasceu de mim. Tem de me perdoar, eu só quero o seu bem.

– E o meu bem é destruir minha felicidade? É acabar com sua filha?

– Sua irmã é uma rameira, que se finge de santa. No fundo, não passa de uma qualquer que se deita com o primeiro que aparece.

– A senhora não é muito diferente.

– Respeite-me! Eu exijo!

– A senhora não exige mais nada. A partir de hoje não a considero mais minha mãe e nunca mais voltará à fazenda. Mandarei trazer todos os seus pertences. Fique despreocupada, manterei a mesada de sempre, afinal, não posso deixá-la morrer de fome. Mas esqueça que eu e Sara existimos, e também esqueça que Ana existe. Agora, que já sei que ela e Aurélio estão tendo um romance, vou exigir que se casem. Como vê, a senhora perdeu.

Cássio ia puxando Sara para sair do quarto quando Matilde agarrou em sua calça, ajoelhou-se e pediu:

– Filho, eu o amo. Não me deixe longe de você, daquela casa que tanto amo, da minha irmã querida. Sem isso, certamente morrerei.

– Pensasse nisso antes de fazer tudo o que fez. Agora, é impossível. Não volto atrás em minhas palavras. Adeus.

Sara interveio:

– Cássio, pense melhor. Dona Matilde é sua mãe.

– Deixe disso, Sara. O melhor para essa cobra é ficar com essa outra cobra, que é a Fabíola. As duas se merecem.

Cássio saiu feito um furacão, arrastando Sara pelo braço, que, tocada pela compaixão, não queria deixar o local.

Matilde, ajoelhada, continuou chorando sentidamente até que Fabíola a levantou e fez com que sentasse.

– A senhora precisa ficar bem. Vai se deixar derrotar logo agora?

Matilde, contudo, sentiu-se tocada por um sentimento forte, que nunca antes havia experimentado: a rejeição verdadeira do filho. Ela sentiu a energia de cada palavra dita por Cássio e aquilo mexeu profundamente com seu coração. Realmente, amava o filho. O que faria agora que o havia perdido para sempre? Olhou para a sobrinha e murmurou:

– Eu morri para o Cássio. Tenho certeza de que morri. Eu achava que por mais que eu fizesse, ele sempre me perdoaria porque sou sua mãe. Mas hoje vi que perdi meu filho.

– O que é isso? Vai amolecer? E a vingança?

– Esqueça. Minha vida também acabou! Não tenho mais por que me vingar.

– Claro que tem. Agora tem mais motivos que nunca! Tem de separar Ana de Aurélio e Cássio de Sara.

Ouvindo as palavras de Fabíola, pela primeira vez Matilde percebeu que nada daquilo fazia sentido. Por mais que odiasse Sara, era dela que seu filho gostava. Naquele momento, percebeu que o seu amor por Cássio era mais forte. Virou-se para Fabíola com raiva.

– Cale-se! Percebi o quanto estava enganada quando me liguei a você e quando quis terminar com a felicidade de meus filhos. Quero que vá embora, desapareça de minha frente.

Fabíola não conseguia acreditar.

– Mas a senhora ainda agora queria vingança, destruição. Não é possível que tenha mudado tão de repente!

– Infelizmente você nunca vai entender minha mudança, você nunca será mãe. Enquanto eu viver, farei de tudo para receber o perdão de meu filho.

– Que mulher fraca! Por essa razão até a songa-monga de sua filha roubou seu amante.

Não resistindo, Matilde esbofeteou Fabíola com tamanha força que a fez rodar e cair na cama.

– Ainda tenho dinheiro em minha conta, o suficiente para pagar o que combinamos. Assim que fizer isso, quero que desapareça para sempre de nossa vida.

Saiu do quarto sem olhar para trás, deixando Fabíola sem entender a súbita mudança.

A natureza não dá saltos, e a repentina mudança de Matilde pode ser estranha, mas de acordo com sua vida anterior, seu espírito já estava preparado para esse acontecimento.

A alma humana possui inúmeros segredos que só as vidas sucessivas podem explicar.

23

Aurélio é aceito

Cássio e Sara seguiram calados até a fazenda. Assim que entraram na casa, Ana veio recebê-los, e sem saber o que havia acontecido, perguntou alegre:

– Conseguiram o perdão de Fabíola?

Ninguém respondeu. Depois de um tempo de silêncio, onde Cássio olhava para a irmã com indagação, ela, sentindo-se incomodada e achando aquela atitude estranha, perguntou:

– O que aconteceu? Por que me olha desse jeito?

– Chame o Aurélio – ordenou Cássio secamente.

– Aurélio está ocupado na copa. Se deseja alguma coisa, eu mesma posso buscar.

– Quero o Aurélio aqui e agora. Vá chamá-lo!

O tom forte e agressivo de Cássio fez com que Ana corasse. O que o irmão queria com o mordomo? Havia descoberto alguma coisa? Mas como? Tinha certeza de que Sara seria a última a lhe contar. Tremendo de nervoso, ela foi à copa, chamou Aurélio formalmente e voltou para a sala, onde Cássio e Sara estavam sentados no grande sofá. Ela com rosto tenso, e ele com cara de poucos amigos. Ao ver o mordomo, ele disse:

– Sente-se, Aurélio.

Aurélio obedeceu sem entender o tom do patrão. Olhando-o nos olhos, Cássio foi taxativo:

– Ou você se casa com minha irmã ou vai embora agora desta casa.

Ana e Aurélio, tomados pela surpresa, não souberam o que dizer. De fato Cássio havia descoberto a verdade. Mas como? Olhando para o patrão, Aurélio armou-se de coragem e dignidade.

– Sei que deve ter descoberto o quanto Ana e eu nos amamos. Peço perdão se esse amor o ofende de alguma maneira, mas meus sentimentos por sua irmã são nobres e era eu mesmo que ia comunicá-lo que nos casaríamos.

– Como você tem coragem de ser tão ousado depois de tudo o que fez? – a voz de Cássio estava alterada e ele fazia o possível para se controlar.

– Eu não fiz nada de errado, a não ser ter nascido em condições miseráveis nesta fazenda e servir seu tio com fidelidade.

– E o caso que tinha com minha mãe? Que nome você dá a isso? Fidelidade ao meu tio?

Aurélio sentiu o sangue sumir em suas faces. Havia iniciado o romance com Matilde a mando do próprio Mariano, que a queria ter em suas mãos, saber de seus planos malévolos com antecedência e para isso nada melhor que estivesse apaixonada por um homem viril e jovem como ele. E aquela não era hora para mentiras. Ana estava presente e sabia de parte da história, mas também devia a ela uma explicação que nunca havia dado.

– O senhor pode não acreditar no que vou lhe contar, mas conhecendo o seu tio como conhecia saberá que não estou mentindo. Dona Matilde sempre foi ambiciosa e queria a todo custo possuir tudo o que era dele. Seu pai havia perdido toda a parte da herança no jogo e ela não se conformava! Enquanto não tirasse o senhor Mariano do caminho, não sossegaria.

Houve até a tentativa de envenenamento, que, felizmente, foi descoberta a tempo. – Vendo que Cássio ouvia com atenção, ele continuou: – Quando o senhor Guilherme morreu e o duelo entre dona Matilde e o senhor Mariano ficou pior, ele me pediu que a seduzisse e mantivesse com ela um romance, para não só tê-la nas mãos quando fosse necessário, mas também para saber de todos os seus planos com antecedência. Assim o fiz. Fui seduzindo sua mãe aos poucos e mantivemos o nosso relacionamento até eu ser surpreendido com a declaração de amor de sua irmã. Creia, Cássio, depois que passei a amar Ana, nunca mais tive nada com sua mãe. Eu amo sua irmã e é com ela que quero me casar, ser feliz e ir embora daqui. Prometi ao seu tio que ficaria na fazenda até que você e Sara se casassem e pudessem se ver livres da perseguição de sua mãe. Eu sempre soube de todos os segredos do senhor Mariano e, como lhe disse, sempre lhe fui fiel.

Cássio estava estarrecido com o que ouvia, no entanto, sabia que o tio era capaz de tudo aquilo. Fora criado por Mariano e conhecia bem sua personalidade. Não adiantava condenar Aurélio, visto que sua mãe também fora leviana e cedera facilmente às investidas do primeiro que apareceu, sem nenhum respeito à memória de seu pai. Por fim, disse:

– Você e minha mãe erraram, mas não adianta ficarmos lamentando. Quero que você e Ana se casem, mas imponho uma condição: vocês deverão continuar morando aqui na fazenda. Não vou aceitar que minha irmã saia do lugar onde foi criada. Esta casa é imensa, podemos ser uma família unida e, com o tanto de quartos que temos, podemos ter quantos filhos desejarmos.

– Eu tenho um ótimo imóvel que herdei de seu tio. Conversamos, eu e Ana, e decidimos que, após o casamento, vamos nos mudar para lá.

– E vão viver de quê? Você só sabe ser mordomo e Ana não tem profissão alguma.

– Na cidade há muitas casas de pessoas com dinheiro precisando de serviços como o meu. E se não conseguir, tenho um bom dinheiro no Banco, também herança do seu tio. Posso ir vivendo com a renda, até montar um negócio com o qual possa ter lucros e viver modestamente.

– E você, Ana? Concorda mesmo com isso? – perguntou Cássio, com a voz embargada de tanta contrariedade.

– Meu irmão, é o melhor para todos. Como poderemos viver nesta casa com a presença de mamãe? Acha que ela nos deixaria em paz? Seria até mesmo um incômodo para eu viver no mesmo teto com uma mulher que sei que ama meu marido, ainda que essa mulher seja minha própria mãe.

– Ela não pisará mais nesta casa.

– Como?

– É o que ouviu. Foi por meio dela que soube de toda a verdade. Fabíola não me perdoou e ainda queria jogar Sara contra mim. Quando íamos saindo do hotel, vimos o carro de mamãe chegando. Instintivamente a seguimos e pudemos escutar sua conversa com Fabíola. Além de estar tramando destruir minha felicidade, confessou que mantinha uma relação com Aurélio e que queria destruir você, Ana. Nossa mãe não nos tem nenhum amor, é uma mulher cruel e detestável.

Enquanto Cássio falava, sua aura mudava de cor e tornava-se cinzenta. O espírito obsessor, que lhe estava acoplado ao corpo, percebendo as energias negativas daquele que o havia assassinado mesmo antes de nascer, sentia aumentar o ódio e colava-se ainda mais agora, já com plena intenção de levá-lo à loucura para se vingar.

Ana fez um rosto triste.

– Preferia que tudo fosse diferente. Gosto da mamãe e não aprovo que a tenha expulsado de casa.

– Mas é o que ela merece. E ela pode ser sua mãe, mas não é mais a minha. Então, aceitam minha proposta?

Ana calou-se, esperando Aurélio responder.

– Já que dona Matilde será afastada, podemos nos casar e viver aqui. Não quero mudar de função, por essa razão, continuarei a ser o mordomo. Gosto do que faço, sinto-me bem cuidando do bem-estar desta fazenda e das pessoas.

– Mas você vai entrar para a família Caldeiras e um Caldeiras não pode ser um reles mordomo. Encaixarei você em um dos departamentos da nossa usina e ganhará muito mais.

– Eu não quero. Posso aceitar morar aqui, mas desejo ser o que sou. Nunca fui rico nem almejo posição social. Ana me aceita e me ama como sou. Espero que compreenda.

– É isso mesmo, Cássio – posicionou-se Ana com voz doce. – Aprecio Aurélio dentre outras coisas, justamente por ser o que é. Se não o aceitar assim, eu mesma faço questão de ir-me embora daqui com ele.

Vendo que a irmã estava resoluta, Cássio deu por encerrada a conversa, não sem antes exigir que marcassem a data do casamento.

Ana e Aurélio não cabiam em si por tamanha satisfação. E, assim, foram comemorar o que havia acontecido.

***

Cássio passou o resto do dia em casa deitado na rede da grande varanda pensando em tudo o que havia acontecido. O espírito de Mariano, próximo a ele, pedia:

– Meu filho, perdoe sua mãe. Você não sabe o que está fazendo. Ela foi a grande vítima de tudo. Sua ambição desmedida, seu orgulho e vaidade a fizeram sofrer tanto que hoje ela é essa pessoa amargurada e infeliz. Parte do que Matilde é deve-se a você e Sara. As pessoas com as quais convivemos são um pouco de nós, assim como nós somos um pouco de cada uma delas. Pense nisso e perdoe!

Cássio pensava:

"Será que devo perdoar mamãe? Não estou sendo muito orgulhoso e tirano no que fiz?"

Felício, o obsessor, percebendo-lhe os pensamentos, grudou-se mais a ele, e repetia alto:

– Jamais perdoe a sua mãe. Você tem de viver infeliz de remorso, longe dela, até enlouquecer.

Cássio sentiu uma tontura, mas recuperando-se rápido pensou:

– Não! Não perdoarei, por mais que eu viva com remorso, ela nunca mais pisará aqui.

Mariano sentia muita pena do sobrinho, mas, vendo que ele não lhe acatava as sugestões, resolveu afastar-se.

Um ronco de carro se fez ouvir e logo Rodrigo estava na varanda conversando com o amigo.

– Fui ao escritório e me disseram que você não passou bem e estava em casa. O que aconteceu?

Com riqueza de detalhes, Cássio contou tudo ao amigo, que ia enrubescendo a cada palavra. Quando terminou de ouvir, ele disse:

– Você fez muito bem. Sua mãe, além de perversa, não passa de uma mulher vulgar. Se a minha mãe se deitasse com o mordomo, eu seria o primeiro a dar-lhes as costas.

Cássio sentiu grande alívio, finalmente alguém lhe dava razão. Tinha visto nos olhos de Ana que ela não ficara bem com sua atitude e Sara, por sua vez, condenava-o também com o olhar.

– Ainda bem que tenho um amigo que me entende. Você acredita que estou aqui desde as duas da tarde e Sara ainda não veio me ver? Está sentida com o que fiz com mamãe e fechou-se no quarto com Ana falando dos preparativos para o casamento.

O espírito de Felício, mesmo deformado em consequência do aborto, se locomovia à vontade. Percebendo que Rodrigo era seu aliado, aproximou-se e começou a falar por sua boca, numa psicofonia tão sutil, que dificilmente alguém perceberia. Rodrigo dizia:

– Sara é uma boba. Pessoas muito boas são bobas. Não dê ouvidos a ela e continue firme com sua mãe. – Rodrigo fez uma pausa e mudou de assunto: – Você está realmente mudado. Permitir que sua irmã se case com um empregado qualquer é o cúmulo. Toda a cidade vai comentar.

– Mas não posso fazer nada. Aurélio sempre foi fiel ao meu tio e, além de tudo, tirou a virgindade de Ana. Deve reparar o que fez.

Rodrigo soltou uma gargalhada.

– Como você é antigo para algumas questões! Hoje as mulheres perdem a virgindade com qualquer um. Nem por isso se casam. Eu e você já tiramos a virgindade de dezenas.

– Mas uma Caldeiras é diferente. Ana não é dessas mulheres com quem costumávamos sair.

– Ainda assim. Obrigar alguém a se casar apenas porque perdeu a virgindade é demais.

– E quem disse que eles vão se casar obrigados? Eles se gostam e pelo que pude ver é um amor verdadeiro.

Rodrigo intimamente ruminava um ódio surdo. Havia algum tempo, nutria por Ana uma atração forte, irresistível. Às vezes, passava horas pensando nela. Mas como fazer para tirá-la daquele criadinho?

Os espíritos chefiados por Drômio, que ainda tentavam levar Ana para a prostituição, haviam se colado a Rodrigo a fim de que ele se interessasse pela moça. Vendo que ele cultivava o ódio e a sede pelo prazer do sexo, conseguiam teleguiá-lo facilmente. Por essa razão, naquele instante, sugeriram a Rodrigo um pensamento que ele captou com imensa facilidade. De súbito, mudou o rumo da conversa:

– Sabe o que eu estava pensando?

– Só pode ser em mulher gracejou Cássio, conhecendo o temperamento do amigo.

– Nada disso. Estou lembrando que, tirando os dias de festa, você nunca me convidou para dormir aqui. Ando saturado da minha casa e esse ar do campo me faz bem. Por tudo isso, vou convidar-me para dormir com vocês esta noite, nesta fazenda maravilhosa. O que acha?

– Sabe que não é má ideia? Enquanto Sara estiver magoada comigo pelo que fiz com mamãe, sei que nossa relação não será um mar de rosas. Ela é muito verdadeira, só faz o que sente vontade. Hoje mesmo, está distante, não quer falar comigo. Você fará bem em dormir aqui e até em ficar mais dias. Sei que está de férias.

– Sim, estou. Só preciso ir em casa pegar algumas roupas. Vim sem nenhum plano de ficar.

– Não precisa, você pode usar minhas roupas enquanto estiver aqui. Temos o mesmo corpo e tenho roupas aí que nunca usei.

– Aceito, então!

Os dois amigos ficaram conversando animadamente, sem saber a trama obsessiva que estava se passando por trás de decisões aparentemente sem importância.

Foi com certa angústia que Ana soube da permanência de Rodrigo por lá. O rapaz a olhava com cobiça, mesmo sabendo de seu envolvimento e futuro casamento com Aurélio.

Cássio fez questão que, após servir o jantar, Aurélio se sentasse com eles. Segundo ele, seria assim daquele dia em diante.

Podia-se ver o clima de paz e harmonia que reinava entre o casal. A constatação do amor dos dois deixava Rodrigo com raiva e com mais vontade de executar seus planos.

Após o jantar, Sara e Ana foram para a biblioteca. Aurélio para a copa, ficando apenas Cássio e Rodrigo a conversarem na grande sala de estar. Sem que eles percebessem, ali estavam vários espíritos da falange de Drômio e também os espíritos amigos de Melânia, Mariano e Leonora, unidos aos mentores espirituais em estado de prece para o auxílio necessário. Guilherme, pai de Cássio e Ana, após algum tempo no umbral, estava se preparando para reencarnar e, por esse motivo, não os estava auxiliando.

As horas foram passando e, aos poucos, todos foram se recolhendo. Cássio e Sara, apesar de não estarem num bom momento, não deixavam de se amar, e logo estavam envolvidos num sono reparador. Ana e Aurélio, por sua vez, resolveram restringir os encontros agora que a relação fora descoberta por Cássio e cada um encontrava-se em seu quarto, tentando conciliar o sono sem, contudo, conseguir. A presença de Rodrigo ali, sem que eles pudessem explicar, soava ameaçadora e volta e meia pensavam nele. Aurélio sentia ciúme, pois notara como ele olhara para Ana e ela, apesar de todo amor por Aurélio, sentia-se atraída por Rodrigo e intimamente o desejava.

Eram os desejos em desalinho guardados no inconsciente que faziam Ana ter pensamentos com um homem pelo qual não tinha nenhum sentimento. Ao recordar seus olhares sedutores durante o jantar, sentia seu corpo estremecer. Aliados aos desejos de sua alma, boa parte dos pensamentos e sensações que sentia naquele momento também eram induções dos espíritos especialistas em obsessões sexuais enviados por Drômio, que já se sentiam vencedores. Se Ana cedesse a Rodrigo, seria tomada por desejos incontroláveis e não conseguiria manter-se fiel a Aurélio. Sairia de casa em busca do prazer fácil.

A energia sexual como fonte criadora de renovação da espécie, de troca magnética com a função da união das almas, necessita ser disciplinada, como também ocorre com outras energias da vida. Contudo, a energia sexual é talvez a de maior responsabilidade para o espírito, esteja ele encarnado ou não. O ser que não possui uma conduta sexual sadia, fatalmente é conduzido por obsessões severas ou mesmo sutis e nem mesmo sente que está sendo influenciado. No campo do sexo é preciso redobrar o "orai e vigiai", visto que em nome dele, entramos pelos caminhos das paixões, da passionalidade, dos crimes de toda sorte e dos desvarios que nos forçam ao devido reajuste no tempo certo. Somado a tudo isso, ainda há os corações que, pelos apelos do sexo, ferimos levianamente e com os quais teremos de nos harmonizar, quando imposto pelas Leis Divinas.

O sexo é divino quando é fonte saudável que a ninguém prejudica, mas é motivo de queda a abismos profundos para aqueles que o profanam pelos vícios. Ana sentiria isso na pele, e sua hora de libertação definitiva havia chegado. Todo ponto fraco requer uma prova para que a pessoa possa se conhecer melhor, reavaliar valores e, muitas vezes, reparar delitos cometidos há muito tempo. Vencer a prova é conquistar a saúde espiritual.

Por ter também a mente voltada para o sexo irresponsável, Rodrigo encontrava-se no quarto de hóspedes sem dormir, maquinando seu plano. Pensava: "Notei como Ana olhou com desejo para mim aquele dia na piscina. Sei que sou belo e capaz de seduzir qualquer mulher. Com ela não será diferente".

Assim, abriu a porta do quarto e saiu pelo corredor em silên cio em direção ao quarto de Ana. Parou um pouco e deu duas batidas. Ana assustou-se e pensou "Será Aurélio? Mas nós combinamos de dar uma parada nos encontros". Sem pensar muito e, achando que era mesmo ele, correu e abriu.

A visão de Rodrigo a perturbou de tal maneira que ela sentiu-se tonta. Não entendeu o que ele estava fazendo ali àquela hora. Perguntou, tentando dominar-se:

– Aconteceu algum problema?

– Ana, eu preciso que você me escute. Posso entrar em seu quarto um instante?

Ela, percebendo suas intenções, ficou entre o bom senso de dizer um "não" e ceder aos seus desejos mais profundos. Demorou um pouco para se decidir, por fim disse:

– O que você quer me dizer, hein? Fale daí mesmo. Sabe que jamais deixarei um homem quase sem roupa entrar em meu quarto uma hora dessas, ainda mais tendo um compromisso como o que eu tenho com Aurélio. Seja o que for, fale daí.

– Vai me dizer que gosta mesmo desse empregadozinho?

– Sim. Eu o amo, e se foi isso o que veio saber, pode ir embora.

Rodrigo, completamente influenciado pelos espíritos obsessores, foi empurrando-a para dentro do quarto e encostando seu corpo ao dela. Ana foi deixando-se envolver e, quando percebeu, já o estava beijando com sofreguidão. Os obsessores aumentavam sua atuação quando Melânia aproximou-se, colocou a mão direita na fronte de Ana e fez com que ela se lembrasse de Aurélio. Seria a última tentativa para fazê-la voltar à realidade.

De súbito, Ana lembrou-se de Aurélio e aquele pensamento foi tão forte que ela empurrou Rodrigo com toda a força. Sentindo nojo de si mesma, vociferou:

– Saia daqui! Agora!

Ele, completamente louco, voltou a agarrá-la e derrubou-a sobre a cama como um animal desesperado. Ana começou a gritar fortemente repetidas vezes, até que toda a casa acordou. Cássio correu ao quarto e, ao deparar com a cena degradante, seguido por Aurélio e Sara, ficou sem saber o que fazer.

Ana chorava pedindo socorro e, quando finalmente Rodrigo a soltou, foi desfalecendo e desmaiou. Enquanto Sara tentava reanimá-la, Aurélio avançou para cima de Rodrigo e o cobriu de murros e pontapés. Completamente desorientado, ele só fazia apanhar, sem reagir. Vendo-o quase desmaiado Cássio pediu:

– Pare, Aurélio! Já basta! Espero que o patife do meu amigo tenha aprendido a lição.

Enquanto Rodrigo, envergonhado e aflito, tentava se levantar e procurar algo para cobrir o corpo, Aurélio aproximou-se de Ana, que continuava desmaiada. Sara foi-lhe massageando os pulsos e, após alguns minutos, ela recobrou as cores do rosto e voltou a si. Percebeu que Rodrigo não estava mais no quarto e pensou ter sido vítima de uma alucinação. Cássio sentou-se ao seu lado.

– Quero que me conte tudo o que aconteceu. O patife do Rodrigo saiu correndo, mas não me escapa. Sei que não vai conseguir fugir com o corpo tão machucado.

Ana estava envergonhada, afinal, inicialmente ela cedera. Resolveu omitir o fato e começou:

– Rodrigo tentou me atacar. Eu estava quase dormindo quando ouvi batidas na porta do quarto. Pensando ser Aurélio, fui atender, mas deparei com Rodrigo tentando iniciar uma conversa totalmente sem sentido. De repente, começou a me acariciar e quando o empurrei, ele voltou-se para mim com toda a fúria. Se estivesse sozinha aqui em casa nem sei o que teria me acontecido.

Ouvindo a narrativa de Ana, Aurélio bradou:

– Maldito, eu o mato onde o encontrar.

– Não vale a pena, Aurélio – tornou Cássio calmamente. – Rodrigo sempre foi leviano e acostumado a ter todas as mulheres que quis. Certamente pensou que Ana iria cair em sua lábia e por essa razão tentou seduzi-la. Só não entendo essa violência súbita. Desde que o conheço nunca o vi nem mesmo insistir quando uma mulher lhe dizia não. Costumava dizer que aquelas que o rejeitavam não sabiam o quanto perdiam. Vou conversar seriamente com ele antes que peça para ir embora.

– Faça isso, Cássio, e também faça-o prometer nunca mais nem olhar para Ana ou não sei qual será minha reação.

Cássio saiu em busca de Rodrigo e o encontrou dirigindo-se com dificuldade para o carro. A surra de Aurélio fora muito forte e era até provável que o amigo estivesse com alguma fratura.

– Rodrigo, preciso falar com você.

Notando o tom amistoso de Cássio, Rodrigo desarmou-se e começou a chorar.

– O que aconteceu com você, hein? Dentro de minha casa, desrespeitar minha irmã e ainda tentar estuprá-la? Esse não é o Rodrigo que eu conheço. Eu poderia fazer como o Aurélio e esmurrá-lo ainda mais, pois se não tivéssemos chegado, minha irmã teria sofrido com sua violência; contudo, prefiro acreditar que você deve estar com algum distúrbio mental.

Rodrigo só fazia chorar. Não havia como explicar o que havia acontecido. A atração por Ana, o desejo de tê-la nos braços e, por fim, a compulsão criminosa do estupro. Sentou-se no chão da varanda e, quando os soluços amainaram, balbuciou:

– Desculpe, Cássio. Não sei dizer o que deu em mim. Parece que o demônio tomou conta de meu corpo.

– Ora, não diga besteira! Demônio não existe. Você deve estar doente.

– Não. Eu estou bem. Não consigo nem sequer entender a minha atração imediata por Ana. Sempre a conheci, convivíamos como se fôssemos irmãos. – Fez pequena pausa, levantou-se e finalizou: – Só peço que um dia possa me perdoar e que possamos voltar a ser amigos.

Cássio gostava de Rodrigo como se fosse um irmão, e, naquele momento, perder sua amizade seria muito ruim. Contudo, teria de dar uma dura nele. Se estivesse doente que fosse se tratar e quando melhorasse poderiam reatar. Ele agora era o representante dos Caldeiras. Não poderia deixar um ato como aquele passar em branco.

– Está perdoado, mas não desejo mais vê-lo enquanto não se curar desse problema. Um homem que "do nada" tenta estuprar a irmã do melhor amigo não deve estar bem. Peço que se cuide e nunca mais se dirija a ninguém de nossa família, muito menos a Ana. Aurélio está com muita raiva e possui uma arma, não sei o que poderia lhe acontecer.

Cássio virou as costas, deixando Rodrigo arrasado. Ele havia errado, tinha consciência disso, mas não esperava tanta frieza daquele que conhecia desde a infância. Com dificuldade, foi para o carro, entrou e deu partida. Mesmo sendo madrugada e tendo o corpo todo dolorido, resolveu enfrentar a estrada.

24

Depressão

Quando Cássio entrou em casa, encontrou Sara esperando--o no corredor.

– Como está Ana?

– Bem. Deixei-a com Aurélio. Tudo seria melhor, não fosse sua atitude com Rodrigo.

Cássio corou. Com certeza Sara ouvira a conversa.

– O que você queria que eu fizesse? Que acobertasse um tarado?

– Ele é seu melhor amigo, Cássio. Aliás, o seu único amigo. Todos os outros são uns bajuladores. Rodrigo merece uma segunda chance.

– Eu não consigo entender sua ingenuidade. Está indiferente comigo porque expulsei mamãe de casa, uma mulher sórdida, que só quer nossa infelicidade. E, agora, vem defender uma pessoa que acabou de cometer um ato hediondo?

Sara intimamente pediu orientação a Deus para aquela conversa. Sabia que Cássio era extremamente materialista e racional, não seria fácil tirá-lo daquele círculo vicioso. Sua prece rápida, porém sincera, fez com que o mentor dela se aproximasse e a intuísse:

– Eu não sou ingênua como parece. Vejo os fatos da vida com outros olhos. Não tenho o poder de modificá-lo, mas enquanto eu puder plantar a semente do bem em seu coração, assim o farei.

Com um gesto carinhoso, pegou as mãos do marido e o conduziu até o sofá. Acomodados, um diante do outro, ela começou:

– Não estou indiferente com você por causa de dona Matilde. Apenas não concordei com sua atitude e quando não estou feliz não sei fingir. Acredito que sua mãe é uma pessoa como eu e você, com defeitos, mas também com qualidades. Dentro da visão dela tudo o que faz é para o bem.

– Então querer destruir a felicidade do filho é um bem?

– O conceito de felicidade dela pode estar equivocado, como também o conceito do que seja bom ou ruim. Contudo, acredito na reencarnação e quando uma pessoa nos odeia, nos faz mal, nos persegue é porque temos sérios compromissos espirituais com ela. É provável que tenhamos sido nós que, em vidas passadas, a fizemos sofrer, passar por privações, traumas e dores diversas, que ficaram guardadas no inconsciente dela. Então quando a vida nos une novamente no palco do mundo, a cobrança é inevitável e inconsciente. Sua mãe pode estar nos cobrando por erros do passado. Já pensou? Se isso for verdade, podemos estar sendo injustos com ela e adquirindo ainda mais compromissos perante nossa própria consciência!

O que ela dizia fazia sentido para Cássio. Apesar de ateu e descrente, ele pôde comprovar que a vida após a morte existia, quando, durante a sessão espírita em sua casa, seu tio comunicou-se dando provas inequívocas da sua identidade. Aquele fato ficou marcado em sua mente por vários dias, sendo esquecido logo depois. Ele forçou-se a esquecer, pois admitir que a vida continuava após a morte era também admitir que existia uma força superior comandando o universo, ou seja, teria de aceitar que Deus existia e isso ele jamais faria. Por essa razão, rebateu:

– Essa sua teoria é boa, mas segundo ela deveríamos dar a nossa cabeça ao inimigo, o que foge totalmente ao bom senso. Quer dizer que precisamos conviver com todos aqueles que odiamos e até deixar que nos façam mal em nome de uma pretensa dívida de vidas passadas?

– Sabia que ia perguntar isso. Não precisamos nem somos obrigados a conviver com quem nos odeia ou odiamos. Mas para que possamos nos afastar é preciso que não tenhamos mais nenhuma mágoa em nosso coração, que tenhamos perdoado totalmente essas pessoas, de modo a só existir amor. Você se afastou de sua mãe com ódio, e esse sentimento aprisiona e faz sofrer. Ninguém pode seguir adiante, ter felicidade na vida sem vencer o passado. Por essa razão, devemos fazer tudo para nos reconciliarmos com nossos desafetos, e, mesmo se não pudermos amá-los, devemos não ter para com eles nenhum sentimento negativo. Esse é o preço da felicidade. Nesse sentido, se prejudicamos sua mãe no passado devemos, agora, ajudá-la, tentando uma convivência pacífica, harmoniosa, doando amor, carinho, compreensão. Se quando tivermos tentado de tudo, ela ainda resistir, daí não teremos mais responsabilidade. Estaremos livres do passado, enquanto ela, por não ter perdoado, vai continuar sofrendo.

– Sabia que você queria trazê-la de volta. Mas não vou fazer isso. Não tenho suas crenças, não acredito em nada do que diz. Só acredito no que vejo e o que vejo é uma mulher de péssima índole querendo me destruir. Esqueça!

– Por causa do ódio e da visão errada que temos das coisas é que a vida nos manda as pessoas mais difíceis para que possamos conviver com elas. Sempre que vemos defeitos nos outros, estamos, na verdade, olhando a nós mesmos como se fosse num espelho. Toda imperfeição que percebemos nos outros está primeiro em nós. Por essa razão, ouso dizer que somos tão maus quanto dona Matilde, já que assim a enxergamos.

Cássio irritou-se.

– Não adianta. Não há argumento que me faça ceder. Se quer conviver com ela, vá morar no hotel e me deixe em paz!

Ele ia se levantando quando ela o segurou pelo braço.

– Ainda não terminei.

– O que quer?

– Falar de Rodrigo.

– Não me diga que vai defendê-lo também!

– Vou apenas dizer que tenho a certeza de que seu amigo foi envolvido por espíritos obsessores e só fez o que fez por indução deles. Se não perdoá-lo, sofrerá muito.

– Agora a culpa é dos espíritos – zombou Cássio.

– Não. Rodrigo deu abertura quando quis se mostrar macho, quando se deixou levar por pensamentos descontrolados. Mas o resto foi obra dos obsessores. Vi quando conversavam e percebi que nem ele mesmo sabe por que assim agiu.

Cássio parou um pouco e pensou que poderia ser verdade. Rodrigo nunca agira daquele modo.

– De qualquer forma, não quero mais uma pessoa perturbada por espíritos convivendo conosco. Basta a tia Marta.

– Se não percebeu, sua tia já está quase curada. Anda pela casa, pelos jardins, veste-se bem, até come conosco às vezes.

– O médico trocou a medicação. Deve ser por essa razão. E o assunto está encerrado. Venha, precisamos dormir.

Percebendo que não ia adiantar continuar tentando convencer Cássio da realidade, ela calou-se e o seguiu. Assim que deitou e percebeu que o marido dormia, fez sentida prece a Jesus, pedindo que tocasse sua alma com a chama da fé. Envolvida por energias benéficas, em pouco tempo adormeceu, sem perceber que o espírito deformado de Felício estava mais grudado ao corpo daquele que seria seu pai.

A um canto, Mariano e Melânia conversavam.

– Infelizmente seu sobrinho terá de aprender pelo caminho da dor. Eu não gostaria que isso acontecesse. Cássio é fraco, temo que não resista.

– Deus não coloca fardos pesados em ombros leves. Ele teve toda a chance de aprender pela inteligência e pelo amor por meio das sábias palavras de Sara; no entanto, preferiu o lado oposto. Na vida é sempre assim. O sofrimento e a dor só aparecem em último caso, quando foram esgotadas todas as outras formas de aprendizado. Antes de o mal entrar em nossa vida, seja ele qual for, Deus sempre nos dá vários alertas, provoca situações para que possamos abrir nossa consciência e evoluir sem a necessidade das lágrimas. Nós é que não aproveitamos. O que podemos fazer por Cássio é continuar velando por ele, firmes na prece e na fé. No momento em que ele mudar, estaremos prontos para ajudá-lo.

Mariano compreendeu e com Leonora, que ministrava passes no casal, somou também energias benéficas. Depois de algum tempo, os três espíritos saíram do local, deixando-o com mais harmonia.

***

Assim que recebeu o dinheiro de Matilde, Fabíola partiu para os Estados Unidos, não sem antes brigar com a tia, desejando-lhe toda a sorte de infelicidades e problemas. Perdendo a companhia da ex-aliada, que nem mesmo queria saber da mãe, Matilde percebeu que ficara só. Suas amigas, ao saberem do que lhe havia acontecido e que, agora, estava vivendo num hotel sem nenhum conforto, afastaram-se uma a uma. Pela cidade corria o boato de que Matilde fora flagrada com um dos empregados da fazenda. Ela sentia na pele o peso do falso moralismo e do preconceito, coisas que estava tão habituada a fazer com as pessoas.

Naqueles dias solitários e de reflexão, a única pessoa que ainda a procurava era o padre Sílvio. Matilde sentia-se grata, mas ao mesmo tempo, a falta que a fazenda fazia, a convivência com a família que lhe fora tirada, principalmente com a irmã Marta, deixava-a prostrada, sem saber o que fazer nem para onde ir. Cássio pagava todas as suas despesas e mantinha sua mesada, mas nunca na vida Matilde se sentiu tão só.

Contudo, a cada dia ela refletia mais e percebia que tudo o que lhe acontecera fora provocado por ela mesma. Não sabia explicar o ódio descomunal que sentia pela nora, o desejo quase doentio de ter toda a fortuna que era de Mariano nem mesmo entendia como chegara a praticar tantas maldades. Seu espírito estava amadurecendo e ela começava a entender que tudo aquilo era em vão. Como se arrependia! Se pudesse voltar atrás, faria tudo diferente. Amava o filho, amava Ana, estava sendo duro ter de viver longe deles.

Nessas horas, os espíritos luminosos acercavam-se dela e a intuíam a procurar pelo filho, pedir perdão, mostrar que havia se modificado. Contudo, ela logo mudava de pensamento, pois conhecia o temperamento irascível do filho e tinha quase certeza de que não seria perdoada. Assim, os dias iam passando vazios, cinzentos, até que ela tomou uma decisão: iria embora da cidade. Começou a planejar uma viagem, que, contudo não iria acontecer. A vida faria com que desistisse.

***

Em uma manhã de primavera, Cássio abriu os olhos e percebeu que Sara ainda dormia profundamente. Consultou o relógio sobre o criado-mudo e percebeu que passava pouco das seis da manhã. O canto dos pássaros e o barulho das copas das árvores mexendo-se ao sabor do vento fizeram com que ele não conciliasse mais o sono. Abriu a janela e de onde estava observou a imensidão das terras que, agora, eram suas. Ele não podia saber ao certo onde elas paravam, iam até onde a vista pudesse alcançar. Sentiu uma tristeza inexplicável e pensou: "Que vida sem graça! Acordar, ir para o escritório, vistoriar os trabalhos dos usineiros, voltar para casa, jantar, ir para a cama e dormir. Tudo virou um tédio!". Tentou livrar-se desses pensamentos, mas eles vinham acompanhados de sensações de fracasso, solidão e angústia. Continuou a pensar:

"O casamento de minha irmã se aproxima, mas, de repente, tudo perdeu a graça. Espero que essa festa passe logo. Perdi meu melhor amigo, minha mãe me traiu e não presta, só me resta Sara. Sara! Ela, apesar de se entregar para mim na cama, olha-me com reprovação. Não vejo mais admiração em seus olhos quando me observa, deve estar perdendo o amor por mim."

Cássio, que fora dormir na noite anterior muito bem e alegre, acordou vendo a vida em preto e branco, sem saber explicar de onde vinham aqueles pensamentos. Vendo que não ia mais dormir, foi até a copa. Como sempre, os empregados já haviam se levantado e preparavam o café. Aurélio estava com eles e, ao vê-lo, pensou: "Como ele consegue ser feliz levando uma vida tão medíocre? Não! Ele não pode ser feliz. Aqui nesta fazenda ninguém é feliz. Vejo tristeza e solidão em tudo".

Vendo-o no limiar da copa com ar pensativo, aproximou-se:

– O que houve, caiu da cama? – falou já mais íntimo do futuro cunhado.

Saindo do estado de torpor que o invadiu, Cássio respondeu:

– Acordei mais cedo que de costume e não consegui mais pegar no sono. Nunca o barulho da natureza me incomodou tanto quanto hoje.

– Às vezes acontece de acordarmos fora do horário, nosso organismo é meio maluco.

– É... – tornou Cássio sem graça. – Vou tomar uma ducha enquanto o café não fica pronto.

Aurélio notou que Cássio estava alheio e estranho. Teria brigado com Sara durante a noite? Se fosse, iria descobrir. Nunca vira o patrão com um rosto tão sem expressão. Parecia um morto-vivo.

Enquanto isso, Cássio deixava que a água morna escorresse pelo seu corpo. Os pensamentos acelerados continuavam: “De que vale tudo isso se vamos morrer um dia? Que adianta casar, ter filhos, lutar pela riqueza, se vamos terminar em uma cova escura, vencidos pela morte?”. A esse pensamento veio-lhe à mente uma cena em que se via claramente dentro do túmulo sendo devorado pelos vermes. A imagem foi tão forte que seu coração acelerou e ele desligou o chuveiro. Começou a sentir pânico. Demorou a se controlar e, por fim, pensou: “O que é isso, Cássio? Você tem tudo o que precisa para ser feliz, é casado com a mulher que ama, possui fortuna, juventude e beleza, o que quer mais?”. Com esse diálogo consigo mesmo, em pouco tempo melhorou. Quando se trocava, Sara acordou.

– Nossa, meu amor, está apressado hoje, hein? Já em pé a essa hora?

– Acordei muito cedo e resolvi ir me adiantando. Quero chegar ao escritório cedo, tenho muita coisa para resolver.

– Deve ser caso de vida ou morte para fazer você chegar naquela usina antes das dez.

Cássio aproximou-se da mulher e a beijou longamente. Esperou que ela se banhasse e logo os dois estavam com Ana e Aurélio à mesa do café. Durante a refeição, Cássio pouco falou, o que era completamente incomum, já que adorava conversar e centralizar o papo em si. Estava tão alheio que não ouviu uma pergunta que Sara estava lhe fazendo, até que foi sacudido por ela:

– Cássio, em que mundo você está? Acorde!

– Desculpe, Sara, eu me distraí.

– Você está estranho. Notei isso desde que acordei. O que está acontecendo?

– Nada, meu amor. Levantei cedo, não dormi o suficiente, deve ser isso.

– Você está pálido – observou Ana. – Tem certeza de que está bem?

– Sim, estou. Não se preocupem, eu nunca adoeci e não será agora. – Levantando-se de chofre, pegou sua valise e disse: – Preciso ir, já estou atrasado.

Sem esperar que alguém respondesse, ele saiu praticamente correndo, entrou no carro e deu a partida. Ana e Sara deixaram a mesa e o observaram sumir na curva da estrada.

– Meu irmão está com algum problema, tenho certeza.

– Também acho. Ele esteve muito calado durante o café, e, enquanto se trocava no quarto, percebi em seus olhos um imenso vazio. Será que é a falta da mãe?

– Faz-me rir, Sara. Cássio nunca deu tanta importância à mamãe, nunca teve para com ela nenhum tipo de apego. Pode ser que ele esteja passando por algum tipo de problema na usina. Vamos aguardar. Seja o que for, logo saberemos. Agora, vamos entrar e continuar preparando minha festa.

Sara seguiu a amiga e logo estava entretida com o que fazia, esquecendo-se do problema do marido.

***

Cássio passou todo o dia sentindo grande tristeza, que aumentava aos poucos. No escritório, fez tudo mecanicamente e sem motivação. Ao voltar para casa à noite parecia que seu peito ia explodir tamanha a angústia que sentia. Na mesa do jantar pouco falou e sequer observou que sua tia Marta estava com eles comendo normalmente e perguntando muito por Matilde.

Resolveu se recolher cedo e quedou-se num mutismo absoluto. Não queria conversar, não sentia vontade. Sara, percebendo que o marido não estava bem, fez ligeira prece, olhou-o fitando o vazio e disse:

– Cássio, você está com um problema, tenho certeza. Sou sua mulher, sua companheira, tem de se abrir comigo.

Ele ouvia calado, sem ânimo para responder. Sara continuou:

– Não estou reconhecendo o homem alegre, falante e espirituoso pelo qual me apaixonei. O que está acontecendo?

Sem conseguir se conter, Cássio prorrompeu num pranto sentido e amargurado, deixando Sara ainda mais preocupada. Nunca vira o marido chorar em momento algum, apenas no dia do desencarne de Mariano, mas, ainda assim, era um pranto conformado, brando, nem de longe era o mar de lágrimas que ele derramava agora.

– Cássio, pelo amor de Deus! Você descobriu que está doente? Só pode ser isso. Até onde sei os negócios vão bem, temos muito dinheiro. Só pode ser doença. Diga-me.

Ele bradou:

– Deixe-me em paz, Sara! Deixe-me em paz!

– Como posso deixá-lo em paz se você não está em paz? Nunca o vi desse jeito. Não me esconda se estiver doente, vamos lutar pela cura.

– Não estou doente, apenas descobri que a vida é sem graça, chata, que não há motivos para continuar na luta se vamos todos adoecer e morrer um dia.

Sara estava impressionada. Cássio falava com veracidade como se aqueles pensamentos fossem realmente seus e ela pôde perceber que o marido havia entrado em depressão e provavelmente sem motivo. Tentou ajudar:

– Você não pensa assim nem acredita nisso. Deve estar dessa forma por ter brigado com dona Matilde e ter rompido a amizade com seu melhor amigo, quase seu irmão.

– Eu não sei explicar, só sei que descobri que não vale a pena viver.

A preocupação tomou conta de Sara. Enquanto ele disse a última frase ela sentiu um arrepio estranho e nítida sensação de que havia um espírito com eles no quarto. Provavelmente o espírito que estaria plantando a semente do pessimismo em Cássio. Sara sabia, pelas leituras que fazia e até por alguns casos que havia visto na região, que algumas pessoas envolvidas por depressões fortes, oriundas de obsessões de espíritos desencarnados, haviam perdido a alegria, a força de viver e chegaram mesmo ao ato do suicídio. Será que havia realmente alguém do mundo espiritual interessado em fazer Cássio se matar? A esse pensamento sentiu um calafrio. Tentou elevar o pensamento, olhou para o marido e disse:

– Cássio, você é um homem feliz, realizado, de bem com a vida. Esses pensamentos não são seus. Tire-os da sua mente.

– Não consigo e não quero. A gente vai amadurecendo e percebendo que a vida não é o mar de rosas que pensávamos a princípio. As responsabilidades, as traições dos amigos, a falta de amor acabam com toda a motivação.

– Mas você sempre gostou das suas responsabilidades, adora ser empresário, lidar com os negócios que foi de seu tio. Seu amigo não o traiu, ele foi movido por um ato compulsivo, estava fora de si, e sua mãe fez tudo pelo seu bem. O que você precisa é reconsiderar, mudar sua forma de pensar, senão vai amargar uma depressão profunda.

O espírito deformado de Felício, que era a causa da depressão de Cássio e queria vê-lo cometer o suicídio, percebeu que Sara estava ganhando terreno e fazendo o marido refletir. Por essa razão, lançou-se sobre ela com muito ódio apertando o seu pescoço. Sara sentiu uma ligeira tontura seguida de um mal-estar, mas, intuindo o que estava acontecendo, reforçou seu pensamento em Deus e uma luz azulada a envolveu, arremessando Felício para longe.

O espírito vingativo bradava:

– Maldita! Mil vezes, maldita. Com você posso não conseguir nada, mas com ele consigo tudo. É materialista, imoral, falso. É um prato cheio. Ele se matará ou sugarei todas as suas energias até levá-lo ao desencarne. Não adianta rezar.

Dizendo isso, voltou a colar-se ao corpo de Cássio e fez com ele tivesse raiva da esposa.

– Você não me compreende. Está do lado das pessoas erradas, nem deve me amar mais. Por favor, vamos dormir.

– Espere, Cássio, ainda não terminamos de conversar.

– Não quero mais ouvir sua voz por hoje. Respeite-me.

Cássio virou-se e fechou os olhos. Pela sua mente passavam os pensamentos mais depressivos possíveis. Era uma obsessão, que se continuasse acabaria por desequilibrar as substâncias químicas do cérebro responsáveis pelo humor e ele entraria em uma depressão crônica de difícil tratamento.

Um espírito obsessor com desejos de vingança é uma sentinela em alerta vinte e quatro horas, esperando descobrir as fraquezas e os pontos fracos do seu desafeto, para assim prejudicá-lo. Assim sendo, percebemos o quanto é importante a prática da oração diária, da renúncia às atitudes negativas e, principalmente, do controle mental no esforço de pensar e acreditar sempre no bem. A obsessão campeia pela Terra principalmente pela mente dos encarnados viciados no pessimismo.

Vendo que não conseguiria mais nada com Cássio naquela noite, Sara resolveu se calar e, mais uma vez, orar a Deus, pedindo aos espíritos superiores que protegessem seu marido e dessem assistência a quem o estivesse fazendo mal. Confiante na bondade divina e refeita pelo poder da prece, ela adormeceu.

25

Caminhos do amor

Nos dias que se seguiram, Cássio piorou sensivelmente. O espírito de Felício, aliado a outros obsessores, o fazia entrar em um poço profundo de tristeza e ele foi perdendo o resto da vontade que tinha de ir para o trabalho, chegando a ponto de ficar prostrado na cama durante todo o dia.

Vendo que a situação se agravava e caminhava para o pior, Sara chamou Rafael para uma consulta. Quando o médico chegou, encontrou-o deitado, lágrimas escorrendo pelo rosto e olhos fixos num ponto indefinido. De tão dominado que estava pelo estado depressivo, deixou-se levar pela análise do médico sem dizer quase nada ou fazer algum gesto. Ao final, Rafael lhe perguntou:

– Você quer mesmo melhorar, Cássio? Seja sincero.

– Não, eu quero morrer.

– Mas você não vai morrer, vai voltar a ser o jovem feliz e ativo de antes. Quero que me prometa não dar trabalho e tomar a medicação na hora certa. Desejo que saiba que esse seu estado não é seu, você passa por um momento de turbulência emocional, mas tudo voltará ao normal.

Cássio permaneceu calado. Rafael, vendo que de nada adiantaria continuar conversando, saiu do quarto e chamou Sara e Ana. Já na sala, ele foi sincero:

– Sei que você acredita e vivencia a doutrina espírita, por essa razão tenho a liberdade de dizer que seu marido está sofrendo a ação de espíritos obsessores, cujo objetivo estamos longe de conhecer. Receitei algumas medicações que, a princípio, vão ajudar, mas, se ele não for tratado espiritualmente, voltará ao estado de antes ou talvez pior. Em psiquiatria chamamos isso de pacientes refratários, com os quais a medicação não faz efeito, justamente por ser um processo altamente obsessivo.

– O que poderemos fazer por ele? – perguntou Sara preocupada. – Conheço o Cássio, ele é fraco nesse sentido, não acredita em nada e dificilmente vai se ajudar.

– Isso torna as coisas piores. A descrença e a falta de fé são os piores inimigos do homem, até mais do que o egoísmo e o orgulho, pois aquele que acredita na vida e tem fé é humilde e caridoso. Você precisa fazer o mesmo que fez com dona Marta. O caso dela era pior e, no entanto, hoje ela está muito bem. Em todos os casos de obsessão não há outra recomendação além da prece constante, da mudança de pensamentos do obsediado e, quando possível, um diálogo com os espíritos que estão movidos pelo ódio.

– Vou procurar dona Rosana. Ela precisa vir aqui e fazer outra reunião como aquela.

– Faça isso. Tenho acompanhado os estudos em sua casa e vejo como ela é honesta no que faz e tem alta moral.

– Mas e quanto aos remédios? Se é obsessão não será inútil usá-los?

– De forma alguma. A medicação bloqueia a ação obsessiva e poderá impedir por um tempo que o problema atinja o corpo físico. Mas, se o problema é apenas obsessivo, se a pessoa não for tratada pelo lado espiritual, ele retorna, chegando a ponto de a medicação de nada adiantar. Além de tudo, seu marido é médium. Quando ficar bom deverá estudar melhor o assunto.

– Médium? Cássio é médium? – perguntou Sara.

– Claro! Todos somos médiuns, uns mais, outros menos, porém em alguns essa faculdade é mais evidente. Todo obsediado é médium, se não fosse, os espíritos não conseguiriam fazer nada.

– Mas ele, do jeito que é, nunca vai aceitar isso, muito menos trabalhar com a mediunidade.

– Esse é um erro que muitas pessoas cometem. Por ter mediunidade, ninguém é obrigado a trabalhar com ela. O sexto sentido é parte integrante da natureza, todos o possuem em maior ou menor grau para facilitar a própria evolução. Só têm de trabalhar com a mediunidade aqueles que vêm com o chamado mandato mediúnico. Esses geralmente sentem espontaneamente a vontade de servir ao próximo e o fazem com muito prazer. O que ocorre é que muitos centros espíritas por não estudarem bem o assunto ou até mesmo para aumentar o número de frequentadores da casa, começam a dizer que todos aqueles que têm sintomas de mediunidade devem trabalhar, servindo aos espíritos. Com isso, criam muitos problemas, porquanto os médiuns sem nenhum preparo ou condição se lançam nas reuniões mediúnicas com total descontrole ou passam a ser fascinados por espíritos, que lutam para comprometer a causa espírita.

– Não sabia que isso acontecia.

– Porque você vive aqui onde não tem casas espíritas. Contudo, eu venho da capital e conheço muitas. Já vi muitos dirigentes de centros espíritas trabalharem com médiuns despreparados só porque eles um dia apareceram na casa com alguma perturbação espiritual. Essas pessoas acabam acreditando que precisam trabalhar e, na maioria das vezes, começam dando comunicações completamente anímicas em que o próprio inconsciente do médium se manifesta e todos acreditam que sejam espíritos que estão se comunicando.

– E por que a espiritualidade superior permite que isso aconteça?

– A espiritualidade superior tenta evitar, mas muitos dirigentes e trabalhadores dos centros espíritas são vaidosos e gostam de quantidade, de casa cheia. Muitos deles dizem que para ser espírita é obrigatório frequentar um centro espírita, desenvolver algum trabalho, só para dizer que a casa que dirigem está crescendo por ter muitos frequentadores. Os mentores, mesmo assim, continuam ajudando e fazendo o que podem para evitar os abusos, mas, infelizmente, onde impera a vaidade há um campo aberto para a entrada de espíritos altamente inferiores, e o que vemos hoje são muitos centros espíritas mal assistidos.

Sara continuou:

– Eu pensei que para ser espírita de verdade teríamos de frequentar um centro espírita. Sempre comentava com mamãe a falta que um centro espírita com dirigentes sérios fazia em nossa cidade.

– Concordo. Kardec nos disse que se reconhece o verdadeiro espírita pela sua transformação moral e pelo esforço que faz em domar suas más tendências. De que adianta frequentar um centro espírita, estudar, ler, fazer trabalhos na casa e não se modificar interiormente? A casa espírita existe sobretudo para o espírita e todos aqueles interessados em conhecer a espiritualidade aliviarem as dores de sua alma. A frequência a um lugar como esse deve ser feita espontaneamente. Ninguém é menos espírita porque não vai ao centro espírita. Somos espíritas quando acreditamos nessa doutrina consoladora, melhoramo-nos como seres humanos e, consequentemente, melhoramos o mundo.

Sara percebeu que Rafael tinha razão. Voltando ao assunto de Cássio, ele disse:

– Procure Rosana ainda hoje, siga seus conselhos. Tenho certeza de que se seu marido for tocado pela força divina conseguirá se curar.

– Obrigada, doutor, farei isso.

Depois que Rafael saiu, Sara pediu que Aurélio e Ana redobrassem a vigilância sobre Cássio. Saiu e foi para a casa de Rosana. Lá chegando, foi recebida com alegria.

– Minha menina, quanta saudade!

– Digo o mesmo, dona Rosana, mas infelizmente vim procurá-la por causa da dor e não simplesmente porque me lembrei da senhora. Sinto-me envergonhada em dizer isso, mas estou sendo sincera.

– Não se preocupe, Sara. Podemos não nos ver sempre, mas sabemos que nosso afeto é sincero. O que está acontecendo?

Com lágrimas nos olhos, Sara contou tudo e por fim pediu:

– Gostaria que a senhora fosse novamente com sua equipe lá na fazenda fazer uma nova sessão de desobsessão. Creio ser a única maneira de ajudar na cura de Cássio.

Rosana pensou um pouco e disse:

– Talvez não seja necessário a equipe da desobsessão ir até lá. Podemos fazer o trabalho daqui mesmo.

– Verdade?

– É. Os espíritos estão em todos os lugares e podem ser atraídos para toda a parte. Algumas vezes nossos mentores nos instruem a ir a determinados lugares, quando é necessário e quando uma reunião extra vai fazer bem a toda a família, como foi no caso de sua tia Marta. Naquela noite, todos refletiram e inclusive Cássio pôde comprovar que a vida continua após a morte. Quando as pessoas estão amadurecendo e podem dar mais um passo na senda evolutiva, eles dão todas as provas necessárias. Contudo, entrarei em contato com nossos maiores e falaremos sobre o problema pedindo orientação. Se eles disserem que será melhor uma reunião na fazenda, com certeza, iremos. Com a sua tia Marta, fizemos lá só uma sessão, o resto do trabalho continuamos aqui. Hoje posso dizer que estou muito feliz, pois os espíritos que a perturbavam resolveram ceder ao bem e perdoar.

Os olhos de Sara encheram-se de lágrimas. De fato, Marta estava muito bem, deixara de ter as crises e já convivia com todos dentro de casa. Apenas continuava com o pensamento um pouco confuso e a voz embolada como sequela dos tratamentos a que foi submetida por tanto tempo.

Sara despediu-se de Rosana na esperança de que ela fizesse o melhor com os espíritos. Ao passar pela cidade sentiu uma forte vontade de ver Matilde. Quem sabe ela poderia ajudar? Apesar de tudo, não lhe guardava ódio e sabia do seu amor por Cássio. Talvez se ele se reconciliasse com a mãe já iniciasse o processo de recuperação. Por essa razão, quando passava diante do hotel onde ela estava hospedada, Sara resolveu entrar. Falou rapidamente com a recepcionista e foi direto ao quarto da sogra. Deu leves batidas na porta e pôde notar a surpresa no rosto de Matilde ao se certificar de que era realmente ela.

– O que quer?

– Posso entrar um pouco? Precisamos conversar.

– Meu quarto está uma bagunça, melhor que fale daí.

– Dona Matilde, o assunto é sério, não vou me importar com a desarrumação de seu quarto e não posso falar aqui fora. Peço sua compreensão e insisto para que me deixe entrar.

Matilde já não tinha mais raiva de Sara, nem de ninguém. Modificara-se e se pudesse faria tudo diferente. Contudo, não sabia o que a nora queria ali. Cássio estava com raiva dela, provavelmente a teria mandado para dizer-lhe alguma coisa negativa, provavelmente o corte de sua mesada. Mas deixou que Sara entrasse.

Impressionada com a quantidade de malas que viu pelo quarto, Sara perguntou:

– A senhora está mudando de hotel?

– Não. Estou mudando de cidade. Vou-me embora.

– Custa-me acreditar, a senhora teria coragem de deixar tudo aqui e partir?

– Não me restam mais alternativas. Meu filho e minha filha me odeiam e sei que você me odeia também. Minhas amigas, após o que me aconteceu, abandonaram-me. Estou completamente só, não há mais motivos para que eu permaneça aqui.

Pelo tom de voz, Sara percebeu que Matilde falava a verdade. Sentiu um aperto no peito que não sabia de onde vinha e que se Matilde partisse para sempre ela perderia uma grande oportunidade, e todos iriam sofrer mais. Sua intuição lhe dizia isso. Pegou as mãos da sogra e fez com que se sentasse na cama.

– E se eu lhe pedir para que a senhora fique?

– Não tenho motivos para atender ao seu pedido.

– Tem sim. Sei que a senhora ama aquela fazenda, ama seus filhos, sua irmã. Não sei quais foram os motivos para que seu coração tenha ficado tão endurecido esses anos todos, mas não posso julgá-la. O que sei é que podemos recomeçar, passar uma borracha em tudo, esquecer e viver em paz.

– Você fala como se fosse fácil. Mas eu conheço a natureza do meu filho, é incapaz de perdoar. Além de tudo, Ana vai se casar com Aurélio. Sabendo que eu e ele fomos amantes seria impossível vivermos sob o mesmo teto.

– Sei que não é fácil, dona Matilde, mas temos de tentar, e sei que aos poucos vamos conseguir. Basta a senhora querer.

– Já lhe disse que não tenho motivos.

– Mas terá a partir de agora. Vim aqui lhe pedir ajuda. Cássio está gravemente enfermo e, se a senhora não contribuir, não sei o que será dele.

Matilde ficou pálida. Cássio sempre fora um touro na saúde. Nunca pegava nem resfriado. Assustada, perguntou:

– O que ele tem? Diga-me, pelo amor de Deus.

– Cássio entrou em depressão profunda há mais de duas semanas. No começo tentou se ajudar e ainda ia ao escritório, mas com o passar dos dias prostrou-se na cama e só sai de lá para tomar banho ou comer alguma coisa depois que insisto muito. A usina está nas mãos do Luciano, um antigo funcionário. Tem falado em morte e temo que se mate.

– Meu Deus! Como isso aconteceu?

– Não sei dizer, só sei que ele precisa da nossa ajuda e, principalmente, que a senhora mostre que realmente mudou e que o ama.

Matilde começou a chorar enquanto dizia:

– Essas doenças mentais são genéticas, deve ter puxado à Marta. E se ele enlouquecer como a tia?

– A senhora sabe que o problema de sua irmã era espiritual, tanto que já está bem e quase recuperada. O mesmo acontece com Cássio. Ele está sendo assediado por espíritos infelizes.

Matilde calou-se. Sabia que o caso da irmã fora uma obsessão e se Sara afirmava que com Cássio acontecia a mesma coisa, devia ter algum fundamento. Sara continuou:

– Doutor Rafael já foi consultá-lo, ele vai tomar alguns remédios, mas tenho certeza de que não vai melhorar como o esperado. Hoje fui procurar dona Rosana e ela garantiu que vai nos ajudar.

– O que posso fazer pelo meu filho? Se eu for para lá é capaz de me expulsar a pontapés.

– Garanto que isso não vai acontecer. Cássio não está em condições de fazer nada.

– Mas ainda há a Ana e o Aurélio. Como vou encará-los?

– Da maneira mais natural possível. A senhora teve um envolvimento com ele que durou até quando deu. Ele apaixonou-se por sua filha e vocês terminaram a relação. Agora, é só aceitar e seguir adiante.

Matilde estava corada. Sara falava como se tudo fosse muito natural.

– Você não sabe com é difícil para mim voltar lá, principalmente encarar os meus filhos depois que eles souberam que eu me deitava com o mordomo. Que respeito terão por mim?

– O respeito que devem a uma mãe. A senhora não fez nada de errado. Sentiu-se atraída por Aurélio e entregou-se a ele com o desejo de ser feliz, de aproveitar. Tudo é muito natural. Se Ana e Cássio tiverem algum preconceito quanto a isso, eles é que estarão errados. A senhora ficou viúva jovem, é natural que tenha sentido falta do amor e procurado por ele à sua maneira.

Matilde cada vez mais se admirava com Sara e arrependia-se de ter-lhe feito tanto mal.

– Ainda assim, Ana não verá com bons olhos minha presença. A todo instante pensará que quero lhe roubar o marido.

– O que a senhora sente por Aurélio?

Aquela pergunta ousada e direta pegou Matilde de surpresa, mas ela não titubeou.

– Não sinto mais nada. Durante o tempo em que permaneci aqui sozinha refleti muito sobre a vida e sobre mim mesma. O que me atraiu em Aurélio foi sua juventude, a aventura, a beleza. Mas passou, hoje o vejo como um homem qualquer.

– Então não há o que temer. A senhora está sendo sincera e quando somos sinceros enviamos energias equivalentes para as pessoas que sentem isso e correspondem. A princípio, Ana poderá não gostar, mas com o tempo verá que entre ele e a senhora já não existe mais nada, e a confiança voltará a ser restabelecida.

– Você pode ter razão. Mas sempre acreditei que quando perdemos a confiança em alguém nunca mais voltamos a tê-la. Quem acreditará em minha mudança?

– Essa é uma crença errada que as pessoas cultivam porque ainda não amadureceram espiritualmente. Por que não podemos voltar a confiar nas pessoas? Será que elas nunca podem mudar e passar a ser verdadeiras? Quando não confiamos nos outros é porque não confiamos em nós mesmos. Vemos no outro o espelho do que realmente somos. Eu acredito na senhora e sei que mudou de verdade, sinto isso. O ser humano é mutável e está sempre evoluindo, creio que a vez da senhora chegou e não é indo embora, fugindo, que vai provar alguma coisa. É quando enfrentamos os problemas que eles se resolvem. Então, vem comigo?

Tocada pelas palavras de Sara, Matilde deixou que lágrimas teimosas rolassem pelo seu rosto enquanto a abraçava.

– Perdoe-me, Sara, perdoe-me por tudo o que lhe fiz e pensei em fazer. Eu deveria estar doente quando agi daquela forma, possuída pela posse, pelo ciúme, pelo ódio. Hoje percebi que quem mais perdeu fui eu.

– Ninguém perde nada nesta vida, porque nós não possuímos nada. A senhora não possuía ciúme, posse ou ódio, pois nenhum filho de Deus possui em si tais sentimentos. Nós os sentimos momentaneamente e, envolvidos por essas ilusões, achamos que os possuímos e que somos assim. Mas ninguém nesta vida é mau ou possui sentimentos maus. Somos todos ignorantes das verdadeiras leis de amor que regem o universo e, com isso, iludimo-nos, equivocamo-nos. Mas chegará a hora do retorno à casa do Pai para a senhora e todos nós. Não tenho o que perdoar, pois não possuo esse poder. A única pessoa que pode nos perdoar somos nós mesmos. Por essa razão, perdoe-se por sua ignorância e liberte-se para uma nova vida.

Matilde estava renovada com aquelas palavras. A partir daquele momento faria tudo para estar em paz consigo mesma e com os outros. Só ela poderia fazer aquilo. Por essa razão, seguiu com Sara, de cabeça erguida, sem medo de enfrentar a realidade. Naquele momento, o plano espiritual festejava. Aquelas duas almas, inimigas de uma vida anterior, finalmente haviam se perdoado e a partir dali seguiriam pelos abençoados caminhos do amor.

26

O desaparecimento

Ao ver Sara e Matilde entrarem juntas pela porta principal da casa, Ana assustou-se e, por instantes, pensou estar sendo vítima de uma alucinação. Voltando a si, olhou para as duas com curiosidade.

– Posso saber o que está acontecendo e o que a senhora quer aqui?

Matilde ia responder, mas, a um sinal de Sara, calou-se.

– Sua mãe veio aqui para ajudar o seu irmão e voltará a morar nesta casa.

– Você só pode estar brincando, Sara.

– Nunca fui tão verdadeira. Cássio está doente, precisa de toda a família unida ajudando em sua recuperação. Ele pode não admitir, mas um dos motivos que o levaram a entrar nessa depressão foi o rompimento definitivo com a mãe. Sinto que Cássio não ficou bem ao expulsar dona Matilde daqui. No fundo, queria que as coisas fossem diferentes e que a mãe não tivesse desejos de prejudicá-lo ou a você.

– Mas você sabe que Cássio estava certo – tornou Ana com entonação de raiva na voz. – Mamãe nunca gostou de ter perdido a herança para você e nunca aprovou sua união com ele.

Chamou Fabíola para acabar com sua felicidade e estava disposta a destruir também minha relação com Aurélio. Como você teve coragem de trazê-la novamente aqui depois de tudo?

– Dona Matilde está arrependida e pretende provar que mudou.

– E você acredita? Sempre pensei que fosse inteligente o suficiente para não cair nas armadilhas dessa aí.

– Eu acredito sim, e sei que a presença de dona Matilde aqui será providencial. Sei que tem todos os motivos para desconfiar; contudo, acredito em minha intuição, vi em seus olhos que está arrependida realmente. Se quer saber, sua mãe estava de malas prontas para ir embora da cidade. Iria fazer isso sem ninguém saber.

Ana não acreditava em nada daquilo e achava que Sara havia caído em mais um jogo da mãe. Se Matilde voltasse a morar na fazenda tudo seria pior, ainda mais agora, que ela iria se casar com Aurélio, seu ex-amante. Com esses pensamentos disse furiosa:

– Sinto muito, mas você terá de escolher. Se mamãe voltar para esta casa, eu saio. Aurélio tem um ótimo apartamento em Cuiabá e não pensarei duas vezes antes de ir para lá, até mesmo sem me casar. A decisão é sua.

– Não seja tão inflexível, Ana. Todos merecem uma segunda chance.

– Pelo visto já tomou mesmo sua decisão. Espero que não se arrependa amargamente depois. Quero lembrá-la de que mamãe e papai já tentaram envenenar tio Mariano, só não conseguiram por um pequeno descuido. Gosto muito de você e vou torcer para que não seja a próxima vítima. Não precisa preocupar-se comigo e com Aurélio, faremos nossas malas e iremos embora daqui o mais rápido possível.

Ana rodou nos calcanhares e saiu da sala sem que Sara pudesse falar mais nada. Olhou para Matilde, que tremia e tinha os olhos rasos d'água.

– Eu sabia que isso iria acontecer. Acho melhor ir embora. Se Ana, que sempre foi mais cordata me tratou assim, como não me tratará o Cássio?

– Não se precipite pela imaturidade e ciúme de Ana. Como lhe disse, Cássio não está em condições de dizer nada, a senhora verá.

Sara conduziu Matilde até o quarto onde Cássio mantinha-se deitado, olhos fixos no teto, deixando uma lágrima vez por outra descer dos olhos. Quando Matilde viu a figura do filho tomou um choque. Cássio havia emagrecido muito, os cabelos estavam desalinhados, não havia brilho no olhar. Definitivamente aquele não era o homem que ela havia colocado no mundo. Só a interferência espiritual poderia explicar aquele estado.

Vagarosamente foi se aproximando da cama, pegou em uma das suas mãos e disse:

– Filho? O que aconteceu? Você era tão feliz... – Matilde tinha a voz trêmula e estava bastante emocionada.

Cássio virou o rosto mecanicamente e encarou a mãe. Sua fisionomia foi mudando e, de repente, começou a falar de maneira agitada:

– Perdoe-me, perdoe-me! Se você não me perdoar irei para o inferno novamente, serei devorado pelos vermes, os monstros vão me perseguir. Perdoe-me!

Era notável que Cássio havia piorado bastante e estava aos poucos perdendo a razão.

Matilde, chorando, retrucou:

– Não tenho o que lhe perdoar, filho. Eu é que preciso pedir-lhe perdão por ter desejado sua infelicidade. Fui uma mãe ruim, omissa, interesseira. Nunca soube amá-lo de verdade.

Ele parecia não haver escutado o que ela havia dito e, já sentado na cama, com os olhos bastante abertos, continuou:

– Você confiava em mim, achava que estaria amparada para sempre, que se casaria e seria muito feliz. Mas eu lhe tirei tudo, matei todos, todos!!! – De repente, ele fez pequena pausa e, parecendo mais assustado, gritou: – Eu matei você!! Eu matei você!! Como pode estar agora falando comigo?

Matilde sentiu uma sensação ruim. Enquanto o filho dizia aquelas palavras desconexas e aparentemente sem sentido, ela foi se sentindo angustiada e teve a nítida sensação de que algo nelas era verdadeiro. Contudo, não disse nada à Sara. Vendo que ele havia se acalmado e voltado à posição de antes, chamou a nora a um canto e disse temerosa:

– Meu filho perdeu a razão. Isso não é depressão, é loucura. Conheço bem, pois lidei com Marta a vida inteira. O que vamos fazer?

Sara também estava muito preocupada. Antes de sair de casa havia deixado Cássio depressivo, mas lúcido.

– Precisamos continuar mantendo a calma. Eu sei que ele não está louco, está envolvido por espíritos obsessores. Até certo ponto é comum que fique assim. Vamos orar pedindo a Deus auxílio e proteção.

As duas iniciaram uma prece em voz alta, mas logo Matilde, levada pela emoção, tomou a frente e começou a falar com Deus sozinha:

Senhor, sei que sou uma pessoa errada, pecadora, não aceitei amar os filhos que tu me deste neste mundo para orientar. Mas ouve o pedido de uma mãe aflita, vendo um filho consumir-se em uma doença triste, sofrendo sem solução. Envia teus anjos para curá-lo, Senhor, e entregarei minha vida a ti.

Matilde chorava sentidamente e Sara, abraçada a ela, também rogava pela saúde daquele a quem tanto amava.

Sem que elas percebessem o quarto se encheu de luz. Não a luz dos espíritos bons que ali já estavam assistindo àquele drama, mas a luz de suas próprias auras, que, em prece sincera, haviam se tornado brilhantes e radiosas.

Ana e Aurélio, que a tudo observavam pela porta entreaberta, ficaram estupefatos. Perceberam que de fato Matilde havia se tornado outra pessoa. Por essa razão, entraram no quarto e, ainda no clima da prece, Ana olhou para a mãe com emoção.

– Perdoe-me, mamãe pelo que disse ainda há pouco. Pude perceber que a senhora está mudada. Nunca a vi fazendo uma prece tão sincera e profunda como esta. Sei que, quem assim ora, não está com maus pensamentos no coração. Abrace-me.

Mãe e filha se abraçaram emocionadas, enquanto Aurélio, a um canto, observava, sem saber como agir. Sentia receio que com Matilde morando com eles seu casamento pudesse não ser tão feliz quanto ele imaginara. Contudo, resolveu não pensar mais nisso. Que o tempo se encarregasse disso. O que mais importava agora, era a saúde de Cássio, que se havia agravado muito naquelas últimas horas.

O telefone tocou e ele foi atender. Voltou ao quarto dizendo:

– É para você, Sara, é a dona Rosana.

Sara apressou o passo e logo estava falando com a amiga:

– Como foi bom a senhora ter ligado neste momento. Cássio piorou muito. Agora, em vez da depressão, parece que enlouqueceu. Só a fé em Deus tem nos sustentado.

– Continue com fé. Fizemos uma reunião especial com nossos mentores e eles autorizaram uma nova reunião na fazenda. Amanhã, às sete da noite, estaremos iniciando. Fique atenta e vigie Cássio o máximo que puder. Os espíritos nos avisaram que os irmãos infelizes que o obsediam, sentindo nossa presença, farão de tudo para desequilibrá-lo ainda mais. Sem a oração constante ficará mais difícil nossa atuação.

– Agradeço-lhe por tanta boa vontade. Deus a abençoe.

– Agradeça a Deus, minha querida. Só Ele, com seu poder, transforma a nossa vida.

A conversa terminou e Sara contou a todos sobre a reunião que seria no dia seguinte. Como já era noite e ninguém quis jantar, recolheram-se mais cedo em prece. Antes de ir para seu antigo quarto, Matilde pediu:

– Quero ficar no quarto com meu filho.

– Não precisa. Ele está quieto e parece dormir. Se algo acontecer garanto que a chamo.

– Tem certeza de que deseja ficar sozinha?

– Sim. A senhora também precisa descansar e dormir. Como disse, se precisar vou até o seu quarto.

Assim, as luzes da fazenda foram se apagando pouco a pouco e logo um silêncio intenso tomou conta do ambiente. Na verdade, ninguém conseguia conciliar o sono e a prece era o recurso que usavam para manterem-se em equilíbrio.

***

Quando os primeiros raios de sol penetraram pela cortina, Sara acordou e, num sobressalto, percebeu que Cássio não estava na cama. Sentiu uma sensação de medo e correu até o banheiro. Ele não estava lá. Assustada e, prevendo uma catástrofe, vestiu-se rapidamente e foi gritando o nome do marido pelo corredor. Ainda era muito cedo e ninguém havia se levantado, mas logo todos estavam acordados e nervosos com o estado de Sara. Olhando para eles e com voz trêmula ela bradou:

– Cássio sumiu! Não está no quarto, não está na casa. Algo terrível aconteceu.

– Acalme-se, Sara – disse Aurélio compassivo. – Esta casa é grande e ele pode estar em qualquer lugar.

– Tenho certeza de que não está, Aurélio, não adianta procurar. Cássio fugiu.

– Ele não estava em condições de ir a lugar algum – ponderou Ana. – Mal conseguia andar.

– Tenho certeza do que estou falando. Vamos reunir todos os trabalhadores e procurar Cássio por toda a fazenda. No estado em que está não duvido que faça uma besteira e tire a própria vida.

Matilde, preocupada, ficou sem saber o que fazer ou dizer. Na verdade, ela não se sentia com direito à palavra, parecia que aquela não era a casa em que havia vivido tanto tempo e em que fora acostumada a mandar. Preferiu calar-se num choro mudo e angustiado, esperando a melhor solução.

De repente, Ana gritou assustada:

– Meu Deus, o rio! Se ele quiser se matar é para lá que vai.

Sara empalideceu.

– Então vamos todos para lá.

Enquanto os empregados e alguns peões seguiam em direção ao rio, Aurélio, devidamente intuído pelos espíritos superiores, resolveu ligar para Rodrigo. Mesmo que os amigos estivessem com a amizade rompida, ele sentia que Rodrigo tinha de saber o que estava acontecendo e talvez até ajudar. Nessa hora, Aurélio engoliu o orgulho e o ciúme e, em prol de Cássio, contou tudo o que havia acontecido com ele ultimamente, solicitando a presença de Rodrigo imediatamente até Boa Esperança. Depois, seguiu com os outros.

Ao chegarem ao rio uma decepção: Cássio não estava lá, ou talvez estivesse no fundo das águas. O pânico tomou conta de todos e ninguém sabia o que fazer, até que Sara decidiu:

– Quem souber nadar deve mergulhar e procurar por todo o rio. Essas terras são imensas e ele pode ter ido também a outro lugar. Vamos nos dividir em grupo e procurar. Eu vou ficar por aqui esperando.

Alguns homens mergulharam, enquanto Aurélio, com outro grupo, seguiu na direção oposta. Como não havia plantações nem criações de animais, as terras da fazenda, principalmente ao seu redor, eram feitas de campos de flores e plantas diversas, onde se destacava um imenso campo de girassóis cuidadosamente cultivado pela beleza que produzia. Era no meio dos girassóis que Cássio estava. Havia acordado por volta das três da madrugada totalmente mediunizado e, agindo com cautela, foi até o velho depósito, pegou uma corda grossa e embrenhou-se pelos campos.

O espírito de Felício, sabendo que a reunião mediúnica iria se realizar, tratou de agir antes, e induziu Cássio ao suicídio. Ele, pelas imperfeições morais que mantinha, o cultivo de pensamentos materialistas e, principalmente, a falta de fé em Deus e na vida, oriundas do ateísmo, deixou-se conduzir como marionete nas mãos de seus obsessores. Vez por outra, Cássio saía do corpo e via sua real situação. Percebendo o que ocorria e, achando que suas crenças materiais caíam por terra, chorava e pensava em orar a Deus. Mas não conseguia articular palavra, pois não podia dirigir-se a um ser que na sua concepção não existia. Atribuía à vida fora do corpo algum mistério científico ainda não descoberto e custava-lhe admitir a realidade divina. Assim, seu fim estava realmente próximo.

Seguindo a sugestão de Felício e, praticamente repetindo palavra por palavra o que ele dizia, Cássio pensava:

"Eles vão me procurar de manhã cedo, mas ninguém desconfiará do campo dos girassóis, vão direto ao rio. Ficarei aqui até que desistam e me deixe em paz para que eu possa amarrar uma pedra a esta corda e me jogar no fundo das águas." Assim, ele se pôs a esperar.

Enquanto isso, Rodrigo chegava à fazenda. Sabendo que quase todos estavam no rio seguiu para lá. Encontrou Matilde, Sara e Ana sentadas nas pedras, observando o correr das águas na angustiosa expectativa de os mergulhadores aparecerem.

Ao verem Rodrigo se espantaram, mas ele logo se explicou:

– Sei que não deveria estar aqui depois do que fiz. Mas não poderia ficar de braços cruzados sabendo que meu amigo corre perigo de vida. Vim para ajudar e só descansarei quando encontrar Cássio vivo.

– Como você soube o que estava acontecendo? – perguntou Sara curiosa.

– Aurélio me telefonou assim que todos saíram de casa para procurar Cássio. Sei que deve ter sido difícil para ele fazer isso, mas prova que é uma boa pessoa e está interessado na vida do cunhado. Aproveito o momento e volto a pedir perdão a todos vocês, principalmente a você, Ana. Hoje, analisando friamente, vi que não estava em mim quando tentei seduzi-la. Nem sei por que exatamente fiz aquilo. Espero que me perdoe e, quando tudo estiver bem com Cássio, possamos voltar a conviver como sempre. Esse tempo longe de meu melhor amigo fez-me perceber o valor de uma verdadeira amizade. Jurei para mim mesmo que a reconquistaria.

Ana sentiu a veracidade das palavras de Rodrigo e retorquiu com carinho:

– Por mim, está perdoado. Não é de hoje que nos conhecemos, praticamente nos criamos juntos, fiquei muito decepcionada com sua atitude, mas hoje posso compreendê-la.

Rodrigo, num gesto espontâneo, abraçou-a fortemente, sentindo a emoção de ser novamente amigo daqueles a quem tanto amava. Terminado o abraço, ele disse:

– Não posso ficar aqui parado sem nada fazer. Conheço Cássio e sei todos os lugares desta fazenda a que ele costuma ir. Vou agora mesmo procurá-lo e garanto a vocês que vou encontrá-lo. Depois disso, darei minha vida para que ele fique bem e se recupere.

Rodrigo saiu caminhando ligeiro e logo desapareceu por entre a vegetação. Pouco tempo depois, os homens que mergulharam no rio à procura do patrão apareceram dizendo:

– O corpo não está aqui, senhoras. Se ele fez besteira a correnteza já deve ter levado para longe.

Matilde começou a soluçar em desespero. Eriberto continuou:

– Vamos continuar procurando até encontrar. Se o patrão se jogou no rio, mais cedo ou mais tarde encontraremos seu corpo.

Sara, mesmo com um pouco de nervosismo, equilibrou-se e ordenou:

– Continuem procurando. Serão regiamente recompensados. Façam tudo, mas achem Cássio.

– Não estamos fazendo isso interessados em recompensa, dona Sara. Gostamos do patrão, admiramos seu jeito de lidar com a gente, de como se dedica àquela usina. É um grande homem, não merecia um fim desses. Agora, dê-nos licença, continuaremos a procurar.

Os homens foram seguindo pela margem até que, a uma longa distância, voltaram a mergulhar. Sara decidiu:

– Não tem sentido ficarmos aqui. Voltemos à fazenda e esperemos notícias lá.

As outras duas a acompanharam e logo estavam de volta a casa.

***

Rodrigo não sabia ao certo onde procurar. As terras eram muito extensas e chegava em determinado ponto em que a mata era fechada. O velho Mariano não tinha maiores interesses em produzir coisa alguma por ali e, praticamente, abandonara todos os cuidados com boa parte do grande terreno. Resolveu que não iria entrar naquela mata sozinho, sem proteção. Foi andando de volta à casa-grande quando passou pelo imenso campo dos girassóis. De repente, lembrou-se da infância. Ele, Cássio e Ana costumavam brincar ali de esconde-esconde. "Bons tempos aqueles", pensou. O espírito de Leonora, que caminhava com o rapaz, colocou a mão direita sobre sua testa e intuiu:

– Procure no campo dos girassóis. Cássio pode estar lá.

Por estar preocupado com o amigo e pedindo a Deus uma solução, Rodrigo captou fielmente a intuição de Leonora e pensou: "Devo procurar no campo dos girassóis. Cássio pode estar ali." Ia entrando na grande plantação quando pensou: "Isso é bobagem, quem quer se matar não vem para uma plantação de flores". Sem dar-se por vencida, Leonora continuou:

– Ele está aqui. Você é o instrumento de Deus para conduzir nosso irmão à cura. Entre, não custa nada tentar.

Captando os pensamentos dela como se fossem seus, Rodrigo resolveu tentar. Podia ser uma bobagem, mas algo lhe dizia que o amigo poderia estar ali.

Foi caminhando devagar e, ainda intuído por Leonora, avistou Cássio todo encolhido, chorando, segurando uma pedra. Emocionado, gritou:

– Cássio! Meu Deus! Você está vivo!

Foi correndo ao encontro dele que, assustado, esquivava-se e tentava correr gritando:

– Saia daqui, deixe-me em paz. Você é um traidor, nunca foi meu amigo. Eu quero morrer, deixe-me morrer em paz.

Rodrigo correu também e o alcançou. Começou entre os dois uma luta corporal. Logo, Rodrigo conseguiu imobilizá-lo devido à sua fraqueza e, com a corda amarrou suas mãos, dizendo:

– Você não vai morrer, meu amigo. Esta vida é linda, cheia de coisas boas. Foi você quem me ensinou a vivê-la e vai continuar vivendo com todos os que o amam por muitos e muitos anos.

Amarrado, e sem conseguir soltar-se, Cássio parecia não ouvir, só gritava:

– Solte-me, seu demônio, ou não responderei por mim. Quero morrer, esta vida não vale nada.

Vendo que não conseguiria travar um diálogo sensato com o amigo que mostrava estar completamente alienado, Rodrigo foi empurrando-o com força até que, no pátio da fazenda, começou a gritar para alguém ajudá-lo.

Logo apareceram alguns trabalhadores que ajudaram a imobilizá-lo totalmente e conduziram-no à cama. Vendo o filho gritando e todo amarrado, Matilde não conseguia conter o choro. Sara também chorava, mas agradecia a Deus por Rodrigo tê-lo encontrado com vida.

Cássio debatia-se com violência sobre a cama, afrouxando as cordas, e ninguém sabia o que fazer para acalmá-lo, até que Rodrigo sugeriu enérgico.

– Precisamos ligar para o doutor Rafael e pedir que ele venha com urgência até aqui. Cássio, infelizmente, está louco e só um psiquiatra poderá tratá-lo.

Não se importando com as últimas palavras de Rodrigo, Sara correu ao telefone e chamou o psiquiatra. Uma hora depois, Rafael chegou à fazenda e, vendo o estado do doente, aplicou-lhe forte sedativo. Olhou para o rosto dos presentes e disse:

– Ele ficará dormindo por muitas horas. O suficiente para se darem o início e o término da reunião.

Aurélio, que já estava presente, questionou:

– Mas ainda é meio-dia e a reunião será só à noite. O efeito do remédio não vai durar tanto.

– Além de ter vindo para medicar o Cássio, vim também trazendo um recado de dona Rosana. Ela avisou que fará a sessão à tarde, a pedido dos próprios amigos espirituais. Ela tentou falar por telefone, mas ninguém atendeu. Não ficou surpresa com o que Cássio fez, garantindo ser a interferência dos obsessores.

– Mas estamos numa quarta-feira, à tarde as pessoas trabalham. Como poderão vir para a reunião?

– Será uma sessão íntima e dona Rosana selecionou apenas dois médiuns para essa tarefa, médiuns que poderão estar conosco hoje à tarde sem problemas.

O médico ia se despedindo quando Sara convidou:

– Almoce conosco, doutor. O senhor voltará à tarde e será cansativo fazer esse longo percurso duas vezes. Por que não fica aqui desde já?

– Se não for incômodo... Hoje não tenho mais consultas.

– Incômodo algum. Será um prazer para nós, se bem que com tudo isso acontecendo acredito que ninguém esteja com fome.

Rafael sorriu:

– Então faremos um pequeno lanche. Nas horas difíceis da vida não podemos nos deixar levar pela onda desordenada sob pena de piorarmos a situação. Ficar sem se alimentar em nada vai ajudar Cássio.

Todos concordaram e foram para a mesa. Enquanto lanchavam, os pensamentos inquietos não paravam de fluir. Na mente de cada um, a pergunta era a mesma: a reunião mediúnica teria possibilidade real de ajudar Cássio?

27

A reunião espírita

Foi com grande alívio que Sara, Ana, Matilde e Aurélio receberam Rosana e sua equipe na fazenda.

– A senhora não sabe o bem que está nos fazendo. Só a presença de vocês nos conforta e dá confiança.

– Fique tranquila, minha querida, tudo vai dar certo. Tenho alguma experiência e acredito que o caso de seu marido será facilmente solucionado. As subjugações aparentam ser difíceis de curar, mas, na maioria das vezes, são as mais fáceis. Difícil mesmo são as obsessões sutis, as fascinações de que tantas pessoas são vítimas e que as deixam tão envolvidas que recusam ajuda, achando que estão sempre certas. Essas são as piores.

– Deus a ouça, dona Rosana. Não aguento mais ver o Cássio sofrendo tanto.

– É preciso aprender uma coisa sobre o sofrimento das pessoas que amamos. Embora seja desagradável vê-las passar pela dor, sofrer junto, entrar em depressão, desespero e perder a fé em nada vai ajudá-las. Quando alguém que amamos está sofrendo devemos pedir auxílio a Deus e ficar equilibrados, pois só assim os ajudaremos de verdade.

– Sei que é verdade, mas na hora da prática é difícil.

– Mas a fé não ficou para as horas onde tudo é alegria e prazer. Ela existe para ser usada justamente nos momentos em que a tempestade nos alcança. O homem de fé recebe as dores da vida com serenidade no olhar, tranquilidade no coração e confiança na alma. É preciso confiarmos integralmente na Fonte da Vida, que faz tudo para o nosso melhor; sem isso, fatalmente cairemos.

As palavras de Rosana calaram fundo dentro do coração dos presentes. Eram três horas da tarde quando os médiuns sentaram-se à mesa com a família e, após breve oração inicial, abriu-se *O Evangelho Segundo o Espiritismo*. Rafael leu o texto intitulado "Bem e Mal Sofrer" e fez pequeno comentário, em que salientou que apenas depende de nós deixarmos o sofrimento de lado, extirpando de nossa alma todo o traço de maldade, pessimismo e ignorância. Garantiu que quanto mais lúcida das coisas espirituais a pessoa for, menos ela vai sofrer e terá uma vida verdadeiramente abençoada sobre a Terra.

Em seguida, Rosana pediu assistência aos espíritos superiores e direcionou o pensamento dos médiuns a Cássio, pedindo que ficassem concentrados e em prece. Alguns minutos se passaram até que um médium deu violento soco na mesa e gritou:

– Malditos! Mil vezes, malditos. Tudo fiz para levar esse infeliz para as trevas e vocês vieram se intrometer. Mas garanto que nada conseguirão fazer e eu o seguirei eternamente até levá-lo ao vale da morte. Ele tem uma dívida comigo e deverá pagá-la até o último centavo.

Rosana, pedindo inspiração a Deus, começou um diálogo:

– E se eu lhe disser que ninguém deve nada a ninguém, você acreditaria?

O espírito deu uma gargalhada zombeteira.

– Vejo que a senhora é uma louca, que não tem senso das coisas. Todos são devedores e nós somos os credores, temos o direito de cobrar até o fim. E fique certa de que eu cobrarei. Assim que me soltarem deste corpo, voltarei a me colar a ele e, desta vez, será para sempre.

– Qual é a razão do seu ódio e o motivo pelo qual julga que ele lhe deve algo?

– Ele me matou! – O espírito fez um silêncio e depois continuou: – Ele me matou com requintes de crueldade. Não me deixou viver. Logo eu que tanto precisava dessa chance. – Sentia-se um tom de lamento na voz daquele ser sofredor.

Rosana continuou:

– Você diz que ele o matou, mas eu estou conversando com você agora. Se você estivesse morto, isso não seria possível. Como você explica o que está acontecendo?

– Como a senhora é ignorante! Ele quis matar meu corpo físico quando eu ainda estava dentro do ventre de minha mãe. Rejeitou-me desde o começo por causa da sua vida sensual e material e, por fim, levou minha mãe a uma clínica e fez com que ela abortasse. Meu corpo ainda estava vivo quando foi retirado do útero, mas ele ordenou que o médico me estrangulasse. Oh! Que sofrimento passei naquele instante. Nunca sofri tanto.

Felício agora chorava, relembrando os trágicos momentos do aborto, mas o ódio persistia:

– Levei muito tempo agarrado à minha mãe. Senti que fazia mal a ela, pois a coitadinha tinha constantemente dores de cabeça e no abdômen, além de dormir mal e ter pesadelos. Mas eu não sabia para onde ir nem queria partir com uma equipe que me procurava falando do perdão e que eu deveria me restabelecer para conquistar a paz. Não aceitava, pois no meu coração só existia e ainda existe o ódio por esse ser infeliz, que me prejudicou. No começo, não sabia como encontrá-lo tão imantado estava à minha mãe, mas, assim que chegamos a esta fazenda, reconheci-o imediatamente e, ajudado pelos meus amigos justiceiros, consegui me acercar dele e deixá-lo como está. Ouvindo tudo isso a senhora ainda acha que ele não me deve nada?

– Eu prefiro não julgar ninguém, mas uma coisa eu sei: não existem vítimas sobre a Terra. Cada pessoa passa pelo que é necessário, a fim de aprender a ser bom, humano, humilde, e, principalmente, a perdoar. Você já parou para analisar por que atraiu essa experiência tão dolorosa?

– Não atraí nada, fui uma vítima. E pelo visto a senhora quer justificar um crime.

– Não quero justificar nada. Um crime é um ato hediondo que vai contra as leis cósmicas e todo aquele que o comete terá de repará-lo um dia. Contudo, só passa pelo sofrimento a pessoa que dele necessita, pois se assim não fosse, Deus seria injusto. Cássio não deve nada a você, mas sim à própria consciência, que um dia saberá fazer com que ele repare seu erro da melhor forma possível, assim como você não deve nada a esta pessoa, olhe.

Rosana estava com mão direita aberta sobre os olhos do médium e Felício via naquela mão uma pequena tela onde surgiam algumas imagens. Ele se viu vestido com um jaleco branco num rico consultório ginecológico. Uma moça, acompanhada de uma senhora elegantemente vestida, insistia para que o médico, amigo da família, retirasse de seu ventre um filho indesejado, fruto de uma relação ilícita. Felício relembrou que àquela época ele nunca havia feito um aborto em ninguém, mas Fabíola ofereceu-lhe uma vultosa quantia pelo serviço e ele cedeu. Logo, as cenas do aborto eram mostradas e Felício viu-se com um feto já quase todo formado em suas mãos. Olhou para a moça e disse-lhe que seu filho ainda estava vivo, mas que ele iria matá-lo ali mesmo, livrando-se do fardo em seguida. Foi mostrada a cena em que Felício estrangulava a criança e, pouco tempo depois, Fabíola, voltando para lhe agradecer e dar-lhe o restante do dinheiro combinado. Depois disso, ele nunca mais fez nenhum aborto e até mesmo se havia esquecido desse ato. Por essa razão, naquele momento entrou num choro convulsivo.

– Eu não lembrava mais disso, foi há muito tempo, eu era jovem, queria dinheiro. Fui tentado e caí. Meu Deus, como pude ser tão mau?

– Você foi ignorante, meu irmão. Nada justifica um aborto, mas, no seu caso específico, aconteceu como efeito desse seu ato passado. Você precisava aprender a valorizar o dom da vida. Se Cássio foi mau, você também foi. Se você precisa de perdão ele também precisa. Então, vai continuar a persegui-lo?

Ele fez longa pausa e, por fim, respondeu:

– Depois do que vi é impossível. Sou tão devedor quanto ele.

– Esqueça a palavra devedor. Como já lhe disse, ninguém deve nada a ninguém. Somos responsáveis por tudo o que fazemos, desde as pequenas até as grandes coisas, por essa razão a Lei de Justiça sempre nos chama a viver experiências muitas vezes dolorosas, mas que são o remédio para as feridas da nossa alma. Vá em paz, meu querido, siga com essa enfermeira que está ao seu lado e trate-se com amor para que possa recuperar sua forma adulta e um dia voltar à Terra para recuperar-se de seus enganos. Deus o abençoe.

Houve uma pequena pausa na reunião, mas notava-se que todos estavam em reflexão. A conhecida história do aborto que Cássio obrigou Fabíola a fazer tempos atrás estava clara ali e era o abortado quem cobrava aquilo que julgava uma dívida. Cada um meditou a respeito das próprias atitudes e, reconhecendo a perfeição da Justiça Divina, prometeram para si mesmos caminhar a partir dali na senda do bem.

A outra médium, uma jovem com no máximo trinta anos, deu um leve suspiro e começou a falar:

– A bondade de Deus permitiu que todos estivessem aqui hoje reunidos para que eu tivesse a chance de contar algumas verdades que se escondem no véu do esquecimento. Há muito tempo, na Rússia dos czares, viveu um senhor muito rico, dono de inúmeras propriedades e terras, amigo do czar desde os tempos da juventude. Já o havia acompanhado em muitas das suas caçadas e participado com sua filha Matilde e seu filho Cássio, de muitos bailes no palácio imperial.

"A mansão em que o senhor Mariano morava em São Petersburgo, era de uma riqueza invejável e de beleza sem igual. Contudo, ele havia ficado viúvo muito cedo. Amara uma moça pobre, porém muito ambiciosa, que o trocou por um conde com o dobro de sua riqueza, partindo com ele. Essa moça era Leonora. Desiludido, Mariano uniu-se a Melânia, sobrinha do czar, num casamento de interesses, mas a jovem morreu, deixando-o na solidão.

"As crianças foram crescendo e não se davam bem de forma alguma. Cássio desde cedo, mostrou-se egoísta e interesseiro. Exigia que o pai lhe desse mais brinquedos e roupas do que para a irmã, o que sempre acontecia, pois Mariano era muito afeiçoado ao filho, dando pouca ou quase nenhuma importância à mocinha Matilde, que já com quinze anos estava prometida a Ivan, um lindo rapaz por quem era apaixonada e conhecido nesta vida como Aurélio.

"O tempo foi passando e Kira, hoje conhecida como Ana, filha de uma irmã de Mariano passou a morar na casa, pois se tornara bailarina do balé imperial e precisava viver na capital, saindo da pequena província onde morava com a mãe. Kira fez muito sucesso como bailarina, mas era uma desregrada no campo do sexo. Querendo abafar os escândalos que ela fazia, Mariano começou a procurar-lhe um rapaz para casamento, e qual não foi a surpresa quando o jovem Ivan, noivo de Matilde, admitiu-se apaixonado por Kira, desejando casar e ir embora dali para que tudo se resolvesse. Mariano queria sossego para a família e não se importou quando desfez o casamento da filha para dar o noivo à sua sobrinha. Foi a primeira grande decepção de Matilde, que não entendia por que o pai a tratava com tanta indiferença. Passou a viver reclusa em seu quarto, saindo apenas para as refeições.

"Até que um dia Mariano comunicou aos filhos uma novidade: iria se casar novamente. Havia encontrado uma mulher muito bonita, que vinha de uma família falida, mas com algum *status* perante a corte. Não seria um mau casamento. Quando Sara foi apresentada à família, todos ficaram em choque. Além de bonita, ela era muito jovem. Matilde sentiu que Sara estava interessada no dinheiro do pai, mas, como não tinha voz na casa, ficou calada e aceitou tudo.

"O casamento foi feito com muita pompa e toda a sociedade russa comentava a beleza da noiva e sua meiguice. Pouco tempo depois do casamento, Cássio, que se havia apaixonado por Sara desde o primeiro momento, sentindo que era correspondido, tomou-a como amante. Ambos traíam Mariano dentro da imensa mansão, embora ninguém desconfiasse. A ambição de Cássio casou-se perfeitamente com a de Sara, que queria ver a família de volta aos tempos de luxo. Após um ano de casado, Mariano teve de receber a irmã Marta em casa, pois ela havia cometido um crime grave, tinha queimado uma moça viva por ciúmes do seu marido, que a abandonou logo após o acontecimento. Marta estava chorosa e temia a justiça, mas Mariano e o czar conseguiram livrá-la, e o crime passou impune.

"A família contava com Mariano, Matilde, Marta, Kira, Ivan, Cássio e Sara. A fortuna era grande, mas quando fosse dividida para todos igualmente, como queria Mariano após sua morte, ficaria uma parte não muito grande para cada um. Ambiciosos, Cássio e Sara queriam tudo, e esse desejo aumentou quando Mariano, tocado pelo remorso de nunca ter dado nenhuma atenção à filha, que já estava noiva do conde Guilherme, resolveu fazer um testamento doando grande parte dos bens para o casal. Cássio soube de tudo e fingiu aceitar, mas seu ódio o consumia dia e noite. Unido a Sara durante as madrugadas em que se amavam, acabaram por decidir que todos deveriam morrer para que a herança ficasse apenas com eles.

"Dando início ao plano, procuraram o médico Rodrigo e combinaram que se ele fornecesse atestados de óbito comprovando que a família Gorky fora vitimada por uma doença contagiosa, ganharia grande quantia em dinheiro e algumas propriedades. O médico aceitou. Sara e Cássio, sem que ninguém percebesse, começaram a colocar uma poção causadora de febre maligna e mortal na água que todos bebiam, tendo o cuidado de separarem os recipientes com água pura para eles.

"Assim, um a um, todos adoeceram. A febre ia matando-os aos poucos e Rodrigo dizia que a família devia ter sido contagiada por alguma doença desconhecida e mortal. Todos morreram, e esse estranho acontecimento, que veio a vitimar apenas uma família em toda São Petersburgo, foi comentado e até investigado pelo czar. Mas a poção não deixou resíduos nos corpos.

"Sara e Cássio ficaram muito ricos e, um ano depois, casaram-se numa rica festa no palácio imperial, concedida pelo czar, em reconhecimento aos muitos anos de amizade com Mariano.

"Como queriam a riqueza só para si, o casal evitou ter filhos e morreram em idade avançada num acidente. A família de Sara herdou a riqueza, que foi dilapidada em pouco tempo.

"Quando acordaram no umbral, os dois começaram a ser perseguidos por figuras bizarras, animais deformados, lobos com olhos faiscantes, que beliscavam seus perispíritos, causando-lhes feridas horríveis.

"A família já estava em uma colônia de paz e os havia perdoado, exceto Matilde, que, por tudo o que passara, desenvolveu uma grande revolta pela vida e pelas pessoas, principalmente por Sara, que considerava a mentora de tudo.

"Décadas se passaram em que Cássio e Sara vagaram pelo umbral com o corpo deformado. Até que, um dia, o arrependimento os tocou e eles começaram a chamar por Deus. Julgavam estar no inferno, atirados às penas eternas, mas ainda assim pediram clemência ao Criador pelos seus sofrimentos. Foram resgatados e levados a intenso tratamento num hospital correcional. Quando estavam em equilíbrio, envergonhados e com remorso, encontraram-se com toda a família. O mentor Sérgio os reuniu, dizendo que Deus lhes iria dar uma nova chance para que vencessem os pontos fracos e se perdoassem de verdade.

"Renasceriam no Brasil numa fazenda no interior do Mato Grosso e novamente possuiriam imensa fortuna para testar sua ambição. Na espiritualidade aprenderam que na Terra ninguém é dono de nada e que os bens que todos possuem são empréstimos de Deus para acionar seus processos evolutivos.

"Mariano reencontrou Leonora e ela também se mostrou muito arrependida por ter trocado o grande amor de sua vida pelo dinheiro. Por essa razão, renasceria pobre e Mariano deveria vencer o orgulho de ter sido rejeitado e aceitá-la desta vez como esposa. Sara seria filha dos dois e Matilde a reencontraria na mesma família para que se perdoassem e aprendessem a conviver sem rancor. Sara e Cássio programaram que morreriam cedo, assim que se casassem, para que a fortuna ficasse para quem tinha realmente direito: Matilde. Ela aceitou e os três se abraçaram com carinho antes do reencarne. Matilde seria mãe de Cássio para aprender a amá-lo de verdade e ele, por sua vez, amá-la também, já que, como irmã não desenvolveu esse sentimento. Kira aceitou ser filha de Matilde com a condição de Ivan, seu grande amor, estar por perto para auxiliá-la nos momentos das provações pelo sexo e, finalmente, Mariano, que seria o chefe de toda a família, deveria ser justo e distribuir tudo igualmente como combinado na espiritualidade. Melânia renasceria para ser amiga da família e fazer um casamento feliz.

"Contudo, na Terra depois de reencarnados, sentindo as energias do mundo físico, todos se voltaram para sentimentos negativos e se equivocaram mais uma vez. Mariano, em vez de se casar com Leonora, preferiu dar-lhe o troco inconscientemente, abandonando-a e casando-se por interesse.

"Sara, que fatalmente iria entrar para a família quando reencontrasse Cássio, estava realmente modificada e pronta para doar tudo a Matilde, quitando assim seu compromisso com a própria consciência.

"Contudo, ao se encontrar mais uma vez na Terra com Sara, Matilde provou que não a havia perdoado de verdade e, em vez de amá-la, passou a odiá-la com todas as forças. Sempre ambicionou a fortuna da família, pois no seu inconsciente tudo era seu.

"Cássio, que escolheu estudar a espiritualidade, voltou a ser avaro e ateu como sempre, aumentando seus compromissos com as leis cósmicas.

"Mas nada será perdido. Ana e Aurélio vão se casar e ela vencerá as más tendências no campo do sexo.

"Matilde finalmente perdoou Sara e aprendeu a amar Cássio incondicionalmente.

"Leonora e Mariano aprenderam que, acima de todas as conveniências e tentações do mundo, deve pairar o amor, e, de agora em diante, nunca mais vão se separar.

"Sara, com sua nova postura diante da vida, realmente modificada e voltada para Deus, ganhou longos anos de vida na Terra. Sua missão será reconduzir Cássio ao aprisco do Pai. Com a fortuna que tem em mãos será intuída a desenvolver um belo projeto assistencial no planeta, que servirá de referência de trabalho ao bem para as gerações futuras.

"Nem Sara nem Matilde são herdeiras de nada, pois a única herança que realmente possuímos são as nossas atitudes, o bem que fazemos ao próximo e a nós mesmos.

"Cássio será curado e talvez se torne um novo homem, desperto para a divindade que mora dentro dele e para o Criador, que tanto o ama e o chama constantemente.

"Que a paz do mestre Jesus permaneça nesta casa hoje e sempre!

"Um espírito amigo."

A reunião foi encerrada com uma prece de agradecimento e, naquele momento, todos tiveram uma única reação: abraçaram-se com muito amor e carinho, como que a dizer que realmente o mal havia sido esquecido e, a partir dali, reinaria só o amor.

Epílogo

Os anos passaram e o tempo varreu todos esses acontecimentos.

Matilde corria pelos jardins da fazenda com ar de cansada pelo peso da idade, mas seu rosto estava feliz ao gritar pelo neto:

– Felício! Volte aqui, Felício! Olha que se eu o pegar, vou lhe dar umas palmadas!

A criança corria ainda mais e escondia-se por entre as palmeiras. Por fim, cansada de correr, achegou-se aos braços da avó.

– Vovó Matilde, quando o papai vai voltar, hein? Estou com saudades...

– Ah, meu querido, você sabe que papai tem viajado muito com mamãe para trabalhar, não é?

– É, mas eu sinto muita saudade dele.

– E da mamãe? Não sente saudade da mamãe?

– Claro, vovó, é que papai Cássio me dá muito mais brinquedos que a mamãe.

Matilde sorriu gostosamente dizendo:

– Interesseiro!

Começou a ventar forte e, como o sol já estava se escondendo, ela resolveu entrar com Felício. A criança era alérgica e contraía gripe com facilidade. Ao chegar à sala encontrou Ana contando histórias para Letícia sua filhinha da mesma idade de Felício. As crianças se juntaram e começaram a fazer algazarra, distraindo-se com os livros.

Quando Matilde sentou-se com a filha no sofá, ela comentou:

Mamãe, sabe do que eu estava me lembrando?

– Do quê?

– Das descobertas que fizemos naquela reunião seis anos atrás.

– Eu também me lembro sempre. Foi uma graça que Deus nos concedeu em saber a verdade. Nem todos conseguem descobrir o que foram e fizeram em outras encarnações.

– É que Deus só permite essas revelações quando elas vão beneficiar a todos os envolvidos e também quando as pessoas já estão maduras para isso.

– É muito engraçado. Eu, que tanto odiei Mariano, fui sua filha anteriormente. Você era minha prima e, agora, é minha filha. Marta era minha tia e hoje é minha irmã.

– E Cássio, que era seu irmão, agora, é seu filho. Sara, esposa de tio Mariano é, agora, sua nora.

– Deus faz tudo certo. Hoje entendo que tudo deveria ser exatamente com foi, e até Cássio mudou a forma como encara a vida. Depois de ter sido curado daquela obsessão deixou de ser ateu.

– Mesmo sabendo que ele e Sara foram ambiciosos e praticaram o mal, não guardo nenhuma mágoa, fui tocada pela chama do bem.

Tempos depois ainda descobrimos que Fabíola foi filha de tia Marta, assim como é hoje. Foi ela que procurou aquele médico para abortar.

Nessa hora, Felício olhou para as duas com uma cara assustada. Depois, virou-se e continuou a brincar.

Matilde continuou:

– Falando em médico, o próprio Rodrigo compreendeu que havia sido o médico responsável pelos óbitos falsos. Agora, está terminando o último ano do curso de medicina. Entendeu que deve reparar o mal que fez exercendo a profissão com seriedade e amor.

– Quem diria que Rodrigo iria deixar aquela vida boêmia, casar-se e ser médico?

– Conhecer a espiritualidade transforma a vida de qualquer um. Fiquei muito feliz em vê-lo casado e pai, já estava na hora.

A conversa das duas foi interrompida pela chegada de Cássio e Sara. A alegria tomou conta de todos, especialmente de Felício, que correu a abraçar o pai. Cássio o segurou no colo e disse:

– Meu amorzinho, papai trouxe um montão de brinquedos para você.

– Trouxe aquela girafa que mexe o pescoço e come a folha da árvore?

– Sim, claro! E trouxe também o parque do rinoceronte, que você tanto queria.

– Oba, oba!

O menino beijou o pai com muita alegria. Sara, enquanto abraçava Matilde e Ana, disse:

– Esse aí ainda vai estragar essa criança.

– Como foi o trabalho com as ONGs?

– Belo como sempre. Desde que iniciamos esse projeto de cuidar de crianças órfãs e encaminhá-las para adoção me sinto renovada. Sinto que é para isso que Deus nos deixou a fortuna, para fazer o bem ao próximo por meio do progresso que fazemos ao meio em que vivemos. Mas estamos apenas começando. Vamos criar muitas ONGs em todo o país e, com a fé que temos no universo, muitas crianças carentes encontrarão um lar em que poderão ser felizes, sem que nada lhes falte. Só lamento ter de passar alguns dias longe de meu Felício.

– É por uma causa nobre.

– Sim. No futuro, teremos assistentes suficientes para podermos ficar o máximo possível aqui na fazenda. Afinal, aqui também tem muito trabalho. Além da usina, colocamos todas aquelas terras que estavam sem uso para produzir e com isso criamos muitos empregos e demos condições de vida a muitas pessoas, que sonhavam com um pedaço de chão para cuidar e tirar o sustento. Não quero sair deste lugar por nada deste mundo.

Aurélio acabava de entrar e foi saudado por Cássio.

– Como está nossa querida usina?

– Progredindo como sempre. Nunca pensei que de simples mordomo poderia virar administrador! Até que tenho me saído bem.

– Excelente, Aurélio, excelente!

A família se reuniu em torno da mesa para o jantar. Tempos depois, quando Felício já estava dormindo, Cássio e Sara foram para a janela do quarto e observaram o céu estrelado, recebendo o frescor da brisa.

– Olhando a beleza desse céu, o equilíbrio desses astros, a beleza deste universo, não posso mais negar a existência de Deus. Como pude ser tão cego?

– Eu não sei dizer, pois não consigo entender como alguém pode não acreditar na existência de Deus.

Cássio olhou para Sara com amor e disse:

– Uma das provas de que Deus existe é esse sentimento que nos une. Um amor assim só pode ter nascido no seio de Deus.

– Todo amor verdadeiro nasce de Deus. Por essa razão, nunca vou cansar de repetir: eu o amo!

– Eu também a amo. Como nunca amei ninguém nesta vida. – Ele fez uma pausa e retificou: – Só amo uma pessoa com essa intensidade: meu querido Felício.

Naquele momento, uma luz muito forte surgiu a um canto do quarto e, envoltos nela, estavam Leonora e Mariano. Olhando para o casal, ela disse:

– Não pode haver felicidade maior no mundo do que ver a felicidade do nosso semelhante.

– Eu sei de uma felicidade maior, é ver o ódio transformar-se em amor.

– Refere-se a Felício?

– Sim. Agora ele ama Cássio que, por sua vez, o ama também. São os milagres da reencarnação.

– Eu diria melhor: são os milagres do amor divino.

Os dois espíritos radiosos ficaram observando o casal e ouviram quando Cássio disse:

– Meu maior desejo é viver para sempre ao seu lado, eu, você, Felício e todos os outros filhos que Deus nos mandar.

– Eu também, meu amor. É tudo o que mais quero.

De repente, uma estrela cadente fez-se notar no lindo céu estrelado como que a dizer que o desejo deles seria atendido. Vendo aquele belo espetáculo e sentindo a emoção do momento, Cássio deixou que uma lágrima escapasse de seu olho e corresse teimosamente por sua face.

Estavam felizes!

Fim

Leia os romances de Schellida!

Emoção e ensinamento em cada página!

Psicografia de Eliana Machado Coelho

Corações sem Destino
Amor ou ilusão? Rubens, Humberto e Lívia tiveram que descobrir a resposta por intermédio de resgates sofridos, mas felizes ao final.

O Brilho da Verdade
Samara viveu meio século no Umbral passando por experiências terríveis. Esgotada, consegue elevar o pensamento a Deus e ser recolhida por abnegados benfeitores, começando uma fase de novos aprendizados na espiritualidade. Depois de muito estudo, com planos de trabalho abençoado na caridade e em obras assistenciais, Samara acredita-se preparada para reencarnar.

Um Diário no Tempo
A ditadura militar não manchou apenas a História do Brasil. Ela interferiu no destino de corações apaixonados.

Despertar para a Vida
Um acidente acontece e Márcia, uma moça bonita, inteligente e decidida, passa a ser envolvida pelo espírito Jonas, um desafeto que inicia um processo de obsessão contra ela.

O Direito de Ser Feliz
Fernando e Regina apaixonam-se. Ele, de família rica, bem posicionada. Ela, de classe média, jovem sensível e espírita. Mas o destino começa a pregar suas peças...

Sem Regras para Amar
Gilda é uma mulher rica, casada com o empresário Adalberto. Arrogante, prepotente e orgulhosa, sempre consegue o que quer graças ao poder de sua posição social. Mas a vida dá muitas voltas.

Um Motivo para Viver
O drama de Raquel começa aos nove anos, quando então passou a sofrer os assédios de Ladislau, um homem sem escrúpulos, mas dissimulado e gozando de boa reputação na cidade.

O Retorno
Uma história de amor começa em 1888, na Inglaterra. Mas é no Brasil atual que esse sentimento puro irá se concretizar para a harmonização de todos aqueles que necessitam resgatar suas dívidas.

Força para Recomeçar
Sérgio e Débora se conhecem e nasce um grande amor entre eles. Mas encarnados e obsessores desaprovam essa união.

Lições que a Vida Oferece
Rafael é um jovem engenheiro e possui dois irmãos: Caio e Jorge. Filhos do milionário Paulo, dono de uma grande construtora, e de dona Augusta, os três sofrem de um mesmo mal: a indiferença e o descaso dos pais, apesar da riqueza e da vida abastada.

Ponte das Lembranças
Ricos, felizes e desfrutando de alta posição social, duas grandes amigas, Belinda e Maria Cândida, reencontram-se e revigoram a amizade que parecia perdida no tempo.

Livros da médium Eliane Macarini

Romances do espírito Vinícius (Pedro de Camargo)

Resgate na Cidade das Sombras

Virginia é casada com Samuel e tem três filhos: Sara, Sophia e Júnior. O cenário tem tudo para ser o de uma família feliz, não fossem o temperamento e as oscilações de humor de Virginia, uma mulher egoísta que desconhece sentimentos como harmonia, bondade e amor, e que provoca conflitos e mais conflitos dentro de sua própria casa.

Obsessão e Perdão

Não há mal que dure para sempre. E tudo fica mais fácil quando esquecemos as ofensas e exercitamos o perdão.

Aldeia da Escuridão

Ele era o chefe da Aldeia da Escuridão. Mas o verdadeiro amor vence qualquer desejo de vingança do mais duro coração.

Comunidade Educacional das Trevas

Nunca se viu antes uma degradação tão grande do setor da Educação no Brasil. A situação deprimente é reflexo da atuação de espíritos inferiores escravizados e treinados na Comunidade Educacional das Trevas, região especializada em criar perturbações na área escolar, visando sobretudo desvirtuar jovens ainda sem a devida força interior para rechaçar o mal.